도서출판 대장간은
쇠를 달구어 연장을 만들듯이
생각을 다듬어 기독교 가치관을
바르게 세우는 곳입니다.

대장간이란 이름에는
사라져가는 복음의 능력을 되살리고,
낡은 것을 새롭게 풀무질하며, 잘못된 것을
바로 세우겠다는 의지가 담겨져 있습니다.

www.daejanggan.org

용서에 대한 열정 수집록

용서

용서 - 용서에 대한 영적 수상록

지은이	박철수
초판	2020년 5월 28일
펴낸이	배용하
책임편집	이승호
등록	제364-2008-000013호
펴낸곳	도서출판 대장간
	www.daejanggan.org
등록한곳	충남 논산시 매죽헌로 1176번길 8-54, 101호
대표전화	전화 041-742-1424 전송 0303-0959-1424
분류	기독교 | 영성 | 용서
ISBN	978-89-7071-526-1 03230
CIP제어번호	CIP2020020260

 값 20,000 원

목차

우리가 우리에게 죄 지은 자를 용서(빚 탕감)해 준 것같이 우리 죄(빚 탕감)를 용서하여 주시옵고(마6:12)

너희가 남의 잘못을 용서해 주면, 너희의 하늘 아버지께서도 너희를 용서해 주실 것이다. 그러나 너희가 남을 용서해 주지 않으면, 너희 아버지께서도 너희의 잘못을 용서해 주지 않으실 것이다.(마 6:14-15)

몇 년 동안이라도 교회에 다닌 분이라면 가끔은 들어 본 구절이다. 그러나 그 중요성에 대해서는 잘 알지 못하는 것 같다. 대부분의 목회자가 설교나 성경공부에서 〈용서〉에 대해 가르치지 않으니 어떻게 그 중요성을 알 수가 있겠는가?

〈용서〉는 성경의 가장 중요한 주제다, 성경에서 가장 큰 주제는 단연 '사랑과 용서'이다. 물론 사랑 속에 용서가 포함된다. 예수님께서 성육신하셔서 이 땅에 오시고 십자가에 죽으시고 부활을 하신 것은 우리 죄를 용서하실 뿐만 아니라 또한 우리가 서로 용서하기 위함이다. 이 둘은 따로 따로 있는 것이 아니라 〈두 가지 용서〉는 매우 밀접하고도 상호관계를 가지고 있다. 마틴 루터는 "우리가 상대방을 용서하지 못하는 것은 우리가 용서받지 못했다는 증거다"라고 말했다. 우리가 주님께 용서 받았다는 사실을 어떻게 알 수 있는가? 우리가 이웃을 용서했는지를 보고 알 수 있다.

이러한 예수님의 가르침을 전제할 때 이렇게 중요한 인간관계의 〈용서〉가 교회에서 잘 설교되지 않고 있는 것은 충격적이다!

바바라 브라운 테일러는 『잃어버린 언어를 찾아서』에서 '죄', '참회', '구원'의 언어가 오늘 교회에서 잃어버린 언어가 되었다고 말하면서 이러한 용어가 변질, 오용되어 사용되고 있다고 한탄한다.

〈용서〉 또한 교회에서 잃어버린 용어 중 하나다.

나도 20여년 이상의 설교 사역에서 주님께서 우리를 십자가의 공로로 용서 받았다는 말씀은 자주 말했지만 이웃의 용서에 대해서는 진지하게 설교한 적이 거의 없었음을 고백한다. 나는 설교자로서 직무를 태만한 큰 죄를 지었다. 하나님의 용서에 대해서는 시간이 날 때마다 설교했지만, 이웃의 용서에 대해서 거의 설교한 적이 없으니, 교인들은 용서에 무관심할 뿐만 아니라 용서가 왜 필요한지 조차 잘 모르고 있는 상황이 되어 버렸다. "하나님의 말씀은 들음에서 난다" 했듯이 듣지 못했다면 용서가 무엇인지도 모를 뿐만 아니라, 이웃을 용서한다는 것이 옷이 몸에 맞지 않는 것처럼 부자연스러운 일이 되었다. 주님의 말씀 중 그 중요성에 비해 알지 못하고 실천하지 못한 메세지가 〈용서〉라고 할 수 있다.

한국교회에서 용서에 관하여 단편적으로 쓴 책은 있지만 체계적으로 쓴 책이 없는 것 같다. 그만큼 용서의 주제에 관심이 부족하다는 반증이 아닐까? 나를 사랑하신 주님과 내 설교를 듣고 공부했던 교인들에게 진심으로 용서의 말씀을 드린다. 나아가 필자가 알지 못하여 잘못하고, 오해하고, 변명했던 것들이 있다면 이 자리를 빌어 사죄드린다.

내가 용서에 관한 주제로 묵상하고 공부하게 된 계기는 나의 목회 사역을 마치고 회고하는 중에 일어난 것이다.

예수님이 가르쳐주신 〈주의 기도〉 안에 이웃의 죄 용서를 구하는 기도가 들어 있는데도 이어 이웃의 용서를 다시 말씀하신 것은 용서를 강조하기 위해서이다.

너희가 남의 잘못을 용서해 주면, 너희의 하늘 아버지께서도 너희를 용서해 주실 것이다. 그러나 너희가 남을 용서해 주지 않으면, 너희 아버지께서도 너희의 잘못을 용서해 주지 않으실 것이다.(마 6:14-15)

우리가 서로 용서해야 할 성경적 근거는 내가 철저한 죄인이며, 주님의 은혜로 용서(구원) 받았다는 철저한 자각에서 출발하는 것이다.

예수님의 말씀대로 이웃이 진심으로 용서를 구하여도 용서하지 못한다면 그가 누구라 할 찌라도 구원 받지 못할 사람인 것은 분명하다. 이는 매우 엄중한 말씀이다! 용서의 문제에 있어 '서로 용서'하는 것도 매우 중요하지만 이에 못지않게 놀라운 것은 용서를 구하여도 용서하지 않는 경우다. 신앙생활이란 부단한 노력과 자신과의 싸움이다. 예수님께서 용서에 대해서 일흔 번씩 일곱 번씩 용서하라는 말씀은 어디로 가고, 과연 이럴 수 있는지 가히 충격적이다.

 세상에서 용서만큼, 빚 탕감만큼 힘들고 괴롭고 어려운 일은 없다. 이것은 작은 일에만 해당되는 것이 아니라, 큰 돈을 잃어버리고, 큰 사고가 나거나, 나아가 극단적으로 살인을 저지른 상황에서도, 개인적 관계에서도, 부부관계에서도, 직장에서, 나아가 사회, 정치, 국가 간에도 용서는 필요하다. 특히 국가적으로 이런 예는 일본과 독일의 경우가 있다. 알려진대로 독일은 자신들이 저지른 잘못에 대하여 유대인들에게 적극적으로 용서를 빌었지만, 불행하게도 일본은 우리에게 참담하고 엄청난 만행을 저질렀음에도 불구하고 한 번도 흔쾌히 용서를 빌지 않는 나라다. 이것 자체가 있을 수 없는 만행이다.

 또한 이웃을 용서 할뿐만 아니라 자신도 용서해야 한다. 자신은 용서에서 제외되는 것이 아니다. 자신을 용서하지 못하면 자존감의 상실, 좌절감, 우울증에 빠질 수 있다.

우리는 이 책에서 용서에 대하여 다양하게 다룰 것이다. 현대사에서 유대인 출신 최고 여성 정치학자인 한나 아렌트가 『인간의 조건』에서 갈파한 대로 "예수는 용서를 발견한 최초의 사람이다. 이를 종교인이 말했다고 해서 세속적으로 부정할 이유는 하나도 없다."고 말한다. 용서가 있는 세상이라면, 복수가 충만한 세상이 지금보다 훨씬 아름답고 평화와 샬롬이 가득한 세계가 될 것이 아니겠는가!

바리새인들이 현장에서 간음하다 잡힌 여인을 예수님께 데려와 어떻게 할 것이냐고 묻자

예수께서 몸을 굽히시고 손가락으로 땅에 무엇인가 쓰시더니

일어나신 후 바리새인들을 향해 물으셨다. 너희 중에 죄가 없는 사람이 있으면 먼저 돌로 치라 말씀하시고 다시 몸을 굽혀 손가락으로 땅에 무엇인가 쓰시니 그들이 이 말씀을 듣고 양심에 가책을 느껴 어른으로 시작하여 젊은 사람까지 하나씩 하나씩 빠져 나갔다. 오직 예수와 그 가운데 서있던 두려워 떨고 있는 여자만 남아 있었다. 예수께서 일어나셔서 여자가 혼자 남아 있는 것을 보시고 말씀하시기를 여자여 너를 고발하던 그들이 어디 있습니까 너를 정죄한 자들이 어디로 갔습니까 여자가 대답하여 말하기를 주여 아무도 없습니다 예수께서 이르시되 나도 너를 정죄하지 아니하노니 가서 다시는 죄를 범하지 마십시오" 말씀하시었다.(요 8:8-11)

그렇다. 우리 중에 죄 없는 자가 누가 있는가! 누가 누구에게 돌을 던질 수 있는가!

로핑크(Gerhard Lohfink)는 『예수는 어떤 공동체를 원했나』에서 신약에 나오는 '서로'라는 낱말에 관심을 갖는다. "실로 초대교회 신학의 중요한 한 대목이다"라고 말하고 '서로 사랑하라', '서로 고백하라', '서로 용서하라' 등 신약에 나온 수많은 성경구절을 인용하면서 일방향이 아닌 쌍방향 코이노니아 공동체에 대해 말하고 있다. 교회공동체는 크든 작든 죄를 지은 자들을 '서로 용서'할 수 있어야 한다. 사실 하나님 앞에서 작은 죄, 큰 죄가 따로 없다. 하나님 앞에서 모든 죄는 도토리 키재기일 뿐이다. 이 책은 단지 용서의 문제만 다룬 것이 아니라 복수의 문제, 정의의 문제도 용서와 관련하여 필요한 만큼은 다루었다. 나는 이 책을 쓰면서 용서의 중요성이 이렇게 큰지 미쳐 몰랐고 감동을 받기도 하고 이 땅에 살면서 용서를 하는 사람이 되어야겠다고 여러 번 다짐했다.

나도 보수주의자의 한 사람으로 보수주의 신학자들과 목사들에게 한마디 하고 싶다. 이들은 성경 말씀이 축자적으로 영감되었다는 것을 믿는 분들이다. 즉 성경 말씀 한 자 한 자가 씌여진 그대로 하나님이 간섭하셨다는 것이다. 필자는 거기까지 인정할 수 있다. 그렇다면 보수주의자들은 예수님의 말씀처럼 누구보다 실천력이 강하고 급진적인 사람들이 되어야 할 것은 논리적으로 당연하다. 마치 보수적인 아미쉬(Amish)처럼 말이다. 왜냐하면 예수님의 말씀이 그러하니까. 교리문제에 대해서는 그렇게 집착하면서도(이것도 매우 중요한 주제이다), 교회의 부패와 분열, 우리들을 심각하게 조정하고 알게 모르게 세뇌시키는 사회 정치적인 문제에 대하여 입을 다물고 있을 뿐만 아니라 그것이 우리와 상관 없다는 듯이 생각하는가 하면, 동족상잔의 비극적 상황 속에서도 평화, 화해, 사랑, 용서를 실천하는 모습은 없고 동족인 북한을 증오하는데 앞장서고 있을뿐이다. 잘 보이지 않는다. 오히려 한국교회는 이 사회, 정치에서 골치거리가 되고 암덩어리가 되지 않았는가!

예수님만큼 급진적인 말씀을 하신 분이 또 어디에 있단 말인가? 예를 들어 주님께서 우리에게 일곱 번씩 일흔 번까지라도 용서하라는 말씀은 어떻게 해석하며 어떻게 행동하라는 말인가? 작은 고장은 그렇게 강조하면서도 큰 고장에 대해서는 매우 무관심하다. 참으로 이율배반적이다. 예수님은 인간의 개인적 실존적 구원뿐만 아니라 사회적, 우주적 구원을 위해 오셨지 아니한가! 특히 요한계시록은 새하늘 새땅의 종말론적 비전에 대해서 말하고 있지 아니한가. 그들이 보는 성경과 내가 보는 성경이 다르다는 것이 안타깝다.

칼 마르크스가 『공산당선언』 마지막에서 말하는 바와 같이, "철학자들은 세계를 단지 여러 가지로 해석해 왔을 뿐이다. 문제는 세계를 변혁하는 일이다." 자끄 엘륄도 『뒤틀려진 기독교』의 맨 첫 부분에서 "기독교는 행위를 진리의 시금석으로 삼고 있다는 점에서 마르크스 사상과 유사하다. 그러나 오늘날 교회의 가르침은 기독교의 가르침과 너무 대조적이어서 반성서적으로 뒤틀려 졌다"고 외친다. 나는 여기서 '칭의' 문제를 논하는 것이 아니라 성화의 문제를 말하고 있다.

그런데도 한국교회의 70% 정도를 차지하는 보수주의 교회를 보라! 이 세상에서 소금과 빛이 되기는 커녕 사람들로부터 독선, 무뇌아라는 등 조롱을받는 반지성주의로 치를 떨게 하고 있지 아니한가. 손봉호 교수의 말대로 『주변으로 밀려난 기독교』가 되지 않았는가! 보수주의자들이 성경을 믿는대로, 문자 그대로 복종한다면 이 세상을 요란하게 하는 자들이 될 것이다.(행 17:6) 그렇지 아니한가! 나는 진심으로 한국교회의 보수주의자들이 진정으로 변화되를 간절히 소망한다.

추천서를 통해 독자들 그리고 항상 필자에게 도전과 응원을 주는 숭실대학교 김회권 교수님, 한국교회에서 모범적 표준교회의 하나인 광교산울교회 이문식 목사님께 감사드리며, 이 글을 쓰기 위해 여러모로 애써 주신 공용철 대표, 박승룡 선교사, 류대형 목사, 이재영 자매 그리고 많은 사람들이 자끄엘륄의 책을 볼 수 있도록 불철주야 애쓰는 배용하 사장에게 깊은 감사의 마음을 드린다.

오랜동안 '섬유근육통'으로 순간순간 말할 수 없는 통증에 시달리고 있는 가운데서도 이 글을 쓰게 해 주신 하나님께 영광을 올려 드립니다. 아멘.

이 책은 세계적으로 위대한 신학자, 철학자, 정신의학자, 심리학자들이 〈용서〉를 주제로 쓴 글들을 필자가 일일이 찾아 논리적 연결을 시켜 목차를 만들어 한 권의 책으로 만든 것이다. 독특한 편집을 시도한 것이다.

책의 구성은 첫째 성경적 기독교에 대한 반성, 둘째 용서의 근거, 셋째 용서의 실천적인 방법으로 요약할 수 있다.

이 책은 스콜라 신학 방법론 중에서도 디스푸타치오(disputatio)라는 방법론을 연상케 할 것이다. 이는 서로 묻고 답하는 논쟁과 토론을 통해서 더욱 깊은 사고에 도달할 수 있도록 만드는 학문 방법론이다. 12세기 페트루스 롬바르두스가 『명제집』을 만들어 어거스틴을 비롯한 위대한 스승들의 글을 읽는 것으로 끝나지 않고, 문답형식의 질문을 통해 되새기고 교훈을 받게 한 것이다.

필자는 이에 착안하여 교회공동체 안에서 위대한 저자들의 글 중 여기 저기에 〈함께 나누기〉를 넣어 저자들의 글들을 각인시키고 〈용서〉를 실천할 수 있도록 하였다. 이런 점에서 이 책은 개인의 독서이면서 동시에 공동체적 독서를 의도한 책이라고 할 수 있다.

물론 혼자서도 얼마든지 〈함께 나누기〉의 각 질문들을 곰곰이 따져보고 생각해 볼 수 있을 것이다. 이 책에서는 많은 질문을 찾아볼 수 있다. 일종의 연습문제나 예제의 성격을 가지고 있다. 빠른 글 읽기를 추구하는 이들에게 이러한 질문은 독서의 흐름을 끊는 것처럼 느껴질지 모른다. 하지만 이러한 질문들은 독서가 단순히 많은 정보를 얻는 것보다는 사고를 예리하게 연마하는 행위라는 사실을 상기시킨다. 즉 생각하라는 것이다.

필자가 위대한 저자들의 글의 내용을 파악하고 줄기를 잡아 〈함께 나누기〉를 만든 것은 제법 힘든 작업이었다.

이 책은 여러 저자들이 쓴 글을 함께 모은 것이어서 중복 되거나,견해가 다른 경우도 있다. 또 일부 내용은 저자들의 책에서 일부를 선택, 발췌한 것이어서 가급적 책의 전체 내용을 보는 것이 좋을 것이다.

이 책을 교회공동체 등에서 사용할 때 인도자는 참석자들에게 미리 한 장을 읽고 묵상하게 하도록 하고, 한 장을 70-80분에 걸쳐 〈함께 나누기〉까지 할 것을 제안한다.

기독교신앙의 가장 중요한 주제, 용서

김회권 교수(숭실대 기독교학과)

기독교 신앙의 가장 중요한 주제 중 하나인 용서를 다각도로 파고드는 영적 수상록이다. 성경과 기독교의 용서는 하나님의 정의를 충분히 성취하지 못한 죄인들에게 선제적으로 선사되는 하나님의 죄 사함 복음에 중핵이다.

하나님의 정의와 율법적 요구대로 살지 못한 죄인들은 하나님의 일방적인 용서의 선언에 의해서만 갱생되고 의화될 수 있다. 하지만 이 하나님의 용서는 엄청난 댓가를 치룬 후 이뤄진 용서이다. 하나님은 하나님의 정의와 율법 요구를 어긴 죄인들을 용서할 토대를 찾기 위해 당신의 독생자 죄 없으신 예수 그리스도의 대속적, 대신적, 대표적 속죄죽음을 요구하셨다. 따라서 하나님의 용서의 복음에는 하나님의 독생자의 대속적 죽음이라는 엄청난 희생이 있다. 이 점이 기독교가 말하는 용서가 얼마나 장엄하고 거룩한 하나님의 최종적 복음인가를 깨우쳐준다. 하나님의 최종적인 복음인 용서를 거부하고 배척하면 죄악된 인간에게는 더 이상 희망은 없다. 이 책은 용서의 찬란함과 장엄함을 균형 있게 조명하며 용서받은 죄인의 자리에 선 독자들에게 다시금 하나님의 용서의 복음의 무게를 가늠케 한다.

이 책은 중심 주제를 제기할 때마다 그 주제를 다룬 기독교 신학자들, 철학자들, 혹은 사상가들의 용서 관련 텍스트를 인용하고 그것을 간략하게 해설하고 있다. 그리고 본서는 중간 중간에 〈함께 나누기〉를 배치함으로써 본서가 교회나 독서동아리 등에서 학습용 교재로 이용하기에 편리하도록 편집되어 있다. 저자가 인용하는 학자들의 직접 인용 문장이 다소 길기 때문에 저자 자신의 해설이 충분하게 느껴지지 않을 때도 있을 만큼 본서는 용서 주제 관련 도서들에 대한 독후감 성격도 드러낸다. 책 전체에서는 미국 펜실바니아 소재 아미쉬 교도들의 급진적 용서의 행위를 다룬 14장이 본서의 중심음조를 대변한다. 이 외에도 책 전체에 걸쳐서 생동감 넘치고 감동적인 용서 관련 일화들이 많이 소개되고 있어 독자들의 책읽기를 가볍게 해준다.

1부, 기독교의 좌절은 용서에 실패한 기독교의 민낯을 드러내고 탄식하며 참된 용서의 능력을 상실한 기독교의 영적 궁핍을 분석한다. 1장은 일본 신학자 도이 겐지의 글을 서두에 인용함으로써 용서의 복음에 뿌리를 내려야 할 기독교가 타종교나 타문화에 대한 증오선동을 부추기고 확산하는 세태를 지적한다. 이슬람과 유대인 등 기독교문명권의 입장에서 타자화된 이들에 대한 서구기독교의 만행과 증오언동을 잘 지적한다. 예수님의 급진적 경계부수기 사랑을 통해 타자를 악마화하는 증오 언동을 근절할 것을 제시한다. 저자는 예수님의 산상수훈의 복수 포기, 게르하르트의 로핑크가 예시한 초대교회 복수 포기 영성은 이런 영장류 복수심리에 대한 급진적 대안이 된다고 말한다.

2장은 스티븐 파인먼의 복수 심리학을 인용함으로써 타락한 피조물의 본성에 복수심리가 작동한다는 점을 지적한다. 사우디아라비아의 영장류 침팬지 복수일화는 복수심리가 범동물 피조물의 타락을 예시한다는 점을 보여준다.

3장은 자끄 엘륄의 글, 『뒤틀려진 기독교』를 인용함으로써 너무 심오한 깊은 하나님의 복음의 고결한 논리가 인간의 타락한 본성과 충돌을 일으켜 충분히 이해되거나 공감되지 못하는 정황을 지적한다.

2부 용서란 무엇인가

용서를 실천한 사람들의 증언들을 다루며 감동을 준다. 4장은 폴 투르니에의 용서심리학을 인용함으로써 돌아온 탕자를 용서하신 아버지 하나님의 용서사랑을 천착한다. 5장은 『인간의 조건』에서 아우슈비츠 나치 전범자들을 죽이려고 발버둥쳤던

1960년 초반의 유대인들의 징벌 열기와 다른 노선을 선택했던 유대인 철학자 한나 아렌트를 다룬다. 아렌트는 유대인들에 대한 나치의 대학살과 증오는 악마적인 기원을 갖는 근본 죄악이라고 보려고 하는 일부 기독교와 유대교 집단의 시각과 달리 아우슈비츠 학살자들의 악도 무사유적 관료체제에 익숙한 자들이 평범한 악행들이라고 말한 한나 아렌트는 나사렛 예수의 용서를 말한다. 한나 아렌트의 용서론은 본서의 뒤이은 장들에서도 빈번하게 인용되거나 인증되고 있다.

6장은 강남순의 용서론을 다루는데 용서는 하나님의 대권에 속한 것임을 말한다. 강남순은 하나님의 고유권능인 용서권이 용서받은 인간에게 위임되어 용서는 기독교인의 의무가 되었음을 강조한다.

7장은 필립 얀시의 용서론을 통해 6장을 보완한다. 흑인에 대한 백인들의 무차별 증오 언동에도 용서로 응대한 흑인, 용서받은 백인 우월자가 용서받아 갱생된 이야기가 감동적이다.

8장은 마이클 하딘의 『예수가 이끄는 삶』을 통해 용서의 다양한 측면을 다룬다. 용서와 은혜를 교환경제 논리로 이해하는 사람들에게 좋은 깨우침을 담고 있다. 9장은 케네스 베일의 『중동의 눈으로 본 예수』와 김세윤의 『주기도문 강해』를 통해 주기도문에 나타난 예수님의 용서복음의 진수를 다룬다. 본서 전체에서 9장은 한국의 세대주의 그리스도인들, 특히 친 이스라엘적 새대주의 종말론 매몰자들에게 좋은 균형 잡기를 제공한다. 팔레스타인 그리스도인들의 눈으로 본 이스라엘-팔레스타인 갈등을 바라볼 수 있게 하는 시각을 제공한다. 10장은 미국의 기독교인 사회학자 도널드 크레이빌의 『예수가 바라본 하나님 나라』와 존 요더의 『예수 정치학』을 중심으로 주기도문의 죄용서(빚탕감)와 희년해방을 연결시킨다. 크레이빌은 희년은 영적 해방과 사회경제적 해방이 하나임을 강조한다. 10장의 끝은 가상칠언 중 예수님의 용서 선언을 해설한다. 정말 복수가 정당화될 그 순간에 예수님은 용서를 선언하신다. 아마도 한국의 보수적인 그리스도인들에게 가장 신선한 깨달음을 주는 논의가 희년과 주기도문의 용서 청원(빚탕감 청원)을 연결시키는 부분일 것이다. 11장은 니콜라스 월터스토프의 『사랑과 정의』를 중심으로 그레코-로만문명에는 부재하는 죄용서 사상을 다룬다. 니콜라스 월터스토프는 정의의 성취없는 사랑 절대주의(아가페주의), 용서 제일주의를 비판적으로 논평하며 성경과 기독교의 죄 용서는 정의를 성취하는 용서이며 성경과 기독교의 정의는 사랑을 실천하는 회복적 정의이며 치유적 정의임을 역설한다.

12장은 11장의 논의를 이어받아 사랑과 정의의 관계를 좀 더 천착한다.

여기서는 미로슬라브 볼프의 『베풂과 용서』의 중심논지를 해설한다. 크로아티아 출신의 개혁주의 신학자 볼프는 마태복음 18장의 일만 데나리온 빚진 자와 자신을 동일시하며 자신을 고문했던 G대위를 용서하기로 결단한 용서 실천의 증언이다. 볼프 또한 하나님의 죄 용서가 하나님의 정의의 폐기나 유보가 아니라 더 깊은 차원의 정의관철임을 강조한다. 용서의 완성은 용서받은 자가 하나님과 화해하며 자신의 죄로 희생당한 자에게 용서를 받아 화목케 되는 데 있기 때문이다. 우리의 죄를 대신 짊어지고 희생당하신 속죄 제물이신 그리스도는 인간 가해자와 피해자 사이에 아무 관계가 없는 3자가 아니라 인간의 모든 악행과 죄악들의 궁극적 피해자이시다. 그래서 피해자를 대신해서가 아니라 궁극적인 피해자의 자리에서 가해자를 용서하실 수 있고 2차적 피해자들에게 용서를 권유하실 수 있다. 예수님은 피해자가 용서를 명령하시지 않고 권유하시고 호소하신다.

3부는 용서를 실천한 사례들을 다룬다. 여기에 감동적인 일화들이 다채롭게 소개되어 있으므로 용서 관련 설교를 준비하는 사람들은 큰 유익을 얻을 것이다. 14장은 펜실바니아 니켈마인스의 아미쉬 마을에 일어난 2006년 괴한에 의한 총기사고와 범죄자와 그 가족을 용서한 아미쉬교도들의 용서실천사례를 다룬다. 15장은 스캇 펙의 정신의학과 심리학에 의거해 용서의 정신의학적 이해를 다룬다. 분노에 대한 심층분석 보고서라고 보면 된다. 펙은 분노와 타자에 대한 비난은 자기 파괴적 작용을 하기 때문에 용서는 자신의 영혼을 이 파괴적인 침식으로부터 구출하는 이기적인 행위로 간주될 수도 있다고 말한다. 16장은 김호, 정재승의 『쿨하게 사과하라』를 중심으로 구체적으로 용서를 받을 수 있는 사과의 지혜와 방법을 다룬다. 사과가 갖추어야 할 요소 여섯 가지에 대한 소개는 재미있다. 17장은 본회퍼의 『신도의 공동생활』을 중심으로 교회 공동체에서의 용서 문제를 다룬다. 끝 부분에 나오는 죄 고백의 두 가지 위험성에 대한 논의는 교회의 죄 고백 영성에 깃들 수 있는 함정을 잘 지적한다. 17장은 진정으로 용서를 구해야 할 사람이 끝내 미안하다는 용서 청원을 하지 않아 발생한 치명적인 부모살해사건을 자세히 다룬다. 2000년 5월에 자신의 가학적인 부모를 죽인 고려대학교 2학년 남학생 이은석의 살인과정을 담은 수사보고서를 소개한다. 이훈구 교수의 『미안하다고 말하기가 그렇게 어려웠나요』는 이은석의 부모살해과정을 정치하게 분석하는데 누적된 분노는 사회적인 윤리파괴적 악행을 촉발시킬 수 있음을 보여준다. 18장은 김대중 대통령과 이희호 여사의 박정희 용서 일화를 다룬다.

4부는 결론인데 용서의 효능을 주로 말한다. 19장은 용서가 주는 마음과 몸의 변화를 다루는데 용서는 화해공동체를 창조하는 결정적인 디딤돌임을 말한다. 용서를 실천한 사람, 레니 쿠싱을 들어 화해를 창조한 일화들은 감동을 안겨준다.

20장은 CS. 루이스의 『영광의 무게』를 중심으로 용서가 기독교 신앙에 차지하는 중요성과 비중을 성찰한다.

에필로그는 용서와 평화를 비는 청원기도문이다.

전체적으로 우리는 세 가지 이유로 목회자들과 그리스도인들에게 본서 일독을 권한다. 첫째, 본서는 용서 주제를 깊이 천착함으로써 독자들을 기독교 신앙의 본질로 이끈다. 용서를 맛본 죄인들이 이루는 화해공동체가 교회임을 자각시킨다. 둘째, 용서 주제의 다양한 측면들을 다 다룸으로써 본서는 기독교 신앙이 얼마나 인간의 실존적 곤경에 총체적으로 응답하는가를 잘 보여준다. 셋째, 하나의 주제를 중심으로 다양한 책들과 저자들을 연결시켜 종합적이고 입체적인 방식으로 책 읽기 시범을 보여줌으로써 저자는 독자들에게 한층 더 높은 독서 지혜를 선사해준다. 이 책에 실린 예화들은 그 자체로 또 하나의 설교가 될 정도로 다채롭고 풍요롭다.

용서 없이 예수 없고, 용서 없이 미래 없다

광교산울교회 이문식 목사

 오늘날 세계 기독교는 증오와 복수의 한복판에 있다. 21세기 들어서서 9·11사태로 세계는 종교 문화 간에 증오와 갈등을 격발시키고 있으며 그 한복판에 기독교가 자리 잡고 있다. 21세기 기독교는 11세기 십자군 전쟁 당시 기독교에 번졌던 증오 바이러스에 그때보다 더 깊이 감염되어 있다. 한국교회의 기독교인들도 요즘처럼 증오와 분열에 극심하게 휘둘리는 모습을 보인 적이 없다. 그 어느 때보다도 용서를 찾아볼 수 없고 용서의 메세지를 들을 수 없다. 이런 때에 아주 중요한 신학적이며 인문학적이고 성서적인 통찰로 기독교의 본질이 〈용서〉라는 주제를 다룬 책이 나왔다. 용서는 교회의 본질이며 용서는 기독교인의 본질이다. 용서 없이 예수 없고 또 용서 없이 미래 없다.

 저자인 박철수 목사는 타락한 인간의 가장 본능적인 욕구인 보복의 심리학에 대하여 예리하게 통찰한다. 그리고 그것을 극복하는 것이 복음의 핵심으로 들어가는 길이라고 강조한다.

이 책의 가장 중요한 부분인 제2부의 "용서란 무엇인가?"에서 저자의 깊은 성서적 메세지를 접할 수 있다. 이 부분에서 우리 그리스도인들은 그동안 쉽게 지나쳤던 〈용서〉라는 기독교 상투어를 신구약 성경 전체의 맥락 속에서 다시 깊이 묵상하게 된다. 그리고 용서에 대한 신앙적 고뇌 없이 살아왔던 삶 자체를 깊이 참회하게 된다. 이 책은 중간 중간 나오는 〈함께 나누기〉를 통하여 이 주제를 우리의 삶으로 육화 시키는 질문에 마주서게 한다. 이 질문을 통해서 독자들은 이 책의 메시지에 대한 분석적 이해를 넘어서서 공감적 이해와 실천적 인식을 획득하게 된다.

이 책의 가장 가치 있는 부분이라 할 수 있는 제3부 "용서는 어떻게 하는 것인가?"는 우리에게 용서하는 삶을 위해 동기부여 그리고 선택과 결단을 불러일으킨다. 크리스찬 공동체 브루더호프의 지도자인 요한 크리스토프 아놀드(Johann Christoph Arnold)는 이미 『왜 용서해야 하는가』라는 책을 통하여 개인적 용서와 공동체적 용서의 영성을 깊이 파헤쳤다. 또 데스몬드 투투(Desmond Mpilo Tutu) 주교는 『용서 없이 미래 없다』에서 남아프리카 공화국에서의 사회 정치적 화해 과정을 통하여 용서의 사회학적 영향력을 아주 감동적으로 서술하였다. 이에 더하여 이 책의 저자 박철수 목사는 용서의 이 모든 차원을 총체적으로 통합하였을 뿐만 아니라 더 깊이 심화시켜 녹여 내리는 예언자적 통찰을 드러낸다.

오랫동안 목회를 해왔던 목사로서 나는 이 책은 모든 그리스도인이 꼭 읽어야 할 영혼의 필독서라고 생각한다. 특히 남북 분단의 과정에서 오랫동안 이데올로기적 증오가 내면화 되어 있는 우리 한반도 기독교인들에게, 또 신앙공동체 안에서 바리새적으로 스스로 불의에 대한 증오를 정당화 해왔던 586세대 신앙인들에게 이 책은 더욱 필요한 영혼의 해독제이다. 용서와 화해 없이 진정한 신앙의 자유는 없다. 과거로부터 자유로워지기를 원하는 모든 그리스도인들에게 이 『용서』라는 책을 꼭 일독하도록 필히 권하는 바이다.

1부: 기독교의 좌절

용서

평화의 기독교가 어떻게
전쟁의 주범이 되었는가

도이 겐지『기독교를 다시 묻는다』

가미야마 미나코·홍이표 역, 서울:신앙과지성, 2018 • 21-61쪽

관세이카구인대학 신학부 및 동대학원 신학연구과(석사과정)를 졸업한
뒤, 교토대학대학원 문학연구과에서 문학박사 학위(Ph.D)를, 이어서 관세
이가쿠 대학에서 신학박사 학위(Th.D.)를 취득했다. 도쿄의 타마가와대학
문학부 조교수를 거쳐 2002년부터 모교인 관세이가쿠인대학 신학부에 교
수로 부임해 가르치면서 신학부 부장을 역임했다. 1995년에 제출된 교토대
학 박사학위 논문『신인식과 에페크타시스-닛사의 그레고리우스에 의하
기독교적 신인식론의 형성』은 1998년 소유분사에서 출판되었으며, 동시에
'나카무라 하지메 상'을 수상했다.

사랑의 종교라는 기독교가 역사적으로 가장 파괴적이고 잔혹
한 전쟁을 했는가를 중심으로 살펴보려 한다. 지금까지의 기독교

역사와 현대의 상황을 되돌아보면, 전쟁 문제를 회피한 채 기독교를 생각한다는 것은 부정직하거나 불성실한 일이다. 기독교에 대한 비판과 의문들은 이 문제가 얼마나 중요한지 잘 말해준다.

"기독교에 한정하는 이야기가 아니지만, 사람을 구원하기 위해 존재한다는 종교가 원인이 되어 전쟁이 일어나고 있다는 사실은, 아무래도 이해가 되지 않는다. 그런 것이라면 존재하지 않아도 괜찮다고 생각한다." 이는 깊이 공감되는 생각이며, 이러한 질문으로부터 함께 고민해 나가고 싶다. 기독교인이 '하나님의 이름'이라는 말을 앞세워 사람을 죽이거나 전쟁을 벌이는 것은 도무지 이해되지 않는다.

"어째서 옛날부터 기독교인들은 그렇게 싸움을 해야 했을까? 이 시대의 가장 막강한 힘을 가진 나라들에도 기독교인들이 많은 것이 마음에 들지 않는다. 진짜 기독교인이라면 이웃을 사랑하는 모습이어야 하지 않을까? 그리고 기독교는 평등을 말하고 있지 않나? 초대교회 세대를 지나고 콘스탄티누스 시대를 지나면서 기독교는 속물적이 되어갔다. 눈길을 끄는 깨끗한 교회나 음악, 그림 등으로 사람들을 신자로 만들어가는 것이다. 가스펠송을 부르는 등, 현재의 사회 분위기에 적응하는 것은 좋지만, 좀더 정신적이랄까, 더욱 근본적인 것으로 전도해 간다면 좋을 텐데 …"

이 말 속에는 여러 내용이 혼합되어 있지만, 여기에는 매 엄중한 비판이 담겨 있다. "십자군 전쟁, 30년 전쟁 등으로 대표되는 전쟁, 잔학 행위 등을 집단으로 어떤 한 가지를 믿는 것을 통해서 개인의 생각이 그 집단에 의존하게 된다. 결국 그 집단이 어떤 잔학 행위를 저질러도, 그리고 그 집단의 기본 이념에 반하는 것이 되어 가는데도, 개개인은 그 상황에 참가한 자신의 행위를 긍정해 버리게 될 위험성이 항상 있어 왔다."

2003년 2월 세계적인 화제 가운데 하나는, 미국의 이라크 침공과 그 시시비비였다. 조지 부시 대통령이 이라크 공격을 결단할지 말지를 둘러싼 신문의 논평을 보면, 그가 열심히 교회에 다니는 기독교인이라는 점이 자주 언급되었다. 미국 전체가 대테러 행동을 전개해 가면서, 누군가 기독교 대 이슬람의 대결 프레임을 만들었다. 조지 부시가 기독교인이라는 점을 새삼스럽게 부각시키는 것에 위화감이 들었다. 미국 신문의 기사들은 그 말 속에 '십자군'을 내포, 암시하고 있었다. 또한 부시 자신도 그러한 마음을 표현한 바 있다. 기독교인으로서 참으로 부끄러운 사건이었다.

콘스탄티누스 왕(필자는 기독교를 망친 소위 '황제'를 일부러 이렇게 부른다) 이후 다양한 전쟁, 분쟁 등 잔학한 행위에 기독교가 관계되어 자행해 온 것을 부정할 수 없습니다. 평화를 실현하는 종교이어야 할 기독교가 왜 역사적으로 전쟁과 잔학 행위를 저지른 종교가 되었는지 생각해 보십시오.

앞서 소개한 의문이나 비판은, 많은 사람이 비슷하게 느꼈을 것들이다. 천천히 곱씹으면서 생각해 보자. 어느 심포지엄에서 한 대학 교수와 토론을 한 적이 있는데, 그분도 기독교를 비판하면서, 왜 기독교는 그토록 많은 전쟁을 일으킨 것인지 물어왔다.

이러한 비판이나 의문을 근거로 삼아, 전쟁과 기독교의 관계에 대해서, 역사상의 사건들을 생각해 보자. 여기서 한 가지 확인해 두고 싶은 것이 있다. 실은, 구약성경 안에는 전쟁을 긍정하는 구절이 여러 곳에 등장하고 있다. 심지어 그러한 구절들은 적을 철저하게 무너뜨리는 것, 때에 따라서는 몰살(Herem)하라는 명령까지 내리고 있다.(삼상 15:2-3)

이 말을 받고, 이스라엘의 왕 사울은 아말렉 사람을 멸망시킨다. 하지만 아말렉의 왕 아각은 생포하였고, 가축 등은 죽이지 않고 자신의 소유로 삼았다. 여호와 하나님은 "전멸시켜라", "가릴 것 없이 죽여라"는 하나님의 말씀을 지키지 않았다고 진노하였고, 결국 사울을 왕위로부터 끌어 내리겠노라 결심한다.

도대체 이 말은 무슨 뜻인가? 이 구약의 말을 지금도 본 받아야 하는가?

예수는 전쟁을 긍정하지 않았다

우선 예수님은 전쟁에 대해 어떤 생각을 하셨는지 간단히 확인해 보자. 두말할 것도 없이, 기독교는 예수 그리스도의 가르침을 기본으로 삼기 때문이다. 하지만 구체적으로 전쟁과 같은 극단적 상황을 앞에 두고, 예수께서 그 시비에 대해 일반적인 메시지를 남긴 적은 없다. 다만 그의 말씀을 기초로 유추해 볼 뿐이다.

예수께서 직접 남긴 말씀 중에는, "평화를 만드는 사람은 복이 있나니 그들을 하나님 자녀라고 부르실 것이다"(마 5:9)라는 구절은 아주 유명하다. 여기서 말하는 '평화'란, 전쟁과 대비되는 평화로만 한정되지 않는 말로써, 더 넓고 깊은 평온함을 뜻한다.

또한 비폭력을 요구하거나 원수를 사랑하라는 예수의 가르침 (마 5:38-48, 눅 6:27-36)은, 그가 전쟁이나 전투, 보복 행위를 부정하고 있음을 확인시켜준다. 중요한 두 문장을 아래에 인용해 둔다. 앞 구절은 '비폭력'에 관한 것, 뒤의 구절은 '원수사랑'에 대한 가르침이다.

눈은 눈으로, 이는 이로 갚아라 하고 말한 것을 너희는 들었

다. 그러나 나는 너희에게 말한다. 악한 사람에게 맞서지 말
아라. 누가 네 오른 쪽 뺨을 치거든, 왼쪽 뺨마저 돌려 대어
라.(마 5:38-39)

네 이웃을 사랑하고, 네 원수를 미워하여라고 말한 것을
너희는 들었다. 그러나 나는 너희에게 말한다. 너희는 원
수를 사랑하고, 너희를 박해하는 사람을 위하여 기도하여
라.(마 5:43-44)

여기에 반복해서 등장하는 "나는 너희에게 말한다"라는 표현
은, 유대교의 율법을 넘어선 예수님의 말씀임을 강조한다. 특히
그렇게 힘주어 말하는 가운데에 '복수의 금지', 즉 '비폭력'을 더
욱 확실히 못 박은 것이다. 여기서 조금 해석이 어려운 구절이 바
로 '원수사랑'의 대목이다. 원수를 사랑하고, 그 원수를 위해 선
을 행한다고 한다면, 때에 따라서는 나쁜 원수를 공격하여 패배
시킴으로 극적 행위가 포함되는 순간, '의로운 전쟁'(Just War)이
라는 사상도 함께 태어난다. 그런데도 예수께서 그러한 지점까
지 동의하고 있었을지는 의문이다. 그 어떤 경우라도 그는 전투
행위와 같은 폭력을 긍정하지 않았기 때문이다.

또한 여기서 말하는 '원수' 중에, 국가적 차원의 적을 포함하지
않는 해석이 있다. 어디까지나 개인적 차원에서 한 말씀이라는

것이다. 하지만 그렇게 한정시킬 수 있는 것인지 받아들일 수 없다. 국가 차원에서 만나는 적이라 할지라도 말이다.

심지어 예수께서는, 당시의 이스라엘 백성들이 메시아 운동에 편승하던 로마로부터의 정치적 독립운동을 지도해 주길 바라는 열망도 거부하셨다. '메시아 운동'이란, 묵시적 종말론에 기초한 메시야 대망 운동이다. 즉 이(異)민족의 지배에 굴복하고 있던 유대인이 종말의 때에 출현하는 메시아의 지도를 받아, 이민족의 지배를 끊어 버리고 유대인의 독립을 쟁취한 뒤, 새로운 세상을 만들어 낸다는 것이다.

그 밖에도 예수님의 수난 과정 가운데에는 다음의 에피소드가 있다. 대제사장이 파견한 사람들이 예수를 체포하려 했을 때, 예수를 지키기 위해 제자, 베드로가 검을 들고 맞섰다. 하지만 예수께서는 그를 막으며 다음과 같이 말씀하셨다.

> 네 칼을 도로 꽂아라. 칼을 쓰는 사람은 모두 칼로 망한다.(마 26:52)

예수님의 말씀은 그가 전투 행위 등 폭력으로부터 확실히 선을 긋고 있음을 보여준다. 결국 예수님은 저항 없이 그 자리에서 차분하게 포박되어 십자가 형장으로 향하셨다. 전쟁에 관하여 바울이 남긴 다음의 메시지도 함께 기억해두면 좋다.

아무에게도 악을 악으로 갚지 말고, 모든 사람이 선하다고
생각하는 일을 하려고 애쓰십시오.(롬 12:17)

역사적 교회는 예수 그리스도와는 상관없는 〈기독교〉를 만들어서 전
쟁을 어떻게 합리화해 왔습니까.

대의(大意)로부터 멀어진 십자군

예수는 그렇지 않다고 해도, 기독교는 '왜' 그리고 '얼마나' 전
쟁에 관여하였던 것인가? 앞서 소개한 기독교에 대한 비판 글 중
"어째서 기독교인들은 옛날부터 그렇게 싸움만 한 걸까?"라는
말을 듣고 있는가?

그 이유로는 역시 십자군(Crusades)이 먼저 언급된다. 십자군
은 교황 우르바누스 2세가 1096년에 제창한 이후 200년에 걸
쳐 일곱 번 정도 자행되었다. 이것은 당시 유럽의 기독교를 지배
하고 있던 로마 교황이 호소하며 일으킨 군사 행동이었다. 12세
기에 각 지역을 다니면서 십자군을 독려한 클레르보의 버나드
(Bernardus Claraevallensis, 1090-1153)는 "그리스도를 위해서

라면 죽여도, 죽어도, 그것은 죄가 아니며 가장 큰 명예가 된다"
고 말했다.

> 클레르보의 버나드는 기독교 역사에서 '성자'라고 일컫습니다. 그런
> 그가 "그리스도를 위해서라면 죽여도, 죽어도, 그것은 죄가 아니며 가
> 장 큰 명예가 된다. 죽이는 것은 그리스도를 위함이라"는 말을 했는데,
> 왜 이런 말을 하면서까지 전쟁을 독려 했을까요.

십자군이라는 개념은, 로마 교황에 의해 공인된 전투에 기반한
전도 및 포교 행위, 그리고 이교도뿐만 아니라 이단 박멸 활동으
로까지 확대되어 간다. 이단이라는 것은, 다른 종교를 의미하는
이교와 달리, 기독교의 정통 사상으로부터 빗나가 버린 종파를
가르킨다. 종교개혁 이후 가톨릭과 프로테스탄트 사이에서 일
어난 분쟁, 특히 프랑스의 위그노 전쟁(Huguenots Wars, 1562-
1598)과 독일을 중심으로 발발한 30년 전쟁(Thirty War, 1618-
1648) 등이 유명하다. (이 전쟁 이후부터 계몽주의 시대, 이성의
시대가 본격적으로 시작된다 - 필자 주) 현대에는 가톨릭과 프
로테스탄트의 갈등을 배경으로 하는, 영국과 아일랜드의 분쟁이
널리 알려져 있으며, 근대 유럽의 열강이 주도한 제국주의 침략

도 기독교와 깊숙이 결합하여 있었던 것은 주지의 사실이다. 기독교가 가장 훌륭한 종교이므로, 다른 문화나 다른 사회, 다른 종교는 기독교의 통제 하에, 즉 유럽의 지배 아래 들어가는 것이 하나님의 섭리라고 보았던 것이다. 그 결과 기독교는 식민지 지배의 든든한 후원자가 되었다.

함께 나누기

기독교가 중심이 되어 일으킨 여러 전쟁을 살펴 보십시오. 세계 역사에 기독교가 중심이 된 전쟁이 왜 많았는지 생각해 보십시오.(기독교가 중심이 되어 전쟁들에 대한 정보들은 스마트폰이나 인터넷을 찾아 보십시오)

박해받은 유대인들

전쟁 이외의 잔학 행위를 들어 보자면, 유대인 박해를 들 수 있다. 유대인 멸시의 생각은, 기독교의 역사 가운데 실로 오래된 기원을 가지고 있다. 유대인은 예수 그리스도를 가혹한 십자가 형벌로 죽였기 때문이라고 말한다. 2세기에 이르러서부터 유대인에 박해가 시작되었다.

하지만 구체적인 박해 행위가 시작된 것은 중세 유럽 사회에서부터이다. 특히 십자군 원정이 중요한 계기가 되었다. 십자군은 이슬람뿐 아니라, 그리스도의 적으로 규정된 유대인도 학살하였던 것이다.

더욱이 나치 독일 시대에는, 피에 굶주린 유대인이 기독교인의 아이들을 잡아 그 피를 마시고 있다는 풍문이 번져 차별과 박해가 심해진 '피의 사건'이 있었고, 그리스도의 몸을 나타내는 성체를 유대인이 훔쳐 훼손하고 있다는 소문들이 있었다. 스페인에서도 유대인은 기독교로 개종할지, 아니면 스페인을 떠나야 할지에 대한 선택을 강요당했다. 개종 후 스페인에 남은 유대인들도 계속된 의심의 시선 아래, 유대인 출신 기독교 개종자를 가리키는 '마라노'(marrano), 즉 '돼지같은 놈들'이라 불리며 차별 받았다.

히틀러의 유대인 박멸 계획도 그 동안 기독교가 유럽에서 자행한 유대인 박해 역사를 배경으로 삼지 않으면 결코 이해될 수 없다. 또한 현대에 와서도 '유대 상인의 음모설'이나 프랑스의 역사수정주의 등, 유대인을 향한 증오를 기초로 한 발상들은 여전히 남아 있다.

함께 나누기

하르낙(Adolf von Harnack) 등을 비롯한 기독교 신학자들까지 유대인이 예수님을 죽였다고 말하면서 유대인 박해에 참여 했습니다. 이러한 유대인 박해를 어떻게 생각하십니까. 현대사회의 공모설과 프랑스의 역사수정을 검색해 보고, 이에 대한 생각을 함께 나누어 보십시오.

기록에 남은 잔학 행위들

우리는 별 고민 없이 손쉽게 기독교라는 말을 자주 쓴다. 그 경우의 '기독교'는 무엇을 의미하고 있는 것인가? 참고로 역사 속에서 찾기는 쉽지 않지만, 기독교인들이 전쟁에 반대하는 사례들도 있다. 십자군에 참가한 사람들은, 어떤 종류의 종교적 열광에 빠져 있던 사람들이었다. 소박한 신앙을 가진 수많은 이들이 옷이 너덜너덜 해질 지경이 되어도, 은자 피에르라는 거지꼴의 종교 지도자를 수행하면서, 어찌 됐든 성지 예루살렘을 목표로 십자군 행세를 하며 다닌 사건도 있었다.

그렇다고 해서 기독교를 기독교인과 분리된 순수한 종교라고 할 수도 없다. 기독교를 믿는 사람들을 제외하면, "기독교는 과연 어떤 모습으로 존재하는가?"라고 질문을 받기 마련이다. 이렇게 '기독교인'과 분리된 '기독교' 또한 존재할 수 없을 것이다. 하지만 '기독교'에는 그 종교를 신앙하는 '사람'과 별개로, 신앙의 지침인 『성경』이 있다. 특히 복음서에는 예수님의 언행이 기록되어 있어서, 우리는 그 내용을 통해 배우고 반성하며, 행동하게 된다. 또한 '많은 사람'이 잘못되었다 할지라도 '모든 사람'이 잘못된 것은 아니다. 비록 소수라 할지라도, 아니 단 한 사람이라 해도, 예수님의 가르침을 바르게 믿는 사람은 어느 시대, 어디에나 반드시 있을 것이다. 따라서 어딘가 한 곳에서는 반드시 예수님의 가르침을 올곧게 계승하는 사람이 있을 것으로 생각한다.

병역을 거부한 기독교인

'십자군'이라는 역사적 사건은 그 원인이 복잡하다. 지중해 무역을 둘러싼 베네치아의 이권 등 경제적 요인이나, 성직자의 서임권 투쟁, 혹은 인구 증가 등 사회적 요인들이 있었다.

3세기 말엽에 기록된 『마르켈루스 행전』이라는 순교 이야기가 남아 있다. 전체 내용이 짧게 묘사됐기 때문에 자세한 상황은 알기 어렵지만, 마르켈루스는 로마 백부장이, 황제의 생일 축하연회에서 이교도 의식의 참여를 거부하면서 군사 업무 거부를 선언했다. 결국 그 일로 마르켈루스는 참수형을 당했다. 그가 군무를 거부한 이유에 대해서 마르켈루스는 다음과 같이 고백했다.

"7월 21일, 여러분이 황제 탄생 축일을 축하하고 있을 때, 나는 이 군단의 깃발 앞에서 공식적으로 분명히, 기독교도로서 군대의 명령에 더 이상 복종할 수 없다는 것, 내가 섬기는 분은 오직 전능하신 아버지 하나님의 아들 예수 그리스도뿐임을 선언했습니다."

실제로 이에 앞서 마르켈루스는 "나는 영원한 왕이신 예수 그리스도를 섬기는 병사입니다"라고 말하였다. 하지만 로마로부터 박해를 받고 있던 이 시대에 십자군 같은 것은 아예 존재하지 않았다.

여기에는 황제에 복종할 수 없다는 것과 함께, 원래 군대에는 참가할 수 없다는 생각도 포함되어 있다. 예를 들어, 같은 3세기 말의 병사였던 막시밀리아누스는 징병되자 곧바로 병역을 거부했다. "나는 군무에 참가할 수 없다. 나는 사람에게 해악을 끼칠 수 없다. 나는 기독교인이기 때문이다"라고 말했다.(『막시말리아누스 행전』 중에서)

주께서 "칼을 쓰는 사람은 모두 칼로 망한다"(마 26:51)라고 선포하고 계시는데, 칼을 취하는 것이 과연 허락될까? 평화의 자녀에게는 소송마저 적절하지 않건만, 전투에 임할 수 있다는 말인가? 또한 주께서는 자신에게 더해진 모욕에 대해서도 보복조차 하지 않으셨는데, 체포와 투옥, 고문과 처형을 할 수 있단 말인가?

기독교와 국가 사이의 관계가 아직은 밀접하지 않던 이 시대에는, 위와 같은 생각과 행동이 기독교 안에 존재했다. 특히 "나는 사람에게 해악을 끼칠 수 없다. 나는 기독교인이기 때문이다"라고 말하면서 처형당한 마르켈루스는 참으로 인상적이지 않은가?

어쨌든 근대 시기가 되면 절대적 평화를 주창하는 재세례파, 퀘이커 등의 사람들이 양심적 병역거부를 실행했고, 일본의 우치무라 간조도 비전론(非戰論)을 당당히 주장하였다.

권력과 밀착된 기독교

이런 사례들을 보면, 일부 기독교는 병역을 거부하고 전쟁을 반대하긴 했다. 다른 한편에선 수많은 전쟁과 관련되었음을 알 수 있다. 특히 십자군 당시에는 기독교가 지도적 역할을 수행하였다.

하지만 그것은 국가와 기독교가 결합하여, 전쟁을 지지하며, 자신의 정치권력을 최대로 획득하고 전개했던 것이었다. 정치와 결합하고 권력과 밀착된 시대의 기독교는 선교라는 핑계로 전쟁과 관계를 맺었던 것이다.

함께 나누기

전쟁에 반대하는 기독교인이 있었다는 것은 정말 다행입니다. 이들이 순교까지 하면서 전쟁과 폭력에 가담하지 않는 것은 무슨 이유일까요.

변화하는 '밀착관계'

하지만 이러한 기독교와 국가, 기독교와 사회와의 관계는 종교개혁과 르네상스를 거쳐 근대가 도래하면서 변화를 맞는다. 종교개혁 시대 마틴 루터나 울리히 폰 후텐, 그리고 인문주의자 에라스무스는 교황이 전쟁을 명령하는 것을 부정하면서, 전쟁보다도 예수님의 가르침을 널리 전파할 것을 권장했다.

시간이 흘러 로마 교황이 이슬람에 대해 벌이던 전쟁이 없어지고, 교황권도 쇠약해졌다. 그러나 그 대신 여러 군주가 가톨릭이나 프로테스탄트라는 기독교 종파의 깃발 아래에서 다시 전쟁을 벌이게 되었다. 이런 식으로 '국가와 기독교'는 그 형태를 바꾸어 갔다. "기독교만이 진정한 종교다"라는 의식도 더욱 강화되어 다양한 영역에서 인정되었다. 그리고 각 지역마다 약간의 차이에도 불구하고, '기독교와 정치'의 관계는 현대의 유럽 사회에서 여러 가지 형태로 전개되었다. 이처럼 기독교가 국가 및 사회와 결합하면서 여러 전쟁이나 분쟁에도 더욱 깊은 관계를 맺어 간 것이다.

함께 나누기

전쟁을 거부하는 기독교인이 일부 있다고 해서 그 동안 수많은 전쟁을 합리화 할 수 있을까요.

사회를 모아 내는 힘과 기독교

이상의 논의로는 아직 충분치 않다. 왜냐하면, 아무리 예수의 가르침과 차이가 났다 해도, 십자군은 기독교에 의해서 행해졌기 때문이다. 기독교가 평화를 가르친다면, 어째서 십자가군에 관여한 사람들을 바르게 교화하고 사랑으로 이끌 수 없었던 것인가? 대학의 동아리, 혹은 스포츠 팬클럽, 회사 등을 '종교'라고 표현하는 사람도 있다. 독재 국가를 하나의 '종교'와 같이 여기는 사람도 있다. 사람들을 결집하여 하나의 집단을 형성하고, 타인을 배제하며 자신의 집단 사상을 강요한다.

하지만 사실 '힘'이란 것은 '종교' 특유의 것이 아니다. '집단'을 성립시키는 원리는 다양하기 때문이다. 이데올로기나 경제, 취미 등도 사람을 '모아 내는 힘'을 갖고 있다. 그러한 측면은 종교라도 모두 가지고 있었을 뿐이다. 따라서 실제로는 독재 국가가 '종교'를 닮은 것이 아니라, 반대로 어떤 종류의 종교가 독재 체제의 국가를 닮은 것이라고 말해야 할 것이다. 종교가 집단 악의 근거로 작용했다기보다는 종교 자체가 국가체제의 집단 악에 영향을 받은 것이라고 보아야 한다. 선순환이 아닌 악순환이 일어난 것이다.

1996년 옴 진리교 지하철 사린가스 테러 사건이 발생한 이후, 일본에서는 '종교'가 무엇인지 알고자 하는 사회적 분위기가 있었다. 하지만 종교를 대하는 이러한 태도가 기독교에도 들어맞을지에 대해서는 의문이다.

우리는 역사적 기독교가 극단적 '사랑의 종교'임에도 불구하고 이 세계의 거의 모든 전쟁에 관련되었다는 기독교의 모순된 모습을 본다.

경계선을 무너뜨리라

사회를 통합시키는 힘은, 다른 것, 타자 등을 배제하는 것을 통해서도 이루어진다. 배타적 행위를 통해서 그 사회의 결속력은 더욱 커진다. 즉 '우리'를 형성하는 것은, '그들'을 배제시킨다. 여기서 기독교를 생각해 보면, 그러한 선 긋기 행위가 있었음을 알 수 있다. 기독교가 자타의 구별을 내세우고, 타를 배제하는 원리로 작동돼 왔기 때문이다. 자연스럽게 우리는 그러한 경계선이 과연 예수의 가르침인가에 대해 질문하게 된다.

복음서를 보면, 예수도 어느 정도의 질서에 따라 제자들을 선별했음을 알 수 있다. 하지만 예수 공동체는 조금 특이한 집단이었다.

초대교회 공동체는 여성들도 참여했다. 당시 여성은 예수와 같은 종교 지도자의 제자가 될 수 없었다. 더 나아가 예수께서는 '죄인'이라 불리던 가난한 사람들과 가까이 지냈다. 궁핍한 사람들은 의무로 정해진 헌물이나 공양 등 다양한 종교규정이나 율법을 지키지 못하였다. 결국 가난 그 자체가 그 사람이 지은 어떤 죄에 대한 하나님의 형벌이라고 생각되었다. 따라서 복음서에서 언급되는 '죄인'의 대부분은 가난한 사람들이었다.

그러나 예수님은 이러한 '죄인'에 대한 종교적 편견을 부정하셨다. 그의 행동은 파격적이었으며, '경계선'이라는 것을 깡그리

무시한 것이었다. 오히려 그러한 행동 안에 예수님의 근본 사상이 깃들어 있다. 그럼에도 이 세상에 사랑이 충만하고 평화로운 세상이 되도록 해야 할 기독교가 전쟁의 주범이 되었다는 것은 역사의 아이러니가 아닐 수 없다.

함께 나누기

예수님께서는 경계선을 없애는 일을 하셨는데 성경에서 그 사례들을 찾아 나누어 보십시오. 예수님께서 경계를 넘어 모든 사람을 포용하신 것은 우리로 하여금 어떻게 행동해야 할 것을 보여 주고 있다고 보는데 이와 관련 한국 교회는 정치, 경제, 사회 속에서 어떤 모습을 가져야 할까요.

2

인간은 왜 보복하는 존재가 되었는가

스티븐 파인먼 『복수의 심리학』

서울: 반니, 2018 • 7-46쪽

스티븐 파인먼은 영국 베스대학교 경영학과 명예교수로 오랫동안 조직 행동 분야에서 탁월한 명성을 쌓아왔으며 노동과 사회정의에 관한 책과 논문을 꾸준히 써왔다. 런던대학교에서 직업심리학으로 석사학위를, 세필드 대학교에서 심리학 박사학위를 받았다.

저서로 『비난의 연설』, 『노동: 짧은 개요』, 『직장에서의 감정에 대한 이해』, 『사회적 업무 스트레스와 중재』 등이 있다.

복수가 없는 세상은 어떤 세상일까? '더 나은 세상', 이렇게 말할 사람이 많으리라. 하지만 사회적 동물로서 우리가 부당 행위에 대해 느끼는 복수 충동은 인간의 욕구 중에서도 가장 원초적이고 일차적인 욕구 중 하나다. 복수욕이 원초적 욕망인 데는 이유가 있다. 복수는 개인의 안녕, 영토, 긍지, 명예, 자존감, 신분,

역할을 위협하는 것들을 억제한다. 앙갚음은 부당 행위에는 대가가 따른다는 것을 보여준다. 복수는 이지러진 평형과 서열을 재설정한다. 복수는 개인간 암투, 집단의 내분, 노사 분쟁, 내전과 국제전에 존재하는 암묵적 관습법이다. 자아와 공동체의 궁극적 자기 진술이다. 타인의 침범을 막는 방법과 수단이자 경고 조치다. 날것 그대로의 '정의'다.

따라서 우리는 모두 잠재적 복수자다. 다만 우리의 머리는 다른 말을 한다. 우리는 개인 차원의 복수는 억제해야 하며, '정부 당국', 다시 말해 '공권력'에 위임해야 한다고 배운다. 우리 사회에는 복수를 제한하기 위한, 그래서 통제 불능의 복수 활극 사태를 막기 위한 사법 제도가 존재한다. 예수가 말하는 바는, "누구든지 네 오른뺨을 때리거든 왼뺨도 내주어라" 같은 경구들을 통해 사랑과 긍휼과 관대함과 용서가 승리하는 세상을 제시한다. 그런 세상에서 복수가 수면 위로 부상할 여지가 거의 없다. 하지만 종교 권력의 잣대는 매우 가시적으로 줄었다 늘었다 한다. 주는 측 또는 받는 측의 소용에 따라 자주 휘어지고 일그러진다. 회의론자들은 반대쪽 뺨을 내주는 건 그저 한 대 더 때리라는 도발에 지나지 않으며, '의로운 복수'와 '주의 뜻'이야말로 종교 언어 목록에서 가장 가변적이고 유동적인 구호라고 말한다. 인류 역사에서 가장 피비린내 났던 기독교의 복수 행위는 이런 말들로 정당화되었다.

복수는 우리의 마음을 사로잡는다. 오래전부터 복수는 소설가과 극작가와 영화감독의 뮤즈이고, 철학자와 사회과학자의 탐구 대상이다. 복수에 내재한 파괴 가능성은 복수를 정부의 주요 관심사로 만든다. 복수는 즉각적 반응일 수도 있지만 사전에 계획된 것일 수도 있다. "복수는 차게 대접해야 제맛인 요리다." 복수는 인간 창의의 최고와 최악을 동력으로 한다. 하지만 복수를 냉정한 눈으로 바라본다면 어떠한가? 복수를 통해 '인간 조건'에 대한 어떤 성찰이 가능할까? 복수에는 비난이 따르지만 정말 항상 비난받아 마땅한 것일까? '좋은' 복수와 '나쁜' 복수 사이에 결정적 전환점이 존재할까? 생각해보라. 우리가 항상 복수를 비난하는 것은 아니다. 우리는 규칙을 어겨서라도 잘못을 바로잡는 복수자에게 때로 신나게 응원의 박수를 보낸다. 또한 우리는 정당화된 복수를 명분 삼아 전쟁을 한다. 복수가 항상 우리가 생각하는 것처럼 낯선 괴물은 아니며, 나아가 여러 면에서 우리는 복수 없이 살 수 없다는 것을 말하고자 한다. 물론 다른 면도 있다. 복수가 점점 복잡하고 위험한 양상들로 분화하면서 한층 그 정체를 파악하기 어려운 것이 되었다. 그럼, 우리 앞에는 어떤 선택이 있을까? 일간지를 읽을 때도, 뉴스를 볼 때도, 소설을 읽을 때도, 친구의 하소연을 들을 때도, 거기에는 어떤 형태로든 복수가 등장한다. 세상에는 보복 없는 사회 따위는 없다는 증거로 넘쳐난다.

복수는 인간의 본능이요, 복수는 우리의 마음을 사로잡는다. 복수를 어떻게 보아야 할 것인지 생각해 보십시오.

복수의 뿌리

사우디아라비아 리야드 외곽, 메마른 황야의 동굴과 바위틈마다 비비원숭들이 강렬한 태양을 피해 무리 지어 숨어서 그들 영역의 동태를 살피고 있다. 한때 이들은 같은 영역을 점하고 사는 인간들을 몹시 경계했다. 하지만 시간이 가면서 점점 담대해졌고, 먹을 것과 마실 물을 찾아 농장과 인가를 자주 습격했다. 그러다 2000년, 게임의 판세를 제대로 바꾸는 일이 일어났다. 신문 보도에 따르면, 한 지역 주민이 메카에서 타이프를 잇는 도로를 달리던 중 뜻하지 않게 도로변의 비비원숭이 한 마리를 치어 죽였다. 남자는 가던 길을 계속 갔고, 사흘 후 같은 길로 돌아오고 있었다. 그는 앞으로 일어날 일을 전혀 예상하지 못했다. 그의 차를 알아본 비비 한 마리가 날카로운 소리를 내질렀다. 무리에게 매복 습격을 요구하는 결집의 외침이었다. 비비원숭이들은 일제히 해당 자동차에 돌멩이 세례를 퍼부었고, 앞 유리를 갈가리 찢었다. 혼비백산한 운전자는 간신히 무탈하게 빠져나왔다.

믿기 어려운 사건이었다. 영화 '혹성 탈출'의 한 장면 같은 사건이었다. 그러나 이 사건은 영장류학자들이 '영장류 공통의 복수 시스템'이라고 부르는 것을 보여주는 한 예에 지나지 않는다. 사실 공동체의 일원을 잃었을 때 비비 무리의 기분이 어땠는지, 자동차를 발견하기 전부터 비비 무리의 마음에 실제로 복수의 욕구가 있었는지에 대해서는 짐작만이 가능하다. 다만, 인간과 유전적으로 그리 멀지 않은 동물 종인 이들의 행동에 인간 복수의 모든 특징이 고스란히 담겨 있다는 점은 시사하는 바가 크다.

영장류, 특히 침팬지와 마카크의 사회생활을 자세히 다룬 연구들을 보면 이들이 출중한 기억력을 가지고 있다는 것을 알 수 있다. 이들은 누가 자신의 비위를 상하게 했는지 기억하고 적절한 기회가 올 때까지 보복을 미룰 줄도 안다. 상호주의가 침팬지의 일상을 지배한다. 주먹 대거리에서만 상호주의가 발동하는 건 아니다. 이들은 음식에서도 지난번에 신세를 진 상대에게 다음번에 음식을 나눠 주는 되갚음 행동을 한다. 지배 그룹의 개체들은 서열과 위계를 위한 권력 다툼을 벌이고, 그 과정에서 위계질서에 반하는 규칙 위반자를 거리낌 없이 벌한다.

인간 영장류의 경우도 다르지 않다. 복수는 인간의 끈질기고 강력한 욕구다. 우리의 생물사회적 기질에 붙박이로 섞여서 전수되고, 슬픔, 비탄, 굴욕감, 분노 같은 격한 감정으로 촉발되는 원초적 본능이다. 작게 무리 지어 유랑하던 선사 시대 수렵채집 집단들은 일반적으로 공동생활을 즐겼고, 자원을 공유했다. 고기 분배의 부정행위자나 대장으로 행세하려는 자로 인한 분쟁은 위반자를 따돌리거나 추방하는 방법으로 해결했다. 하지만 집단의 안위에 대한 보다 심각한 위협, 가령 살인이나 부녀자 납치는 보다 혹독한 심판을 요했다. 바로 우두머리 남성에 대한 보복 살인이다. 패권과 짝짓기를 위한 이런 투쟁은, 성공하는 집단의 위기 대응력을 높이고 결과적으로 해당 집단에 진화적 우위를 제공한다.

그러다 수렵채집 집단들이 점차 정착 농경 생활에 접어들고 집단 규모가 커지면서 문제가 복잡해졌다. 동류의식과 위계질서의 중요성이 더 커졌고, 불화와 반목의 양상이 심화되고 다각화되었다. 소유와 자존심을 지키기 위한 보복이 단발적 사건이 아니라 연속적 사건이 되었고, 누가 누구의 목숨을 언제, 어디서, 어떻게 취할 것인가에 관한 규정들이 생겼다. 복수가 복잡다단한 문화적 양상을 띠게 되었다. 그러다 사회가 팽창하고 도시화하면서 복수의 주된 문제점들이 전면으로 부상했다. 개인적 응징은 무법 상태를 불렀고, 단속이 어려웠다. 그래서 복수가 해왔던 일을 국가가 대신하게 됐다. 국가가 대행하는 복수는 공정과 냉철을 내세우고, 반 복수 교리의 후원을 받는다. 보복 행위를 두고 프랜시스 베이컨은 "복수하면 인간은 적과 같은 수준이 된다. 하지만 무시하면 그는 적보다 우월해진다"고 했고, 가톨릭 교회법은 복수를 머리에 담는 것조차 죄로 여겼다. 시인과 철학자들도 복수 근절에 가세했다. 공자는 "복수의 여정에 오르기 전에 무덤부터 두 개 파두어라"고 경고했고, 존 밀턴은 "복수란 처음 생각에는 달콤하지만, 얼마 안 가 자신에게 쓰디쓰게 되돌아온다"고 말했다.

하지만 복수를 죄악시하는 것은 '목욕물 버리려다 아기까지 버리는 일'이 될 수 있다. 사실 인간관계는 도덕적 비난이나 법의 견책을 받지 않을 정도의 소소한 대거리를 전략적으로 수반한다. 복수가 잃을 것 즉 재산, 가족, 친구 등을 되돌리지 못한다. 하지만 복수를 통해 부수적 상실인 자부심, 명예 등은 회복할 수 있다. 이런 경우는 복수를 노리는 것이 합리적이다. 프리드리히 니체도 이렇게 말했다. "만약 원수가 명예를 훼손했다면, 복수로 그것을 복구할 수 있다. 또한 복수는 내가 원수를 두려워하지 않는다는 것을 증명하고, 거기서 비로소 합의한 조정이 의미를 가진다."

복수는 타인의 빈축을 산다. 그렇다고 복수를 원하고 꿈꾸는 것까지 막지는 못한다. 특히 강간, 폭행, 강도 등 잔혹 행위의 피해자는 장기적 복수 환상에 빠지기 마련이다.

우리 중에는 위협을 느끼거나 압박을 받을 때, 폭력적 복수와 앙심을 기본 반응으로 장착한 사람들이 있다. 이런 종류의 극단적 반응은 대개 어린 시절의 경험에 뿌리를 둔다. 특히 과잉 통제형 가학적 부모가 주요 원인이다. 아이는 은연중에 부모의 행동을 비추는 거울이 되고, 본인의 불안감과 열등감을 자기 본위 자존심으로 감춘다. 시간이 지나면서 이 가면들은 적수들을 찍어누를 승리에 대한 갈망으로 전환된다. 남들을 교묘하게 이용하는 능력은 짜릿하다. 뒤틀린 자기 확신을 준다. 이에 대한 지나친 탐심을 '악질적 자기애'라고 부른다.

흔히 자기도취, 나르시즘으로 부르는 자기애는 나름의 스펙트럼을 갖는다. 한쪽 끝에 건전한 자기애가 있다면 다른 쪽 끝에는 악질적 자기애가 있다. 정신분석학자 하인츠코헛은 "악질적 자기애는 인간 영혼의 가장 유해한 독 중 하나이며 때로는 일관성 없는 단발성 악의적 행동들로, 때로는 지능적 책략적 복수극의 형태로 표출된다"고 말한다. 전형적으로 악질적 나르시시스트는 허영심에 사로 잡혀서 남들을 상대적으로 하잘 것없는 존재로 여기고, 본인의 이익을 위해 이용할 대상으로 취급한다. 과도한 자만심과 거드름을 보이고, 막강한 권력과 방해 없는 성공에 대한 환상이 있고, 욱하는 성향이 강하다. 사무실, 공장, 학교의 지질한 폭군, 강박적으로 복수심에 불타는 애인 등 악질적 나르시시스트는 사회 각계각층에서 만날 수 있다. 이들 중 일부는 악의를 붙임성과 상냥함 뒤에 숨긴다. 이런 사람들은 직장에서는 자신감과 외곬 기질과 목적의식을 풍기며 일견 통솔력을 가진 사람으로 비치기도 한다. 하지만 그 이면은 사람을 조종하고 이용하는 무자비함과 영악함으로 가득하다. 이런 상사 밑에서 일하는 건 지옥이다. 피해자의 증언을 들어보자. "2년 동안 이 재수 없는 인간이 나를 자살 직전까지 몰고 갔죠. 내 자존감은 회복 불능 상태가 됐고, 남은건 심각한 우울증이었어요. 그 동안 이 인간은 나를 영악하게 조종해서 모든 것이 전적으로 내 잘못이라고 믿게 했어요."

조건만 잘 만나면 일부 악질적 나르시시스트는 막강한 권력을 휘두르는 위치까지 올라간다. 캘리포니아 대학교의 정신의학자 제임스 팰런 교수는 이들을 진정한 사이코패스로 본다. 이들은 매력적이고, 카리스마적이고, 지적으로 보이지만, "극도로 자기중심적이고, 능수능란한 거짓말쟁이에 인정과 공감 능력이라고는 없고, 종종 가학적이고, 끝도 없이 권력을 탐한다." 유명한 사이코패스를 일부 꼽자면, 히틀러, 무솔리니, 스탈린, 마오쩌둥, 이디 아민, 김정일, 폴 포트, 사담 후세인, 무아마르 가다피 등이 있다. 이들의 인생을 보면 악질적 자기애가 엽기적 파괴력으로 진화하는 과정을 여실히 보여준다. 스탈린과 사담 후세인이 등골 서늘한 예다.

함께 나누기

복수를 죄악시하는 것은 '목욕물 버리려다 아기까지 버리는 일'이 될 스탈린의 인성에 결정적 영향을 미친 건 그의 험난한 성장기다. 그의 아버지는 알코올 중독자에 아들과 아내에게 폭력을 일삼았다. 그의 어머니는 아들과 정서적 유대가 약했고, 문맹이었다. 그녀는 아들을 사제로 만들려고 신학교에 보냈다. 그러나 주체가 아버지에서 사제들로 바뀌었을 뿐 거기서도 억압과 매질은 여전했다. 그는 결국 학교에서 쫓겨났다. 선생들에 대한 적대 행위와 성경보다 마르크스주의에 경도된 사상 때문이었다.

스탈린은 부모와 소원해졌다. 거기다 사생아라는 악질적 소문에 시달렸다. 그의 생부 후보로 지목된 사람 중 하나가 그의 대부였던 코바 에그나타시빌리였다. 레슬링 챔피언 출신의 코바는 부유한 상인이었다. 스탈린은 그를 이상화했다. 혁명가가 됐을 때 스스로 코바라는 가면을 쓸 정도였다. 또한 스탈린은 열등감, 특히 외모 콤플렉스가 심했다. 천연두를 앓아 얼굴이 심하게 얽었고, 어릴 적 사고로 한쪽 팔을 제대로 쓰지 못했으며, 걸음걸이도 이상했다. 이를 보완하려 그는 자존심을 비정상적으로 비대하게 키우고, 감정적으로는 철저히 메마른 인간이 되었다. 특히 첫 번째 아내 카토가 발진티푸스로 죽은 후 더욱 비정하게 변해갔다. 그는 목적을 이루기 위해서라면 수단 방법 가리지 않고 잔악한 만행도 서슴지 않았다. 젊은 시절 폭력 조직을 결성하기도 했다. 그는 무장 강도였고 냉혈한 살인자였다. 훗날 권좌에 오른 뒤에는 예전 조직원들을 처형하는 방법으로 폭력배였던 과거를 세탁했다. 1936년 소비에트의 여러 도시에서 자행된 피비린내 나는 탄압, 이른바 대공포를 전후해 스탈린의 공포 정치는 극에 달했다. 그의 권력 기반은 무자비한 탄압을 정규화한 이데올로기 시스템이었다.

악질적 나르시시스트의 특징인 과다한 자기 포장이 스탈린의 불안한 내면을 감추는 위장이었다. 그는 적어도 여섯 번 개명했다. 본명은 이오시프 주가시빌리였지만, 러시아어로 '강철'을 뜻하는 스탈린을 이름으로 택했다. 알렉산드로 솔제니친은 소비에트 시대의 인권 탄압을 고발한 소설 『수용소군도』에서, 스탈린의 회의장에서 가장 먼저 박수를 멈추는 참담한 실수를 저지른 남자의 운명을 묘사했다.

3분, 4분, 5분, 폭풍과 같은 박수갈채가 이어졌다. 기립박수가 되어서도 지속됐다. 정말로 스탈린을 흠모하는 이들에게조차 상황은 견딜 수 없이 바보 같아지고 있었다. 현지 종이 공장 감독은 독자적이고 심지가 굳은 사내였다. 그는 상임간부회와 함께 서 있었다. 이 상황의 허위와 어이없음을 모두 알면서도 그는 계속 박수를 쳤다! 9분! 10분! 그러다 11분이 지났을 때 종이 공장 감독은 사무적인 표정을 취하고 자리에 앉았다. 다람쥐는 명민하게도 때맞춰 바퀴에서 뛰어내렸다. 불행히도 이 일은, 누가 독자적으로 행동하는 사람들인지 그들이 알아채는 계기가 되고 말았다. 그들은 독자적인 사람들을 제거하는 데 착수했다. 당일 밤 공장 감독은 체포됐다. 그들은 사뭇 뜬금없는 구실을 내세워 그에게 10년 형을 언도했다. 결국 스탈린은 1953년 급작스런 뇌졸중으로 75년을 살다가 죽었다.

스탈린의 경우처럼, 사담 후세인의 악질적 자기애도 불운한 성장 과정이 키웠다. 후세인의 아버지는 그가 태어나기 전 가족을 버렸고, 당시 10대였던 형은 암으로 죽었다. 그의 어머니에겐 날벼락이었다. 그녀는 좌절과 가난에 못 이겨 배 속의 아이를 유산시키려 했고, 자살을 시도했다. 어린 후세인은 티크리트에 사는 외삼촌 카이르알라 탈파 밑에서 자라다가 어머니가 먼 친척과 재혼한 후 돌아왔다. 계부는 폭력적인 사람이었고, 사담은 즉시 미운털이 박혀 구박과 매질을 당했다.

열 살 무렵부터 그는 자신의 이름값을 하기 시작했다. 사담은 아랍어로 '맞서는 자' 또는 '강하게 충돌하는 자'라는 뜻이다. 그는 계부와 어머니 모두에게 분개했다. 두 사람은 아들의 교육에 관심이 없었다. 그는 결국 부모를 버리고 외삼촌 탈파에게 돌아갔다. 외삼촌의 지도를 받으며 그의 상처 입은 자아는 좌절감을 과대망상으로 전환하기 시작했다.

외삼촌의 영향으로 젊은 후세인은 반제국주의로 이라크 해방을 부르짖는 군국주의와 외국인 혐오증을 고스란히 흡수했다. 이때부터 후세인의 과대망상은 유년의 자기 회의를 떨치고 구체화되기 시작했다. 그의 폭력배 기질은 바트당(아랍부흥당) 간부들의 눈에 들었다. 그는 당내 경쟁과 분열을 발판 삼아 빠르게 입지를 굳히며여 승진했고, 결국 당이 이라크의 정권을 장악하자 정권의 실세로 등극했다. 후세인의 변덕스러움과 무자비함을 보여주는 일화는 많다. 이라크-이란 전쟁 당시 후세인은 난국을 타개하기 위해 회의를 소집하고 각료들에게 솔직한 조언을 구했다. 보건 장관이 후세인에게 일시 사임했다가 평화 협정이 체결된 후 대통령직에 복귀할 것을 건의했다. 전하는 바에 따르면 후세인은 그의 기탄없는 의견 제시에 감사를 표한 다음 그를 체포할 것을 명했다. 장관 부인이 남편의 석방을 간청하자 그는 그렇게 말했다. 다음 날 캔버스 가방에 담긴 장관의 토막 난 시신이 부인에게 전달됐다.

독재자의 지도력의 역사는 악질적 자기애의 역설을 보여준다.

악질적 자기애는 한편으로는 추종자를 끌어모은다. 사람들은 지도자의 아집과 비타협적 행동과 카리스마에 끌리고, 권세와 영화의 약속에 홀린다. 하지만 다른 한편으로는 지도자의 피해망상과 앙심이 갈수록 심해져 결국 자기 파멸을 부르고, 파멸의 여파는 주위를 집어삼킨다.

함께 나누기

스탈린과 사담 후세인이 왜 그렇게 비정한 인간이 되었는가를 살펴보았습니다. 인간은 누구나 여건만 된다면 이런 일을 할 수 있다는데, 심리학에서는 어린아이 시절의 성장과정에 원인이 있다고 말하고 있습니다. 어떻게 생각하는지 나누어 보십시오. 더불어 나의 어린시절에 대해서도 생각을 나누어 보십시오.

신의 심판

복수에 관한 훈계는 세계 대종교(유대교, 기독교, 이슬람교, 불교, 힌두교)의 전매특허였다. 대종교의 교리는 대체로 복수를 규탄한다. 보편적 메시지는 이렇다. 세상은 모욕과 고통과 비탄으로 가득하고, 이것이 인간 실존의 현실이다. 그러나 개인의 복수는 상황을 악화시킬 뿐이다. 정의는 무한 경쟁 난투극이 아니다. 다만 그것은 신과 신의 대리인들의 결정에 따른 것이어야 한다.

신의 복수는 항상 순수한 동기로 이루어진다. 인간의 복수는 그렇지 않다.

하지만 이 메시지가 제기되는 방식은 종교에 따라 다르다. 『탈무드』를 쓴 유대교 율법학자들은 개인적 복수의 부정적 측면에 초점을 둔다. 『탈무드』는 〈모세5경〉과 유대인의 구전을 망라한 유대교 율법의 원천이다. 『탈무드』는 원한과 분노와 양심의 파괴력을 경고하고, 부당한 대우를 받았지만 분풀이의 유혹을 이겨낸 사람들을 칭찬한다. 랍비 시메온 벤 라키스에 따르면 "분노는 현자에게서 지혜를 박탈하고, 선지자에게서 예지를 앗아간다." 레위기에서 하나님은 모세에게 "원수를 갚지 말며 동포를 원망하지 말며 이웃 사랑하기를 네 몸과 같이 하라 나는 여호와니라"고 했다. 하지만 여호와의 전능함에 도전하고 여호와의 민족을 잘못 인도하는 이들은 용서받지 못한다. 민수기에서 하나님은 이스라엘 민족을 향하여 그들을 우상숭배로 탈선하게 만든 이교도 미디안 종족에게 복수할 것을 촉구한다. 신명기에서는 하나님의 노여움이 보다 명백히 드러난다. "보복하고 앙갚음할 그날까지. 그들이 비틀걸음을 칠 그때까지. 이제 그들이 망할 날이 오고야 말았다. 예정되었던 일이 닥쳐왔다."

유대교의 보복 금지 규정이 모든 경우에 적용될까? 이에 대해서는 유대교 랍비들 사이에서도 의견이 갈린다. 예를 들어 『탈무드』는 돈을 빌려주기를 거부한 사람에게 보복하는 것은 금하지만, 감정적 고통을 야기한 사람에 대해서는 명확한 말이 없다. 복수가 순전히 이타심에서 가해자를 교화하기 위해 나온 행동일 때는 관용이 따른다. 그러나 의도의 순수성은 실증이 어려운 애매한 개념이다. 일상의 정의에 대해서는 출애굽기에 관련법이 전하는데, 법 조항의 상당수가 높은 수준의 인도주의와 공정성을 보여준다.

법 적용 대상도 광범위하다. 종에 대한 처사, 살인, 과실치사, 폭행, 절도, 강간, 우상 수배, 사회적 약자에 대한 처우, 금전과 재산, 대출, 사법 정의와 법 앞의 평등 등을 망라한다. 신체적 상해가 발생했지만 의도적인 것이 아니라면 인정과 보상을 우선적으로 참작한다. 살인자는 사형에 처하고, 그 다음부터는 "눈은 눈으로, 이는 이로, 손은 손으로, 발은 발로, 화상은 화상으로, 상처는 상처로, 멍은 멍으로 갚아야 한다는 출애굽기의 원칙을 적용한다. 공교롭게도 고대 이교 문명의 동해보복법과 다르지 않다. 다만 일부 종교학자들은 이 구절을 "유대교 율법에 곧이곧대로 적용하는 것은 말씀의 의도를 왜곡한 것이며" 또 현실적이지도 않다고 말한다. 그보다는 적절한 보상-대개는 금전적 보상-을 강조한 비유로 간주한다.

한편 기독교는 복수로부터 단호히 거리를 둔다. 마태복음을 보자.

또 눈은 눈으로, 이는 이로 갚으라 하였다는 것을 너희가 들었으나, 나는 너희에게 이르노니 악한 자를 대적하지 말라 누구든지 네 오른편 뺨을 치거든 왼편도 돌려 대며, 또 너를 고발하여 속옷을 가지고자 하는 자에게 겉옷까지도 가지게 하며, 또 누구든지 너로 억지로 오 리를 가게 하거든 그 사람과 십 리를 동행하고, 네게 구하는 자에게 주며 네게 꾸고자 하는 자에게 거절하지 말라.(마5:38-42)

이는 예수가 산상수훈을 통해 제자들과 군중에게 내린 권고다. 예수는 사람들에게 원수를 사랑하고 박해자들을 위해 기도할 것을 촉구한다. 이 가르침은 신약성경에서 여러 차례 반복된다. 예수께서는 "아버지, 저 사람들을 용서하여 주십시오! 그들은 자기가 하는 일을 모르고 있습니다"하고 기도하셨다. 복수를 포기하는 것은 몹시 어려운 일이지만, 이것이 용서는 성경에서 칭송의 대상이 되고 있다.

기독교 신학은 보복성 전쟁의 부질없음에 정면으로 맞선다. 전쟁은 증오의 불길에 부채질을 할 뿐이다. 국가적 테러리즘은 평화를 이루지 못하고 절망만 부른다. 따라서 마태복음의 말씀처럼 "평화를 위하여 일하는 사람은 복이 있다. 그들은 하나님의 아들이 될 것이다."(마 5:9)

그럼에도 역사적으로 볼 때 기독교는 이 가르침에 충실하지 못했다. 오히려 충실과 거리가 멀다. 기독교는 신앙을 빙자한 응징을 후원하거나 묵인해왔다. 십자군 전쟁, 종교재판, 노예 제도 정당화, 사형지지, 반유대주의 등은 여러 악명 높은 사례들 중 몇 가지에 불과하다. 나치 독일에서는 구교 사제들과 신교 목사들이 신도 앞에서 하나님의 이름으로 히틀러의 야욕을 축복했고, 입대해서 총통을 위해 싸우고 살상하는 것을 기독교인의 의무로 선포했다. 보다 최근에는 미국이 주도한 전쟁들이 복음주의 기독교인과 주류 교회지도자들의 열정에 불을 댕겼고, 이들 중 일부는 부시 부자의 전쟁을 적극 지지했다.

이슬람교의 성법 〈샤리아〉는 구약성경의 "눈은 눈으로" 원칙을 '키사스'라는 응징 제도에 그대로 적용한다. 심각한 폭행과 살인의 경우, 샤리아 법원은 피해자나 고인의 대리인에게 범법자를 똑같은 방법으로 벌할 것을 허용한다. 하지만 다른 가능성도 있다. 범법자가 보상금이나 위자료로 일명 블러드 머니를 지불하면 용서받을 수 있다. 코란은 "용서하고 보상하는 사람에게 누구나 알라의 상이 따르리라"고 말한다. 기독교와 유대교의 경전처럼, 코란에도 평화를 옹호하는 구절들과 호전적인 구절들이 병존한다. 하지만 선지자 무하마드의 기본 입장은 극도의 비참한 상황에서도 변치 않는 자비와 용서다. "그들을 용서하고 눈감아주라. 너희도 알라의 용서를 바라지 않느냐. 알라는 너그럽고 자비로우시니라.” 그러나 이슬람교는 단일 구조의 종교로 볼 수 없다. 교리에서 많은 부분 차이를 보이는 다섯 가지 종파, 즉 시아, 수니, 와하브, 수피, 아흐마디야에서 70가지 이상의 하위 종파가 나뉘어졌다. 이들은 이슬람의 본질을 두고 여러 갈래로 나뉘어 첨예하게 대립하고 있고, 자기 종파의 입지를 방어하기 위해서라면 상대 종파에 대한 피비린내 나는 응징을 마다하지 않는다. 특히 와하브파가 시아파와 극렬하게 대립한다.

지하드를 빼고는 무슬림의 삶을 말할 수 없다. 지하드는 종교적, 도덕적 원칙을 지키기 위한 ‘투쟁’을 뜻한다. 훌륭한 무슬림이 되기 위한 신자 내면의 정신적 지하드, 고결한 이슬람 사회를 구현하기 위한 지하드, 마지막으로 이슬람을 방어하기 위한 지하드, 이렇게 세 가지의 지하드가 있다. 코란의 명령은 해석에 따라 정도의 차이는 있지만 이 투쟁에는 보복과 응징이 관여한다. 이슬람 신앙이나 영토에 대한 공격에 직면하며 코란은 성전을 명한다. 이때도 무고한 여자와 어린이와 노인에 대해서는 인정을 베푼다. 하지만 현실에서 이 경고는 이슬람 극단주의자들에 의해 대체로 무시됐다. 원리주의 무슬림은 성교, 간통, 비혼, 출산, 동성애에 대한 서구의 진보적 태도를 혐오한다. 아울러 샤리아 법의 엄격한 해석과 적용을 통해 이슬람 도덕규범을 어긴 사람들에게 가혹한 보복성 처벌을 가하고, 또 그것을 정당화한다.

힌두교는 세계에서 가장 오래된 종교 중 하나다. 신자 수도 9억 명을 헤아리는데, 대부분 인도에 집중돼 있다. 유대교, 기독교, 이슬람교와 달리, 힌두교에는 유일신도 통일된 경전도 없다. 다만 각종 종교 문헌을 총칭하는 〈베다〉가 있다. 베다는 찬가, 주문, 제례 규정 등을 두루 포함한다.

힌두교에는 비슈누파, 시바파, 샥티파, 스마르타파, 크게 네 가지 종파가 있다. 종파마다 섬기는 신이 다르지만, 업과 윤회를 공통 사상으로 한다. 〈카르마〉는 남에게 야기한 고통이 가해자에게 현생 또는 내세에 나쁜 일로 돌아온다는 인과응보 사상이다. 다시 말해 남을 해치면 내게도 반드시 화가 미친다. 고대 인도의 철학자이자 힌두교 성자인 티루 발루바는 이렇게 말했다. "복수심에 남을 해치는 자들은 무가치한 인간이다. 극기심으로 인내하는 이들은 쌓아놓은 금과 같다. 대지가 자신을 파헤치는 이들을 감내하듯 우리도 우리를 멸시하는 이들을 인내하는 것이 최선이다."

힌두교의 기조 사상인 〈아힘사〉는 비폭력과 불살생을 표방한다. 아힘사는 살아 있는 모든 것들에 대한 폭력적인 말과 행동과 생각을 삼갈 것을 언명한다. 본질적으로 악한 사람은 없으며 타인의 악의적 행동은 복수가 아니라 화평과 이해로 대해야 하고, 연민과 공감이 최우선 덕목이다. 하지만 힌두교는 복수와 자기방어는 구분한다. 자위적 전쟁이라면 물리력이 정당화됐다. 고대 힌두 전투 수칙인 〈리그베다〉에 따르면, 뒤에서 치거나 화살

촉에 독을 묻히는 것은 부당한 짓이고, 노약자와 아이와 여자를 공격하는 것은 용서받을 수 없는 짓이다.

힌두교에 내재한 수동성에도 불구하고, 힌두교와 원리주의 이슬람교 사이에는 뿌리 깊은 종교 분쟁의 역사가 있다. 힌두교는 다신교고, 다른 신앙에 관대하고 이교도를 개종시키는 데 관심이 없는 반면, 원리주의 이슬람교는 일신교고, 정복민의 개종에 적극적이고, 매우 교조적이며, 역사적으로 확장주의 노선을 걸었다. 두 종교의 갈등은 1000여 년경 아프가니스탄의 술탄 마흐무드 가즈니의 인도 정복으로 거슬러 올라간다. 당시 아프가니스탄을 중심으로 확장세에 있던 마흐무드의 이슬람 제국은 정복 전쟁의 일환으로 인도를 침공한다. 힌두교도의 저항은 미약했고, 체계적이지도 못해서 5만 명의 힌두교도가 목숨을 잃었다. 이때를 시작으로 이슬람 세력의 인도 침략과 지배는 18세기까지 계속된다. 두 종교의 숙적 관계는 오늘날까지 이어져 파키스탄과 인도의 분리와 분쟁으로 표출됐다. 또한 파키스탄의 소수 힌두교도와 인도의 소수 무슬림에 대한 산발적 보복 습격도 끊이지 않는다.

불교의 명칭 자체에 그 영적 전통의 단서가 들어 있다. '불(불타)'은 '깨달음' 또는 '깨달은 자'를 뜻하는 산스크리스트어 〈붓다〉에서 왔다. 약 2,600년 전 지금의 네팔에 있었던 소왕국의 왕자 가우타마 싯다르타가 출가해서 깨달음을 얻은 후 붓다로 불리게 됐다. 이 싯다르타가 불교의 창시자다. 싯다르타 왕자는 궁궐 밖의 참담한 빈곤과 궁핍을 목격하고 충격을 받았다. 그는 삶의 무상함을 느끼고 왕위와 영화를 버리고 출가해서 수행과 명상의 길에 든다. 이렇게 싯다르타는 불교의 핵심인 수행에 의한 진리 체득, 즉 열반에 이르는 길임을 몸소 보여주었다. 열반은 일체의 유혹과 집착에서 벗어난 궁극의 깨달음의 상태를 말한다. 따라서 보복 행위는, 적은 다른 사람이 아니라 내 속에 있다는 부처의 가르침을 어기는 일이다.

설사 누가 너를 주먹으로 때린다 해도, 심지어 흙덩이나 몽둥이로 때린다 해도, 심지어 칼로 친다 해도, 세속적인 욕망과 생각을 버리고 수행하여(다음을 실천하라) "이 일로 마음이 상하지도 말며, 나쁜 말로 분통을 터뜨리지도 말며, 다만 염려와 연민으로 가득한 사랑의 마음을 부단히 유지하고 증오에 굴복하는 일이 없도록 하라."

종교와 복수는 뒤얽혀 있다. 따라서 복수를 다스리려는 시도도 불가피하게 종교적 신념 및 교리와 교차한다. 앞서 살펴본 대로 보복을 금하는 경전들은 독실한 사람들조차 부응하기가 쉽지 않고, 그러다 보니 신자들의 정치와 격정에 맞춰 손쉽게 각색된다.

다른 것도 아니고 종교 교리들이 인간이 인간에게 가하는 가공할 보복 행위를 정당화하는 도구로 자주 이용되어 왔다는 사실은 더할 수 없는 아이러니다. 복수의 억제에 대한 담론에서 종교는 언제나 은총인 동시에 저주였다. 종교와 복수는 뒤얽혀 있다.

따라서 복수를 다스리려는 시도도 불가피하게 종교적 신념 및 교리와 교차하고 있음을 볼 수 있다.

함께 나누기

종교 교리들이 인간이 인간에게 가하는 가공할 보복 행위를 정당화하는 도구로 자주 이용되어 왔다는 사실은 더할 수 없는 아이러니입니다. 그렇다면 인간은 어떻게 복수의 문제를 해결할 수 있을까요? 구체적으로 생각해 보십시오.

3

지금의 기독교 무엇이 잘못되었는가

자끄 엘륄(Jacque Ellul)『뒤틀려진 기독교』

박동열 역, 도서출판 대장간, 2012 • 34-35, 263-264, 275-276쪽

자끄 엘륄은 1912년 프랑스 보르도에서 태어났다. 1937년 스트라스부르 대학교의 연구부장으로 지명되었으나 비시(Vichy)정부에 의해 해임되었다. 1936-1939년 사이에 프랑스 정계에 투신하여 활동하였고, 1940년-1944년에는 레지스탕스 운동에 열렬히 가담했으며, 1953년부터는 프랑스 개혁교회의 총회 임원으로 일해왔다.

법학박사인 그는 수많은 책을 저술하여 사회학자, 신학자, 철학자로서 널리 알려졌다. 보르도대학에서 오랫동안 교수로 근무하였으며, 『신앙과 삶』 *Foi et Vie*의 편집주간으로 활동하였다.

예수 그리스도에 의해 계시된 기독교는 반인간적이어서 우리로서는 쉽게 용납하고 받아들일 수 없다. 그런데도 교회는 예수 그리스도와는 상관없는 기독교를 만들어서 인간이 쉽게 호의적

으로 용납하고 받아들일 수 있게 치장하였다. 교회는 스스로 자축하고 자랑하고 있으나 왜곡된 기독교에 대한 책임은 면할 길이 없을 것이다.

기독교를 통해서나 그리스도인이 되는 것을 통해 신약 성경이 의미하는 바가 인간의 생각과 들어맞고, 인간의 마음을 끌기에 적절하며, 마치 이것이 인간 자신의 발명품이나 인간의 마음에서 나온 교리인 양 인간의 비위를 맞춘다고 가정한다면, 아무런 문제가 없을 것이다. 하지만 "반대되는 면"이 있다. 어려운 점은 그리스도인이 되는 것을 통해 신약 성경이 의미하는 것을 이해하는 것이 인간에게 더욱 반대되는 것이어서 그렇다. 이것은 인간에게 있어 걸림돌이다. 인간은 이 상반되는 것에 대항해야 하거나, 그렇지 않으면 계책을 쓰거나 무슨 수를 써서라도 이 상반되는 것에서 벗어나려고 애쓰려 한다. 예를 들어, 기독교를 정반대의 것으로 이름 짓는다거나, 그 다음으로 그리스도인이 되는 엄청난 은총에 대해 하나님에게 감사드리는 식의 속임수에 힘입어서 말이다! "아무것도 신약 성서의 기독교보다 더 인간의 기분을 상하게 하고 인간으로 하여금 화가 치밀어 오르게 하는 것은 없다. (성경이 말하는 계시를 일반적인 인간이라면 이해하기 어렵다는 뜻이다. 예를 들어 예수님께서 용서할 때 일곱 번을 일흔 번까지라도(마18:22) 하라는 말과 같은 것이다. 이런 종류의 말들은 성서에 가득하다 - 필자 주)기독교가 진정으로 전해지면 기독교는 수백만의 그리스도인들도 얻을 수 없고 지상에서의 대가와 이익도 얻을 수 없다.

함께 나누기

> 자끄 엘륄은 성서는 "인간에게 있어 걸림돌이다. 기독교가 계시의 말씀인 성서를 잘못 이해하고 왜곡된 것에 그 원인이 있다"고 말합니다. "하나님의 말씀이 인간의 기분을 상하게 하고 불쾌감을 주는 것"이라는 계시의 말씀이 그대로 전해진다면 그리스도인을 얻을 수 없다는 말은 어떤 의미일까요.

바로 여기에 어려움이 있다. 어려운 점은, 공인된 기독교가 신약 성서의 기독교가 아님을 보여주는 것에 대해서가 아니라, 신약 성서의 기독교 및 신약 성서가 그리스도인이 되는 것을 통해 의미하는 바가 인간에게 얼마나 불쾌감을 주는 것인지 보여주는 일이다.(성서에 나오는 특히나 예수님의 말씀은 너무 급진적이고 혁명적이어서 받아들이기 어렵다는 뜻 - 필자 주) 서기 30년이나 오늘날이나 마찬가지로 역사를 통해 사제들이라는 매우 존경받는 사회계급이 대대로 존재한다는 점이 입증되는데, 그들의 역할이란 역설적이었다. 본래 기독교 계시는 결코 인간의 마음에 들 수 없다. 이런 맥락에서 기독교는 언제나 인간에게 있어 마음속 깊이 철천지원수였다. 그러므로 원래의 기독교와 정반대되는 것으로 기독교를 만드는 일이다.(이 글은 『뒤틀려진 기독교』에서 인용한 것인데 그 만큼 성서의 본래의 의미가 사람들에게 철저하게 외면당하고 있다는 말이다 - 필자 주)

함께 나누기

엘륄은 계속해서 "기독교는 언제나 인간에게 있어 마음속 깊이 철천지원수였습니다. 그리하여 원래의 성서와는 정반대되는 것으로 기독교를 만드는 일이 사제들의 역할이었다"는 말에는 역사적 기독교에 대한 냉엄한 비판이 들어 있습니다. 무엇보다 오늘의 한국 교회가 과연 성서와 부합한 종교인지 함께 생각해 보십시오.

이러한 결과로 기독교는 보수적이 되었고 반(反)전복적이 되었다. 진정한 기독교는 권력에 의해 뒤짚히게 되었다. 예수는 돈을 맘몬으로 규정했다. 아무도 두 주인을 섬길 수 없다. 돈과 그리스도는 근본적으로 양립될 수 없다. 예수는 제자들에게 아무것도 갖지 말라고 권한다. 바울도 돈은 탐욕의 주요 대상 가운데 하나이다. 탐욕은 모든 죄와 모든 악의 뿌리다. 그럼에도 불구하고 기독교는 정치적, 경제적 사회적 영역 등 온갖 영역에서 완전한 보수주의가 되어버렸다.

함께 나누기

역사적 기독교는 어떤 형태로 보수적이고 반전복적이 되었는지 여러

가지 사례를 들어 함께 생각해 보십시오.

2부: 용서란 무엇인가

용서

4

용서를 발견한 사람

한나 아렌트(Hannah Arendt) 『인간의 조건』

이진우 역, 한길사, 2019 • 301-309쪽

1960년에 태어난 한나 아렌트는 아버지의 고향인 쾨니히스베르크에서 유년 시절을 보냈다. 아렌트는 평생을 자신이 유태인이라는 의식 속에서 살았는데, 이 의식은 아렌트가 자신의 철학을 모색하는 데 중요한 배경이 된다. 학창 시절 하이데거의 철학에 매료된 아렌트는 마르부르크 대학에 진학하여 그의 밑에서 공부하게 되지만 최종적으로는 하이델베르크의 야스퍼스 밑에서 「아우구스티누스에 나타난 사랑의 개념」이란 논문으로 박사학위를 받았다.

자신이 무엇을 행했는가를 알지 못하고, 알 수 있다 할지라도 행한 것을 되돌릴 수 없는 무능력인 환원불가능성의 곤경으로부터 벗어나게 하는 것은 용서하는 능력이다. 미래의 불확실성인 예측불가능성의 치유책은 서로 간에 약속을 하고 또 그 약속을 지키는 능력이 있다. 이 두 능력 가운데 하나인 용서하는 능력은 〈다모클레스의 검〉(로마 철학자 키케로가 처음 한 말로 큰 부와 큰 권력에는 반드시 큰 위험이 따른다는 의미를 가지고 있다 - 필자 주)처럼 모든 새로운 세대에 걸쳐 '죄'값을 치러야 하는, 과거의 행위를 구제한다는 점에서 이 두 능력은 동질적이다. 그리고 약속을 지키는 능력은 미래라는 불확실성의 바다에 안전한 섬을 세우게 한다. 이 섬이 없다면 인간 사이의 관계에서 지속성은 물론이고 연속성조차 갖지 못한다.

용서를 받음으로써 우리가 행한 일의 결과로부터 해방되지 못한다면 행위 하는 능력은 결코 회복할 수 없는 하나의 유일한 행위로 끝날 것이다. 우리는 영원히 그 결과의 희생자로 머물 것이다. 이것은 마치 마술사의 제자가 주문을 푸는 마술의 공식을 알지 못하는 것과 같다. 우리가 서로 간의 약속을 이행하지 않는다면 결코 자신의 정체성을 유지할 수 없다.

용서와 약속의 능력은 다원성이라는 인간 조건과 밀접하게 일치하기 때문에, 그 각각은 플라톤의 지배 개념에 내재하는 '도덕'의 기준들로부터 완전히 대립적인 정치적 지도 원리를 확립한다. 타인과 맺는 관계의 잘못과 옳음은 자신에 대한 태도가 결정하며, 결국 공론 영역은 정신, 영혼, 육체(개혁주의교회 즉 장로교회에서 영육 유기체론을 주장한다 - 필자 주)라는 개인의 능력 사이의 올바른 질서인 '인간'의 형상으로 이해된다. 다른 한편으로 용서하고 약속하는 능력에서 추론된 도덕률은 어느 누구도 스스로 할 수 없는 경험, 전적으로 타인의 현존에만 기초하는 경험에 의존한다. 그리고 자기 지배의 양식과 정도가 타인 지배를 정당화하고 규정하듯이-자신을 지배하는 방식으로 타인을 지배할 것이다-용서받고 약속이 이행되는 것을 경험하는 양식과 정도가 자신을 용서하고 자신에게만 한 약속을 지키는 양식과 정도를 규정한다.

왜 한나 아렌트는 용서가 필요하고 중요하다고 말합니까.

인간사의 영역에서 용서의 역할을 발견한 사람은 나사렛 예수이다. 그가 종교적 맥락에서 그것을 발견하고 종교적 언어로 명료화했다는 사실이, 엄격히 세속적인 의미에서 그것을 진지하게 취급할 필요가 없다는 이유가 될 수 없다. 매우 선택적이고 명료한 개념화 과정에서 신뢰할 만한 다양한 경험들을 배제하는 것은 우리 정치사상의 전통의 본질에 속한다.여기서는 해명하지 못할 여러 이유들 때문에 그러하다 - 필자 주) 이런 제외된 경험들 중에 극히 기본적 본성의 경험도 있다고 해서 놀랄 필요는 없다. 나사렛 예수의 가르침의 어떤 측면들은 기독교의 종교적 메시지와 관련이 있다기보다는, 이스라엘의 공적 권위에 도전하는 데 열중했던 그의 동료들과의 작고 친밀한 공동체의 경험으로부터 유래한 것이다. 예수의 가르침은 종교적 본질을 가진다는 이유로 무시되어왔지만 확실히 전통이 제외한 경험에 속한다. 용서는 행위가 초래하는 필수불가결한 상처를 치유하는 데 필수적인 것이라는 의식의 맹아적 흔적을, 우리는 피정복자를 용서하는 로마인의 원리에서 발견할 수 있으며-그리스인들은 전혀 알지 못한 지혜이다-로마에서 유래하는 특별 사면권, 오늘날에도 사형의 경우 거의 모든 서구 국가에서 통치자의 특권에 속하는 이 권리에서도 엿볼 수 있다.

함께 나누기

한나 아렌트는 예수님의 용서에 대하여 중요한 몇 가지를 말하고 있습니다. 그것은 무엇인지 살펴 보십시오.

현재의 맥락에서 중요한 것은, 예수가 '서기관과 바리새인'에 대항하여 첫째 신만이 용서하는 힘을 가진다는 것은 사실이 아니며 둘째, 인간이 아닌 신이 인간을 통해서 용서한다 할지라도 이 힘은 신으로부터 오는 것이 아니라, 반대로 인간이 신에게 용서받을 수 있다고 희망할 수 있기 이전에 인간이 용서하는 힘을 서로에게 사용해야 한다고 주장했다는 것이다. 예수의 표현은 훨씬 급진적이다. 복음서는 인간은 신이 용서해주기 때문에 자신도 '신과 같이' 남을 용서하는 것이 아니라 '진심으로 남을 용서할 때만' 신도 '그와 같이' 인간을 용서해준다고 가르치고 있다. 용서의 의무를 주장하는 이유는 "자신들이 행하는 것을 인간은 알지 못하기 때문이다." 그러나 이 용서는 극단적인 범죄나 의도적인 악에는 적용되지 않는다. 왜냐하면, 만약 적용 가능하다면, "하루에 일곱 번씩 일흔 번의 죄를 범하고 '나는 회개 합니다'라고 말하면 그를 용서하시오"라는 가르침이 불필요하게 되기 때문이다. 범죄와 자의적 악은 드물며 아마도 선의 행위보다 드물 것이다. 예수에 따르면, 이것은 하나님이 마지막 심판의 날에 판단하실 것이며-이 심판은 지상의 삶에는 아무런 역할도 하지 못한다-마지막 심판의 특징은 용서가 아니라 공정한 응보(apodounai)다. 그러나 인간은 매일 죄를 범할 수 있으며, 관계의 그물망에서 새로운 관계를 만들려고 하는 한, 항상 '죄'를 짓기 마련이다. 따라서 죄는 항상 용서하여 잊는 것을 필요로 한다. 인간이 알지 못하고 행한 것으로부터 부단히 인간을 해방시켜야만 인간의 삶은 계속 가능할 수 있다. 인간이 행한 것으로부터 서로를 해방시켜줌으로써만 인간은 자유로운 주체로 남을 수 있다. 그리고 자기의 마음을 변화시켜 다시 시작하겠다는 부단한 의지를 통해서만 인간은 새로운 것을 시작할 수 있는 위대한 힘을 부여받을 수 있다.

이런 측면에서 용서는 보복의 정반대다. 보복은 죄에 대항하는 반동의 형식으로 이루어진다. 여기서는 처음 잘못된 행위의 결과에서 끝나지 않는다. 모든 사람은 과정에 묶이게 되어 모든 행위에 내재하는 연쇄적인 반동을 허용하게 되며 그것은 무한한 과정이 된다. 보복은 잘못에 대한 자연스럽고 자동적인 반동이고 행위과정의 환원불가능성 때문에 예상할 수 있고 예측할 수 있지만, 이와는 대조적으로 용서의 행위는 결코 예견할 수 없다. 용서는 예기치 않은 형식으로 일어나는 유일한 반동이다. 그래서 반동일지라도 행위의 본래적 성격을 가진다. 달리 말하면, 용서는 단순한 반동이 아니라, 반동을 유발시키는 행위에 의해 제한받지 않고 새롭게 그리고 갑자기 일어난다. 따라서 용서하는 자와 용서받는 자 모두를 그 행위의 결과로부터 자유롭게 해준다. 예수의 용서의 가르침에 포함된 자유는 보복으로부터의 자유다. 보복은 가해자와 피해자 모두를, 결코 끝이 나지 않는 행위과정의 잔인한 자동운동 안에 가둔다.

함께 나누기

한나 아렌트는 유대인으로 나치즘을 보면서 전체주의를 연구한 현대 최고 정치학자입니다. 그리스도인은 아니지만 한나 아렌트가 용서의 용서의 정반대는 아니지만 용서 외에 달리 선택 가능한 것은 처벌이다. 처벌과 용서는 간섭하지 않는다면 무한히 계속될 어떤 것을 끝내려 시도한다는 점에서 공통점을 가진다. 그러므로 인간사에서 매우 의미 있는 구조적 요소는 인간은 처벌할 수 없는 것을 용서할 수 없으며, 용서받을 수 없는 것을 처벌할 수 없다는 사실이다. 이것은 칸트 이래로 우리가 '근본악'이라 부르는 죄이지만, 이 죄의 본질에 대해서는 우리조차도, 즉 공적 무대에 드물게 분출된 그것을 경험한 우리조차도 거의 알지 못한다. 우리가 아는 것은 우리는 그러한 죄들을 처벌할 수도 용서할 수도 없으며 따라서 그것들은 인간사의 영역과 인간 힘의 가능성을 초월한다는 사실이다. 근본악들이 나타나는 어디에서나 인간사의 영역과 인간 힘의 가능성 모두는 파괴된다. 행위 자체가 인간에게서 모든 힘을 앗아가는 곳에서 우리는 예수와 더불어 다음과 같은 말을 되풀이할 수 있을 뿐이다. "연자 맷돌을 목에 걸고 바다에 빠져죽는 것이 차라리 그에게는 더 나을 것이다."(마 18:6)

용서함과 이로 인해 확립되는 관계는 반드시 개별적이거나 사적으로 제한되는 것은 아니지만 인격적 사건이다. 여기서 행한 것을 용서하는 것은 그것을 행한 자를 위해서다. 이러한 사태를 예수도 분명하게 인식했다.

그러므로 사랑은 누군가를 '있는 그대로' 완전히 받아들이고 그가 무엇을 하든 간에 항상 기꺼이 용서하는 까닭에 사랑만이 용서의 힘을 가진다면-기독교가 주장하듯이-용서는 우리가 고려할 수 없는 것이 된다.

그러나 매우 좁은 영역에서 사랑이 관계한다면 인간사의 넓은 영역에는 존경이 관계한다. 아리스토텔레스의 정치적 우애(Philia politike)와 비슷하게 존경은 일종의 우정이며 친밀성과 밀접성을 갖지 않는다. 존경은 세계의 공간 사이에 설정한 거리로부터 누군가를 존중하는 것이다. 이 존경은 우리가 감탄하는 자질이나 매우 높게 평가하는 업적과는 무관하다. 그래서 근대에서 존경의 상실 또는 우리가 감탄하거나 우러러보는 곳에만 존경할 의무가 있다는 확신은 공적인 삶과 사회적 삶의 탈 인격화를 가속화하는 분명한 징후다. 어쨌든 존경은 사람에게만 관련되는 것이기에 사람을 위해서 그가 행한 것을 용서하도록 촉구하기에는 매우 충분한 것이다. 그러나 행위와 말로 자신을 드러내는 바로 그 사람이 용서의 주체라는 사실은, 어느 누구도 자기 자신을 용서할 수 없는 가장 근본적인 이유가 된다. 여기서 말과 행위처럼 일반적으로 우리는 타인에 의존하며, 이 타인에게 차이를 통해 나타나지만 우리 자신은 자신의 차이를 지각할 수 없다. 따라서 우리가 우리 자신 속에 갇혀서는 결코 자신의 실패나 잘못을 용서할 수 없다. 왜냐하면 용서는 누군가를 위한 용서인데 바로 그 누군가(즉 자기자신)에 대한 경험을 우리는 갖지 못하기 때문이다.

함께 나누기

한나 아렌트는 놀랍게도 용서에 대해서 거의 예수님이 가르치신 데로 말하고 있고 대체로 따르고 있음을 볼 수 있습니다. 우리가 우리 자신 속에 갇혀서는 결코 자신의 실패나 잘못을 용서할 수 없습니다. 우리가 이웃을 용서할 수 없는 이유는 무엇인지 생각해 보십시오.

5

용서와 정의

미로슬라브 볼프(Miroslav Volf) 『베풂과 용서』

김순현 역, 복있는사람, 2008 • 218-234, 242-247쪽

미로슬라브 볼프(Miroslav Volf)는 우리 시대 가장 영향력 있는 기독교 신학자 가운데 한 사람으로서 1956년 크로아티아의 오시예크에서 평화주의자인 오순절파 목사의 아들로 태어났다. 수도 자그레브에 소재한 복음주의 신학교에서 문학사(B.A), 미국 풀러신학교에서 문학석사(M.A), 독일 튀빙겐대학교에서 신학 박사 과정을 밟았다. 1989년에 미국으로 이주해 1991년부터 1998년까지 풀러 신학교 교수로 재직했으며, 현재는 예일대학교 신학부 Henry B. Wright 조직 신학교수 및 예일 대학교 부설 '신앙과 문화 연구소' 이사로 활동하고 있다.

이제 우리는 용서와 정의의 문제부터 살펴보도록 하자. 사실 용서와 정의는 정 반대 되는 말이기도 하다. 그렇다면 용서와 정의의 관계는 무엇인가? 우리는 용서와 정의가 어떻게 함께 이루어 지는가를 확실하게 알아야 한다. 사도 바울은 하나님의 심판, 정죄, 진노를 거침없이 말한다.(롬 1:18-3:20)

이러한 표현들은 한마디로 하나님의 정의를 나타내는 성경적 표현이다.

하나님의 진노

나는 진노가 하나님에게 어울리지 않는다고 생각해왔다. 하나님은 사랑이시지 않은가? 하나님의 사랑은 진노를 넘어서야 할 것이 아닌가? 하나님은 사랑이시고, 모든 사람과 모든 피조물을 사랑하신다. 내가 최근에 하나님께서 진노하신다는 생각을 하게 된 것은 나의 조국 유고슬라비아에서 발발한 전쟁의 참상을 겪고 나서였다. 줄잡아 20만 명이 학살당하고, 300만 명 이상이 추방되었다. 내가 살던 마을과 도시들이 파괴되었고, 나의 동족들이 날이면 날마다 폭격을 받았으며, 그들 가운데 일부는 상상을 불허할 정도의 잔학한 폭행을 당했다. 그런데도 하나님은 진노하지 않으셨다. 침묵하셨다! 나에게는 상상할 수 없는 일이었다. 또 20세기 말에 발발한 르완다 내전을 떠올려 보자. 80만 명의 사람이 100일 동안 난도질을 당해 죽었다. 하나님은 그러한 대량학살을 보고 어떻게 반응하셨는가? 대학살을 단죄하지 않으셨다. 그들에게 맹렬히 진노하지도 않으셨다. 나는 하나님께서 진노하신다는 생각을 당치 않은 것으로 여기기도 했지만, 이 세상의 악을 보고도 진노하지 않으신 하나님에게 한때 반항할 생각을 품기도 했다. 하나님은 사랑이시면서도 진노하지 않으셨다. 하나님이 사랑이시라면 진노하시는 게 당연한데 말이다.

그러나 일단 우리가 하나님의 진노와 심판을 옳은 것으로 받아들이면, 그것을 피할 도리가 없게 될 것이다. 우리는 그것을 뼈저리게 느끼지 않으면 안 될 것이다. 원래 나는 하나님이 진노하신다는 생각을 거부했었다. 내가 진노의 대상이 되는 것을 두려워했기 때문이다. 지금도 나는 하나님이 진노하신다는 생각을 거부한다. 내가 특별히 미워하는 대상을 향해 던질 수 있는 무기라도 된다는 듯이, 하나님의 진노를 다른 사람들에게로 돌릴 수 없다는 것을 알기 때문이다. 하나님의 진노를 다른 사람들에게 돌릴 수 없는 것은, 그것이 한 분이시고 공평하시며 모든 이를 사랑하시는 하나님이지 내가 할 수 있는 것이 아니기 때문이다. 내가 하나님이 진노하신다는 생각을 거부하는 이유는, 악행을 저지르는 사람에게 하나님의 진노가 떨어지기를 바라는 사람은, 자신이 잘못했을 때, 자신에게도 하나님의 진노가 떨어지는 것을 받아들여야 하기 때문이다. 하나님께서 우리의 죄를 정죄하시는 것이 당연하다고 생각하는 순간, 하나님의 정죄를 극악한 범죄에만 한정시킬 수 없게 될 것이다. 그 경계선을 어디에 그을 것이며, 어떤 근거로 그을 수 있겠는가? 정죄받아 마땅한 것은 모두 그 위반 정도에 따라 정죄 받아야 할 것이다. 사소한 잘못에서 살인에 이르기까지, 게으름에서 우상숭배에 이르기까지, 욕심에서 약탈에 이르기까지 모든 잘못이 정죄 되어야 할 것이다. 작은 죄는 제외하고 큰 죄만 정죄하는 것은 불공정한 일 것이다. 그 정도가 어떠하든 죄는 죄이고, 따라서 단죄되어야 마땅하기 때문이다.

다음으로 하나님의 진노를 받을 만한 인간의 범죄가 얼마나 널리 퍼져 있는지 살펴보자. 로스는 『인간의 오점』에서 악이라는 주제를 다룬다. 소설의 주인공 콜먼 실크는 유대인을 사칭하는 흑인이었다. 그가 일하던 대학교의 교수 집단이 그를 잘못 알고 그에게 인종차별주의자의 죄를 뒤집어씌워 교수직을 박탈했다. 콜먼은 강압에 못 이겨 은퇴하자마자 안타깝게도 애인의 전남편에게 살해되고 만다. 애인의 전남편이 그를 살해한 것은 질투심 때문이었다. 애인의 전남편은 베트남 참전용사로서 툭하면 악행을 저지르는 미치광이였다. 로스에 의하면, 콜먼은 스스로 자신이 구원받은 사람들, 선민들, 어느 시대에나 존재하는 지체 높으신 소위 복음주의자들에게 쫓겨나고, 무자비한 악당에게 살해당한 것이었다. 그는 순수한 사람들과 불순한 사람들의 손에 두들겨 맞고, 적대적인 세상의 이빨에 짓이겨진 셈이었다. 로스는 자신의 주장을 이렇게 말한다. 콜먼을 짓이긴 것은 "적대감이었다."

'적대감'이 세상을 관통하고 있다는 생각은 비단 로스 혼자만의 생각이 아니라, 바로 이것이 성경이 말하는 죄다. 로스와 달리, 우리가 온 세상이 하나님 앞에서 유죄(롬 3:19)라고 생각한다면, 중요한 것은 그 결론이다. 즉, 악행이 그토록 만연해 있다면, "율법의 행위로 하나님 앞에서 의롭다고 인정받을 사람은 아무도 없다."(롬 3:20) 모든 사람이 정죄를 받는다. 하나님의 정죄 앞에 결백한 사람도 없다.

그렇다면 우리는 무자비한 재판관으로 그려진 하나님의 모습으로 후퇴한 것인가? 하나님은 나무랄 만한 모든 사람을 나무라는 분이시다. 그분은 무자비한 재판관이 아니시다. 하나님이 무자비한 재판관이시라면, 그분은 속속들이 악에 물든 세상을 단죄하는 것은 물론이고 송두리째 파괴하고 말 것이다. 하나님이 무자비한 재판관이라면, 그분은 피조물을 사랑하는 분이 아니라, 피조물을 파멸시키는 분이 되고 말 것이다. 이 세상은 죄로 가득 차 있다. 하나님께서 세상을 받아들이지 않는 것은 그 때문이다. 하나님은 세상을 사랑하신다. 하나님께서 우리의 죄를 처벌하시지 않는 것은 그 때문이다. 하나님은 이 진퇴양난 앞에 어떻게 하시는가? 하나님은 놀랍게도 우리를 용서하신다.

함께 나누기

하나님의 심판 앞에 깨끗한 사람은 아무도 없습니다. 하나님은 속속들이 악에 물든 인간과 세상을 단죄하는 것은 물론이고 송두리째 파괴하고 말 것입니다. 왜 하나님은 불의한 세상을 심판하지 않으실까요.

용서하시는 하나님

하나님은 사랑이시다. 하나님은 거룩한 분으로서 성 삼위 안에서 영원토록 변치 않는 사랑을 하신다. 그러한 사랑이 신성한 동아리 너머로 넘쳐흘러서, 이 세상이 존재하게 되었다. 신성 안에서 영원토록 돌고 돌던 은혜가 신성 밖에 있는 피조물에게로 넘쳐흐르게 되었다. 인간의 죄가 없었다면, 하나님이 하실 일은 그것이 전부였을지 모른다. 하나님이 피조물에게 은혜를 베푸시자, 피조물들이 하나님을 기뻐하고, 자기들끼리 서로 얼싸안고 선물을 주고받으며 즐거워하도록 창조하셨다.

그러나 불가해한 침입자인 죄가 세상 속으로 들어와 피조물을 해치고 하나님을 모독했다. 그러나 사랑의 하나님은 용서하시는 하나님이 되셨다. 하나님께서 베푸심을 통해 세상을 창조하신 것도 사랑 때문이었고, 용서를 통해 피조물을 치유하신 것도 사랑 때문이었다. 하나님이 용서하신다는 말은 무슨 뜻인가? 하나님의 용서는 어떤 일을 하는가? 정의는 잘못과 그 행위자까지 벌하는 것이고, 용서는 잘못은 벌하되 그 행위자에게는 인정을 베푸는 것이다. 잘못은 꾸짖고, 그 행위자에게는 인정을 베푸는 것, 그것이 바로 하나님의 용서다.

함께 나누기

하나님은 용서를 통해 피조물을 치유하시고 회복하십니다. 하나님의 사랑과 용서는 어떤 관계에 있을까요.

용서하시는 하나님은 악행을 내버려 두시지 않는다. 하나님은 이런 식으로 말씀하지 않는다. "저런, 그것은 사고였을 뿐이야." "네가 어렸을 때, 네 부모가 너에게 몹시 무관심했나 보구나. 네 죄는 그 악한 씨가 열매를 맺은 것일 뿐이야." 이러한 설명들은 모든 행위에 대해서는 옳은 설명일 수 있다. 그러한 경우에는 용서할 일이 따로 없을 것이다. 상어 한 마리가 파도타기 선수 한

명을 공격했다. 상어의 행위는 상어의 탓으로 돌릴 수 있는 것이 아니다. 슬퍼할 수는 있어도, 나무라거나 용서할 일은 없다. 하나님은 상어의 죄를 정죄하지 않으신다. 따라서 용서하실 일도 없다.

반면에 어떤 사람이 용서가 필요한 죄를 지었다고 가정해 보자. 인간의 죄가 이 세상에 두루 퍼져있음을 감안할 때, 그것은 누구에게나 일어날 수 있는 일이다. 하나님은 용서할 때 어떻게 하시는가? 성경에 등장하는 다양한 은유를 살펴보자.

사도 바울이 시편을 인용하여 말한 대로, 하나님은 잘못을 따지지 않으신다.(롬 4:8; 시 32:1-2) 우리가 빚을 졌는데도, 하나님은 우리 인생의 채무 장부에 아무것도 기입하지 않으신다. 빚을 졌는데도 갚을 필요가 없다.

하나님은 죄를 '덮어 주신다.'(시 32:1; 롬 4:7) 우리는 너나없이 죄를 짓지만, 하나님은 우리의 죄를 덮으신다. 그러므로 우리가 죄를 짓지만, 그 죄를 어디서도 찾아볼 수 없는 것이다.

하나님은 우리의 악행을 '자기 등 뒤에 감추신다.'(사 38:17) 하나님은 행악자인 우리를 보기만 할 뿐 우리의 악행을 심판하지 않으신다.

하나님은 "동이 서에서 먼 것 같이 우리의 죄를 우리에게서 멀리 옮기신다."(시 103:12) 우리의 죄가 영원토록 우리에게 들러붙어 있는 것처럼 보이지만, 하나님은 우리에게 상처를 주지 않으시면서, 우리가 닿지 못하고 아무도 닿지 못하는 곳으로 우리의 죄를 옮기신다.

하나님은 우리의 죄를 '지워 없애신다.'(사 43:25) 우리가 우리의 새하얀 옷에 잉크를 엎질렀건만, 하나님은 그것이 화창한 여름날 후끈 달아오른 바위에 떨어진 한 방울의 물이라도 된다는 듯이 감쪽같이 없애신다.

하나님은 우리의 죄를 '안개처럼 사라지게' 하신다.(사 44:22) 한겨울의 동트는 새벽녘, 우리 영혼의 모습은 우리가 밤에 행한 과오들의 안개에 휩싸인다. 그 안개는 차갑고 두텁고 눅눅하다. 하지만 하나님께서 베푸시는 용서의 태양이 솟아오르고, 안개가 감쪽같이 사라지면, 우리는 너나없이 겨울날의 장엄한 아름다움, 눈 덮인 대지, 무수한 햇빛에 닿아 일렁이며 춤추는 물결을 보게 된다. 그리고 기적 중의 기적은 하나님께서 우리의 죄를 기억하지 않으신다는 것이다.(사 43:25; 렘 31:34; 히 8:12, 10:17) 우리의 죄가 현실에서는 물론이고 하나님의 기억에서도 완전히 사라지는 것이다. 사람이 도무지 생각할 수 없는 일이다. 이것이 하나님이 사랑이시라는 말이다.

하나님께서 죄를 용서하시는 방법을 비유적으로 표현한 우리의 죄를 '감추신다', '옮기신다', '없애신다', '사라지게 하신다', '기억하지 않으신다'는 말을 보면서 하나님께서 우리의 죄를 어떻게 처리하시는지 나누어 보십시오.

속죄

그렇다면 하나님의 정의는 어떠한가? 기적 같은 하나님의 용서가 정의를 없애버리는가? 하나님은 용서하시면서 정의를 무효화하시는가? 이 같은 질문은 정의가 무엇인지 살펴보게 한다. 흔히들 "하나님께서 율법, 즉 도덕규범들을 제정하셨다"고 말한다. 그러나 그것들은 하나님의 법이지만, 하나님은 자신이 제정한 율법 위에 계신다. 따라서 하나님은 그것을 유보하실 수 있다. 정의도 율법이다. 하나님은 용서하시면서 정의를 유보하실 수 있다. 어떤 행위를 불법으로 규정하는 정의의 기능은 여전히 살아 있지만, 잘못을 한 사람에게 유죄를 선고하고 처벌을 요구하는 기능은 유보될 수 있다.

그렇다고 도덕법(율법)이 하나님 위에 있는 것은 아니다. 도덕법이 하나님 위에 있다면, 하나님이 그 법을 따라야 할 것이고, 도덕법은 하나님의 행위를 통제할 수 있다. 그러면 도덕법이 하나님의 하나님이 될 것이고, 하나님은 그 법의 종이 될 것이다. 그러나 그것은 하나님의 명예를 실추시키고, 하나님에게서 신성을 박탈하는 것이 될 것이다.

도덕법은 하나님의 참된 본성을 드러내는 하나의 표현일 뿐이며, 이 렌즈를 통해서 정의를 살펴보라. 그러면 하나님이 의로운 분이시며, 정의롭게 행동하는 분이심을 알게 될 것이다. 하나님은 자신이 하나님이기를 포기하는 것보다 정의를 중요하게 여기신다. 하나님은 정의의 하나님이시다.

하나님이 용서하신다고 해서 정의를 유보하시는 것은 아니다. 사도 바울이 말한 대로, 하나님은 여전히 의로우신 분으로 계시고, 죄 많은 사람들을 의롭게 하여 주신다.(롬 3:26) 사도 바울은 하나님께서 악행을 정죄하시고 죄인을 자유롭게 하시는 과정을 묘사하면서 용서라는 말을 사용하지 않지만, 그의 의도 한가운데 자리하고 있는 것은 다름 아닌 용서라는 개념이다.

> 모든 사람이 죄를 범하였으므로, 하나님의 영광에 이르지 못한다. 그러나 사람은, 그리스도 예수 안에 있는 대속(代贖: 대신 벌을 받음 – 필자 주)을 힘입어서, 하나님의 은혜로 값 없이 의롭게 하여 주심을 받는다. 하나님께서 이 예수를 사람에게 속죄 제물로 주셨다. 누구든지 그 피를 믿으면 속죄

함을 받는다. 하나님께서 이렇게 하신 것은, 사람들이 이제
까지 지은 죄를 너그럽게 보아 주심으로 자기의 이름을 나타
내시려는 것이다.(롬 3:23-25)

하나님은 말로만 "내가 너를 용서한다"고 하지 않으셨다. 하
나님은 용서하실 때 예수그리스도를 속죄 제물로 '주셨다.' 사도
바울은 로마에 있는 성도들에게 보내는 편지에서 다른 이미지로
표현한다. "우리가 하나님의 원수로 있을 때, 그분의 아들의 죽
으심으로 하나님과 화해하게 되었습니다."(롬 5:10) 용서는 그리
스도의 죽으심을 통해서 일어난다.

하나님은 어떻게 자신의 정의를 '충족'시키셨는가? 하나님은
죄를 용서하는 권한을 어떻게 행사하셨는가? 예수 그리스도께
서 우리를 대신해서 죽으심으로써 하나님의 정의가 세워지게 되
었다. 그러나 사도 바울이 말한데로 "하나님의 아들 그리스도께
서 우리를 대신하여 우리의 모든 죄를 짊어지셨다. … 그분은 우
리의 죄를 대신할 영원한 속죄제물이 되심으로써 우리를 하나님
아버지와 화해시키셨다." 하나님께서 용서하시는 것은 그리스
도께서 우리의 빚을 갚아 주셨기 때문이다. 그리스도는 우리를
대신하여 유죄판결을 받으신 것이다.

하나님께서 우리를 위해 용서하실 때, 정의의 문제를 어떤 방법으로 이루어 내셨는지 생각해 보십시오.

하나님께서 우리를 사랑하신 것은 그리스도께서 고난을 겪으신 우리의 죄를 담당하셨기 때문이다. 과연 그것이 공정한 것일까? 사도 바울이 말한 대로, 하나님은 아들을 십자가에 '내어주심'으로써 아들을 학대하신 것이 아닐까? 대속(代贖)은 또 다른 악행을 저지르는 것이 아닐까? 대속은 죄 없으신 예수께 악행을 가하는 것이 되지 않을까? 한 악행이 다른 악행을 어찌 대신할 수 있단 말인가? 예수께서 우리 대신 죽으심으로 어떻게 우리 죄가 없어졌다는 것은 이해하기 어렵지 않는가?

만일 그리스도께서 제3자라면, 다시 말해서 피해자이신 하나님과도 관련이 없고 가해자인 인간과도 관련이 없다면, 성부 하나님은 성자 예수님을 학대하고 신적인 악행을 저지른 셈이 될 것이다. 하지만 그리스도는 제3자가 아니다. 사도 바울은 이렇게 말한다. "하나님께서는 사람들의 죄과를 따지지 않으시고, 세상을 그리스도 안에서 자기와 화해하게 하셨습니다."(고후 5:19) 그리스도 안에 계신 하나님께서 '세상을 자기와 화해하게' 하신 것이다.

　하나님께서 '죄를 모르는 분에게 죄를 씌워서, 우리가 하나님의 의가 되게' 하신 것은 (고후 5:21) 어떻게 된 것인가? 답은 간단하다. 그것은 하나님께서 인간의 죄를 하나님 자신에게 떠넘기신 것이다! 그렇다면 한 하나님이 다른 하나님에게 인간의 죄를 떠넘기신 것인가? 그렇지 않다. 하나님은 둘이 아니다. 성 삼위일체 하나님께서 삼위 가운데 한 위격인 그리스도 안에서 우리의 죄를 짊어지심으로써 우리를 자기와 화해하게 하신 것이다. 성 삼위일체 하나님의 신비로 인간 구원의 신비가 가능하게 된 것이다. 피해를 입으신 분, 곧 성자 하나님께서 죄과를 짊어지시는 것이다. 그러기에 죄 용서를 분명하게 알기 위해서는 삼위일체 하나님에 대해 확실하게 알아야 할 것이다.

함께 나누기

　삼위일체 하나님과 용서의 관계에 대하여 생각해 보십시오. 삼위일체 하나님을 모르면 우리가 어떻게 용서받았는지, 하나님이 왜 정의의 하나님이 되시는지 이해할 수 없습니다. 왜 그러한지에 대해 함께 생각을 나누어 보십시오.

그리스도와 하나 됨

그리스도는 하나님과 인간 사이의 제3자로서 인간의 죄를 제거하시는 분이 아니다. 그리스도는 피해를 입은 하나님이시다. 다시 말하지만 이 말을 이해하려면 우리가 삼위일체 하나님을 알아야 한다.

하지만 피해자이신 하나님께서 죄과를 짊어지셨다면, 하나님은 멋대로 하도록 내버려 두는 마음씨 좋은 할아버지처럼 행동하고 계신 것이 아닐까? 그렇지 않다. 하나님은 멋대로 하도록 내버려 두지 않으신다. 하나님은 죄과를 문제 삼지 않거나 자기의 등 뒤에 감추는 분이 아니라, 죄과를 나무라고 짊어지시는 분이다. 정의의 하나님이시다! 그러나 하나님은 그 이상의 일을 하신다. 하나님은 우리의 죄를 용서하시기 위해서는 이 방법밖에 없을 것이다. 하나님이 죄인들을 그냥 용서하시면, 죄의 결과가 죄인들에게 그대로 남게 될 것이다. 정말로 용서하려면, 죄과를 덮어 주어서도 안 되고, 죄과를 범죄자에게 돌려서도 안 된다. 잘못을 한 사람에게서 악행을 떼어 내지 않으면 안 된다. 죄과가 그것을 범한 자들에게 있는 한, 그들이 아무리 아닌 것처럼 보이려 해도, 그들은 여전히 범죄자로 남을 것이기 때문이다. 하나님은 죄를 벌하지 않고 죄인들을 그냥 용서하시는 분이 아니다. 하나님은 그들에게서 그들의 죄를 떼어내시는 분이다. 그렇다면 이런 일은 어떻게 일어나는가?

그리스도와 우리가 하나 될 때 나타나는 결과를 좀 더 자세히 살펴보자. 하나님께서 베푸시는 용서의 원인이신 그리스도는 참 하나님이 되시는 까닭에 특별하고 독특한 분이기는 하지만 한 개인이 아니시다. 그분이 한 개인에 불과했다면, 그분은 제3자, 피해자인 하나님과 죄인인 인간 사이에 끼어 있는 제3자가 되고 말았을 것이다. 나의 둘째 아들, 아직 세 살이 안 된 아론이 자기 친구의 부모가 아끼는 골동품 화병을 깨뜨려 큰 빚을 지게 되었다고 가정해보자. 그 경우 내가 값을 치르고 변상해 줄 수 있을 것이다. 하지만 아론의 나이로 볼 때 자기가 무슨 짓을 하고 있는지 충분히 알지 못한 채 화병을 깨뜨렸을 테지만, 만일 그가 악의적인 마음으로 화병을 깨뜨렸다면, 그가 저지른 잘못에 대해 내가 할 수 있는 일은 대단히 적을 것이다. 만일 내가 그의 죄과와 관련해 무언가를 한다면, 두 가지 일을 하겠다. 첫째, 나는 나 자신을 위해 무언가를 하겠다. 내가 아론을 잘 키우거나 지켜보았어야 하는데 그렇지 못했으니, 나에게도 그 사건의 책임이 있다는 신호를 보내겠다. 둘째, 나는 아론을 위하여 무언가를 하겠다. 그가 자신의 잘못을 제대로 인정하지 못할 만큼 나이도 어리고 또한 후회하는 모습을 보이니, 내가 그를 위해 무언가를 하지 않으면 안 될 것이다.

만일 아론이 스무 살이 되어 폭행죄를 범했다면, 그의 죄과와 그 피해자들에게 나는 어떻게 해야 할까? 용서를 비는 일이 첫 번째 임무가 될 것이다. 그의 잘못이 유아 때 지은 것보다 가벼울지라도 그 사건의 책임은 아론이 져야 할 것이다.

그러나 내가 용서를 빈다고 해서 두 번째 임무가 완수되는 것은 아니다. 내가 그에게 악행을 허락한 것도 아니고, 그를 대신해 악행의 결과를 떠맡을 수도 없기 때문이다. 그가 악행을 저질렀으니 용서를 비는 것도 그의 몫이고, 악행의 결과를 책임지는 것도 그의 몫이다. 그가 지불할 능력이 없을 때 합의금을 내가 떠맡을 수는 있어도, 그의 도덕적 책임은 내가 떠맡을 수 있는 것이 아니다. 떠맡고 싶어도 떠맡을 수가 없다. 그것은 전적으로 그의 책임인 까닭이다. 도덕적 책임은 양도할 수 있는 것이 아니다. 그가 유아일 때, 내가 그를 위해 사죄하기는 했지만, 내가 그를 대신하여 사죄한 것은 그리 대단한 일이 아니었다. 정확히 말하면, 그가 나를 통하여 용서받은 것이다.

죄를 지은 책임은 양도할 수 있는 것이 아니라는 주장을 그리스도의 죽으심에 적용해 보자. 앞서 살펴보았듯이, 그리스도는 우리의 대속자시다. 만일 죄인만이 죄에 대한 책임을 질 수 있다면, 그리스도께서 우리를 대신해 책임을 지는 일은 없었을 것이다. 바울은 고린도교회 신자들에게 편지에서 "한 사람이 모든 사람을 대신하여 죽으셨으니, 모든 사람이 죽은 셈입니다."(고후

5:14) 한 사람이 죽었으니, 모든 사람이 죽은 셈이다. 그리스도는 대속자시지만 제3자가 아니다. 그분의 죽으심은 모든 사람을 포함한다.

하나님은 그리스도 안에 계시면서 "세상을 자기와 화해하게 하셨다."(고후 5:19) 우리도 그리스도 안에 있었다. 그분에게 일어난 것이 우리에게도 일어났다. 그분이 유죄판결을 받으실 때 우리도 유죄판결을 받은 것이고, 그분이 죽으실 때 우리도 죽은 것이다. 그분의 죽으심 속에는 우리가 포함되어 있다. 존 던은 "병들어 나의 하나님을 찬송하네"라는 시에서 이렇게 표현한다. "낙원과 갈보리, 그리스도의 십자가와 아담의 나무는 한자리에 있었다." 그리스도 안에 있다는 것은, 아담이 금단의 열매를 따 먹었던 나무와 그리스도께서 달려 돌아가신 십자가가 한자리에서 있었다는 뜻이다. 그것은 그리스도께서 죽으실 때 나의 옛사람(옛아담)도 죽었다는 뜻이다.

함께 나누기

앞에서 하나님의 사람과 정의에 대해 살펴보았다면, 예수님의 십자가 죽으심이 나를 포함해 모든 사람의 죄를 용서하시는 근거가 될 수 있을까요? 이것을 마음으로 고백할 수 있습니까.

그리스도, 우리의 의

그러므로 그리스도와 하나가 되었다는 사실이야말로 우리의 주제에 대단히 중요하다. 하나님은 죄인들과 우리의 죄를 어떻게 분리하시는가? 답은 간단하고도 심오하다. 죄인인 우리를 그리스도와 함께 죽게 하심으로써. "우리의 옛사람이 그분과 함께 십자가에 못 박힘으로써 죄의 몸이 소멸하여, 우리가 더 이상 죄의 종노릇을 하지 않게 되었다는 것을 우리는 압니다. 죽은 사람은 죄에서 벗어나기 때문입니다."(롬 6:6-7)

그리스도의 죽으심이 이야기의 끝이었다면, 방금 말한 것은 이해하기 어려운 복음이 되고 말았을 것이다. 죽은 사람이 용서받은들 무슨 소용이 있을 것이며, 죽은 사람이 죄에서 벗어난들 무슨 소용이 있겠는가? 그러나 사도 바울은 죽으신지 삼일 만에 부활이 있었음을 강조한다. 그리고 죄인의 신분으로 그리스도와 함께 죽은 사람이 그리스도와 함께 새롭게 살게 되었다. 그것을 의식화(儀式化)한 것이 다름 아닌 세례다. 사람이 물 속에 들어가는 것은(침례) 옛사람이 그리스도와 함께 죽는 것을 상징하고, 사람이 물 속에서 나오는 것은 그리스도와 함께 새로 사는 것을 상징한다.

함께 나누기

하나님의 용서가 예수님의 십자가로 끝나 버린다면 의미 없는 일이 되고 말 것입니다. 그러나 예수님께서 부활하신 것처럼 우리 또한 부활합니다. 용서와 부활의 관계에 대하여 살펴보십시오.

용서받는다는 것은 무슨 뜻인가? 나무람을 받음과 동시에 죄 값을 면제도 받는다는 뜻이다. 죄 값의 면제는 어떻게 받는 것인가? 단지 믿고, 하나님의 선물인 용서에 감사하기를 즐겨하고 말씀대로 순종한다. 그러면 나무람은 어떻게 받는 것인가? 잘못을 인정하고 회개하면 된다. 잘못을 인정하는 것은 자신이 용서를 필요로 하는 사람, 용서받아야 할 사람임을 인정하는 것이다. 잘못을 인정하지 않는 것은, 자신은 용서가 필요하지 않다고 선언하는 것이나 다름없다. 그러한 사람에게 용서는 선물이 아니다. 그러한 사람에게 용서는 오히려 이해할 수 없는 일이 될 것이다. 놀랍게도 많은 사람이 이러한 내용을 받아들이지 못한다. 그것은 자기가 죄를 지은 것을 전혀 인정하지 않는 것이다.

자신이 죄를 지었다는 것을 알고, 죄를 고백하는 것은 어려운 일이다. 죄를 지었다고 고백하는 것은 발가벗은 채로 서서, 비난의 손가락으로 자신과 자신의 죄를 사람 앞에 그리고 하나님 앞에 인정하는 것이기 때문이다. 흔히 사람들은 죄지은 것을 거의 본능적으로 부인하고 변명하려고 한다. 하지만 죄를 고백하면 놀라우리만치 자유로워진다. 고백하고 나면, 감출 것이 없게 되고 도망칠 일도 없게 된다. 하지만 어떻게 우리는 치욕의 문을 통과하여 자유의 땅으로 들어갈 용기를 낼 수 있을까?

놀랍게도, 하나님은 우리가 고백할 때까지 기다리지 않고 용서를 베푸신다. 하나님은 우리가 고백하기 전에 용서하신다. 처음부터 우리는 우리가 고백하는 것이 무엇이든, 그것이 우리에게 불리하게 작용하지 않으리라는 것을 알고 있다. 하나님은 우리의 죄과에도 불구하고 우리를 사랑하신다. 하나님은 우리를 용서하셔서, 우리가 죄의 짐에서 벗어나 사랑하는 하나님의 품에 안기게 하신다.

함께 나누기

우리는 이웃을 용서하지 않으면서도 본능적으로 부인하고 변명하는 경향이 있습니다. 그러나 용서는 자신이 죄인인 것을 고백하는 데서 이루어집니다. 그렇게 믿고 있는지 함께 나누어 보십시오. 그것을 인정하지 않는다면 우리의 죄가 용서받을 수 없는 것은 당연합니다. 왜 그것이 중요한지 살펴보십시오.

하나님의 용서와 우리의 용서

끝으로, 우리는 믿음과 회개 외에도 다른 사람들에게 용서를 베풂으로써 하나님의 용서에 응답한다. 예수님이 가르쳐주신 기도에는 "우리가 우리에게 죄지은 사람을 용서하여 준 것같이 우리 죄를 용서하여 주시고."(마 6:12) 〈주기도문〉이 끝나고 바로이어 하나님이 베푸시는 용서와 우리가 베푸는 용서 간에 긴밀한 관계가 있다고 말한다.

> 너희가 남의 잘못을 용서해 주면, 너희의 하늘 아버지께서도 너희를 용서해 주실 것이다. 그러나 너희가 남을 용서해 주지 않으면, 너희 아버지께서도 너희의 잘못을 용서해 주지 않으실 것이다.(마 6:14-15)

얼른 보면 우리가 우리에게 죄지은 사람을 용서해 주기 때문에, 하나님께서 우리를 용서해 주시는 것처럼 보인다. 이웃을 향한 우리의 용서가 우리를 향한 하나님의 용서를 일으키는 것처럼 보인다. 하지만 그렇게 되면, 하나님의 용서는 선물이 아니라 보상이 되고 말 것이다. 그러나 용서는 우리가 다른 사람을 용서한 대가로 받아낼 수 있는 것이 아니다. 그렇다면 믿음으로 용서를 얻기보다는 남을 용서함으로 용서를 얻으려고 할 것이다. 그것은 옳은 것이 아니다. 그것은 하나님의 용서나 은혜가 아니라 대가를 위한 것이 될 것이다.

하나님께서 베푸시는 용서와 우리가 베푸는 용서의 관계를 바르게 이해하는 제3의 방식은 "하나님은 사전에 보답이나 선물을 받으시지 않고 용서하지만, 우리가 우리에게 죄지은 사람들을 용서하지 않을 때는 용서를 철회하신다"라는 것이다. 그것은 마태복음 18장에서 '용서할 줄 모르는 종의 비유'가 말하는 것이기도 하다. 한 왕이 자기 종의 막대한 빚을 삭쳐 주었다. 그 종이 일변하여, 자기 동료가 자기에게 일백 데나리온의 빚을 지고 갚지 못하자 감옥에 가두었다. 한 데나리온은 하루 품삯밖에 안 되는 액수였다. 그러자 그 종의 주인이 그 종을 불러다 놓고 말했다. "이 악한 종아, 네가 간청하기에, 내가 네게 그 빚을 다 삭쳐 주었다. 내가 너를 불쌍히 여긴 것처럼, 너도 네 동료를 불쌍히 여겼어야 할 것이 아니냐?"(마 18:32-33) 주인이 그를 용서하기로 마음먹었던 것을 철회하고, 그를 감옥에 넘겨 "그가 빚진 것을 다 갚을 때까지"(마 18:34) 가두어 두게 했다. 이 이야기에서 예수는 엄히 경고를 내리시면서 이렇게 결론지었다. "너희가 각각 진심으로 형제나 자매를 용서하여 주지 않으면, 내 하늘 아버지께서도 너희에게 그와 같이 하실 것이다."

우리가 남을 용서하지 않으면, 하나님도 용서를 철회하신다. 우리가 하나님이 용서하신 것처럼 베풀지 않으면, 하나님은 이미 베푸신 용서를 철회하신다. 하나님의 용서는 우리의 실행 여부에 달려 있다. 하나님의 용서는 값없이 주어지는 것이지만, 우리는 그것을 얻지 못할 수도 있다. 하나님의 용서를 여는 열쇠는 우리의 손에 놓여 있으며, 우리의 용서하려는 마음과 의지에 달려 있다.

그러나 그렇게 생각하는 것은 앞서 언급한 비유 내용을 그대로 받아들인 것이 될 것이다. 왕과 그 종 사이에서 이루어진 관계의 모든 양상을 하나님과 인간의 관계에 일일이 대응시킬 것까지는 없다. 어쩌면 그 이야기의 요지는 간단하다. 이를테면 하나님이 용서하지 않으시는 것이 우리가 용서하지 않는 것과 밀접하게 연결되어 있듯이, 하나님의 용서와 우리의 용서도 밀접하게 연결되어 있다는 것이다. 예수께서는 우리의 용서할 줄 모름이 하나님의 용서 철회를 일으킨다고 말하려고 하신 것 같지는 않다. 우리의 용서할 줄 모름은, 하나님의 용서 철회를 일으키는 원인이라기보다는, 하나님의 용서를 받지 않겠다는 뜻을 분명하게 드러내는 마음이라고 본다.

루터가 주님의 기도를 풀이하면서 용서를 거듭 요청하는 것은 그 때문이다. "내가 용서하는 것은 내가 하나님 앞에서 용서받았음을 보여주는 확실한 표지이다. 반면에, 내가 이웃과의 관계에서 그것을 드러내 보이지 않는다면, 그것은 내가 하나님 앞에서 용서받지 못하고 불신의 늪에 빠져 있음을 알리는 확실한 표지이다." 내가 믿음 안에서 그리스도와 하나가 되면, 나는 용서를 받고, 그리스도께서 내 안에 사시면서, 나에게 잘못한 사람들을 나를 통하여 용서하실 것이다. 내가 용서할 능력이 없어서 괴로워하기보다 아예 용서하려고 하지 않을 경우, 나는 용서받았다고 믿을지라도 사실은 하나님의 용서를 받지 못했을 가망이 크다. 우리가 남을 용서하지 않으면, 하나님도 용서를 철회하신다.

이와같이 내가 주님께 참으로 용서받았다는 믿음을 확신한다면 우리는 주님의 한없는 용서에 감사하며 다른 사람을 용서하는 것은 당연하지 않은가!

이것이 복음의 요지다.

함께 나누기

마틴 루터는 하나님이 용서하신 것처럼 우리가 이웃을 용서하지 않는다면 하나님은 이미 베푸신 용서를 철회하신다고 말합니다. 왜 그러한지 함께 생각해 보십시오.

6

용서와 은혜

폴 투르니에(Paul Tournier) 『죄책감과 은혜』

추교석 역, IVP, 2001 • 281-294쪽

폴 투르니에(1898-1986)는 스위스 제네바의 내과의사이자 정신의학자였다. 그는 어려서 만남들을 통해 자신의 자폐성향을 극복하고 제네바 대학에서 의학을 전공했다. 기술적인 의학만이 존재하던 시기에 의사와 환자가 인격적으로 만남으로써 의술과 인간 이해, 종교가 결합해야만 전인적 치유가 가능하다는 '인격의학'을 주창하여 수많은 환자들이 자신들의 문제를 해결하도록 도왔으며, 현대 심리학과 기독교를 통합시키는 데 크게 공헌했다. 그의 심오하고도 실제적인 사상은 여러 저서들과 강연을 통해 세계 각지의 사람들을 변화시켰다. 특히 20세기 후반에 가장 영향력 있는 저술가이며 강연자로 꼽히는 그의 저서들은 18개 국어로 번역되어 널리 읽히고 있다.

*이 장에서는 용서의 초석인 성경이 말하는 하나님의 사랑과 은혜의 성격이 무엇인지 살펴보고 성경적 믿음이 무엇인지를 겸허하게 점검해 보자. 이 후의 장들을 이해하는데 출

발점이 되기 때문이다.

예수님은 그분의 사랑을 '탕자의 비유'에서 표현하셨다. 아들이 돌아올 때 아버지는 이미 그를 기다리고 있었다. 아버지는 이미 그를 용서한 상태였다. 그는 멀리서 아들을 발견한다. 그리고 아들을 맞으려고 달려가 아들이 미처 무슨 말을 꺼내기도 전에 그를 품에 끌어안는다. 그의 몸짓은 자발적이고 무조건적이다.

타향 생활을 하면서 고통과 회환으로 만신창이가 된 아들은 아버지가 자신에 대해 노여워하리라고 짐작한다. 아버지의 자비를 얻을 방법에 대해 궁리하던 그는 아버지의 용서를 얻기 위해 자신을 종의 하나로 받아달라고 간청하기로 한다. 그는 자신이 완전히 용서받을 수 있고 아들의 명예도 회복할 수 있으리라고는 상상조차 하지 못한다. 그러나 정작 반대의 일이 일어난다. 그가 아버지 앞에서 고백하기 전에 아버지는 이미 두 팔 벌려 그를 안았다. 그가 고백하기도 전에 아버지는 아들에게 입을 맞추었다.

여기서 예수 그리스도께서 말씀하시는 것은 하나님의 사랑, 모든 것을 포용하는 무조건적 사랑이다. 우리는 여기서 현대 심리학의 가장 중요한 주제 가운데 하나와 마주치게 된다. 기억할지 모르지만, 프로이트는 부모의 사랑을 잃을지 모른다는 두려움 때문에 유아의 마음에 죄책감이 생긴다는 것을 보여 주었다. 그리고 정신적인 삶에서 겪는 모든 마음의 상처는 사랑을 받고 있는가에 대한 의심과 연관이 있음을 보여준다. 유아는 자신이 거부당하고 있으며 더 이상 사랑받지 못한다고 느낀다. 죄책감의 불안은 바로 더 이상 사랑받지 못한다는 불안이다. 부모의 사랑은 조건적이며 자신이 잘할 때만 부모님의 사랑을 받을 수 있다는 인상을 받는 것이다.

사실 부모들은 아이를 잘 훈련하여 나쁜 길로 가지 않도록 하려는 열심 때문에 의도치 않게 아이에게 그러한 인상을 준다. 그들은 심지어 "넌 나쁜 애니까 더 이상 사랑할 수 없다"고 말하기도 한다. 그러나 이 말은 사실이 아니다. 그들은 아이가 제멋대로 굴더라도 그 아이를 사랑으로 보증한다. 그러나 설령 부모들이 이러한 유의 거짓말을 하지 않는다 하더라도 자녀들은 부모가 그럴 것이라고 생각하여 그들이 잘할 경우에만 부모의 사랑을 받을 수 있다고 상상한다.

시대마다 인간은 하나님에 대해서도 이와 동일한 생각을 투사해 왔다. 그들은 하나님을, 자신이 선할 경우에만 자신을 사랑하고 죄를 범하면 사랑을 거두어 가시는 분으로 그린다. 하나님의 사랑을 잃을 수 있다는 두려움, 이것이 인간 문제와 심리학의 핵심이다. 하나님의 존재를 믿지 않는 사람들마저 그분의 사랑을 잃을까봐 두려워한다. 하나님에 대한 이 거짓된 개념은 지금도 그분의 백성들 가운데 만연하며 예수님은 바로 이 생각을 없애시려고 오셨다. 예수님은 하나님이 우리를 무조건적으로 사랑하시며 우리의 선함이나 선행이 아니라 우리의 비참함과 죄 때문에 우리에게 사랑을 보여 주셨다.

그러나 교회 내부에서조차 여전히 부담과 압박을 가진 사람들이 얼마나 많은가! 프랑스 철학자 폴 리쾨르는 이렇게 말했다. "그리스도인이 죄에 대한 의식은 그대로 가진 채 용서는 전혀 의식하지 못한다면 그것은 광야와 같이 얼마나 황량하겠는가. 아니 오히려 그것은 카프카의 성(城, 어떤 성의 측량사로 초빙된 K씨가 성의 기묘한 제도 아래 고난을 겪는 내용의 장편소설로, 관료제에 의한 현대 사회의 부조리와 그 안에서 무기력해지는 인간 존재를 풍자적으로 묘사하고 있다 - 필자 주)이 아니겠는가?" 어떤 심리학자도 이 철학자의 말에 반박하지 않을 것이다. 비극적이게도 오늘날 대다수의 그리스도인들이 처한 상태가 바로 이 상태라는 것은 솔직하게 인정해야 한다.

이 글을 읽을 때 반대를 제기하고 싶은 마음이 들지는 않는가? 당신은 하나님의 무조건적인 사랑에 대한 보장과 그분의 무조건적인 용서를 조금도 주저함 없이 받아들이는가? 회개가 선행되어야 하지 않는가?

예수 그리스도께서 말씀하시는 회개가 조건이라고 생각하지는 않는다. 오히려 그것은 과정이라고 생각한다. 예수님은 현상을 있는 그대로 말씀하시는 실제로 통찰력 있는 관찰자처럼 보인다. 탕자의 비유를 보면 확실히 그 아들은 회개하였고 회개한 후 집으로 돌아왔다. 집으로 돌아와 보니 아버지는 이미 그를 용서한 상태였고 그것도 아무 조건 없이 용서했다. 당신은 그 차이를 알 것이다. 아버지는 아들의 회개를 사랑의 조건으로 제시하지 않았다. 아버지는 아들이 용서의 조건에 부합했기 때문에 용서를 받았거나, 회개했으니까 용서받을 수 있다는 말을 전혀 하지 않았다. 용서는 아버지의 마음에서 자발적으로 솟아나온 것이었다. 실제로 아버지에게는 아들을 용서하는 마음이 한 번도 사라진 적이 없었기 때문이다.

함께 나누기

〈기다리시는 아버지의 비유〉에서 아들이 아버지께 먼저 용서를 빌었습니까? 아버지가 먼저 용서했습니까? 아버지의 용서에 조건이 붙어 있다는 강박관념에 시달렸던 경험에 대해, 그리고 무조건적, 무제한적 하나님 사랑에 대해서 함께 생각해 보십시오.

또한 성전에 올라간 '바리새인과 세리에 대한 비유'(눅 18:9-14)를 생각해 보라. 바리새인은 자신의 선행을 나열한다. 그러나 사람들이 흔히 생각하듯이 거만하게 그런 것은 아니었다. 그는 그 선행을 개인의 자랑거리인 것처럼 말한 것이 아니라 하나님으로부터 온 '은혜'인 것처럼 이야기한다. 반면 세리는 가슴을 치며 자비를 구한다. 이들에 대한 예수님의 결론은 다음과 같다. "내가 너희에게 이르노니 이 사람(세리)이 저(바리새인)보다 의롭다 하심을 받고 집에 내려갔느니라."(눅 18:10-13) 이 말씀 역시 내가 조금 전에 표현했던 방식으로 이해할 수 있다. "내가 너희에게 이르노니"는 관찰자의 설명으로서, "이것이 그 사건의 전모다"와 같은 말이다.

주위 사람들에 대한 용서에 대해서도 같은 말을 할 수 있다. 예수님은 주기도문에서 "우리가 우리에게 죄 지은 자를 사하여 준 것 같이"(마 6:12) 우리를 용서해 주실 것을 구하라고 가르치셨다. 그리고 분명히 이렇게 덧붙이셨다. "너희가 사람의 과실을 용서하면 너희 천부께서도 너희 과실을 용서하시려니와 너희가 사람의 과실을 용서하지 아니하면 너희 아버지께서도 너희 과실을 용서하지 아니하시리라."(마 6:1-15) 그러므로 이러한 말씀들은 우리가 다른 사람들을 용서함으로써 얻을 수 있는 용서의 '조건, 권리, 요구'라는 의미로 해석할 수 있다.

그렇다면 그것은 우리에게 얼마나 비극적인 조건인가! 얼마나 무거운 짐이 우리를 내리누르는 것인가! 다른 사람을 용서하는 일이 얼마나 어려운지, 어떻게 거짓 용서 뒤에 공격성이 억압되어 있는지 알고자 한다면 심리학자가 되어 보아야 한다. 여기서 우리는 도덕주의의 드라마를 다시 한 번 보게 된다. 다른 사람에 대한 용서가 하나님의 사랑을 받을 수 있는 조건이라면 우리는 용서한 것처럼 위장할 수밖에 없고 용서하기 위해 온갖 힘을 기울여야 한다. 또한 친절한 말로 공격성을 위장하거나 억눌러야 한다. 그러면 억압된 공격성은 우리의 영혼을 잠식해 가며 거짓된 죄책감은 병적인 불안의 근원이 되어 구원의 길을 막아 버릴 수도 있을 것이다. 이러한 억압이 얼마나 많은 거짓된 사랑과 거짓된 용서를 낳겠는가! 그것도 특별히 교회와 기독교 가정들에서 말이다. 그러한 억압이 얼마나 많은 불안을 낳겠는가! 우리는 이러한 불안을 은밀하게 목격한다! 이 모든 것은 그리스도의 가르침의 일부가 유아적인 방식으로 해석되기 때문이며 하나님이 조건적 사랑을 베푸시는 분이라고 생각하기 때문이다. 하나님이 조건적인 사랑을 베푸시는 분이라면 구원의 여부는 우리에게 달려 있다. 우리는 그 조건을 이루려고 열심히 노력한다. 그리고 능력의 한계에 부딪히면 우리는 그것을 위장하게 된다.

함께 나누기

도덕주의적 대가를 지불해야 한다면 그것은 우리에게 얼마나 비극적인 조건일까요. 무거운 짐이 되는지 경험을 한 적이 있었습니까? 예수님께서는 "수고하고 무거운 짐 진 자들아 다 내게로 오라 내가 너희를 쉬게 하리라"고 말씀 하십니다. 하나님의 조건 없는 사랑, 제한 없는 사랑이 무엇인지 함께 생각해 보십시오.

그러나 이러한 그리스도의 말씀들은 일이 일어나는 방식과 그 이후의 과정을 사실적으로 묘사한 것으로 이해될 수 있다. 우리의 모든 도덕적인 해결책에도 불구하고 다른 사람들을 진정으로 용서하지 못하고 공격적인 사람이 되는 것은 사랑받지 못하는 것에 대한 유아적 두려움 탓이다. 하나님의 사랑이 무조건적이라는 것을 깨달을 때에야 이 두려움에서 해방될 수 있으며 다른 사람을 용서할 수 있는 힘을 소유하게 된다. 우리가 그분을 사랑하고 순종함으로서 일정한 조건을 성취하였기 때문에 하나님이 우리를 사랑하시는 것이 아니다. 사도 요한의 말대로 "그가 먼저 우리를 사랑하셨기 때문"이다.(요일 4:19) 회개와(메타노이아) 그리고 타인에 대한 용서를 하나님이 제시하신 조건이라고 이해할 수도 있다. 혹은 반대로, 예수님이 절망을 벗어 버릴 수 있는 길이 어디에 있는지 우리에게 알려 주시려고 지혜와 심리학적 통찰과 사랑 속에서 세워 놓으신 표지판이거나 길을 인도해 주는 지도라고 이해할 수도 있다. 회개에 대한 동일한 설교도 어떻게 이해하느냐에 따라 억압적인 것이 될 수도 있고 해방시키는 것이 될 수도 있다. 즉 회개란 하나님이 부과하신 조건으로서 우리는 그것을 성취할 수 없으며 따라서 하나님의 은혜를 얻을 수 없다고 생각할 수도 있고, 혹은 반대로 회개란 하나님이 우리를 은혜로 인도하시기 위해 뻗치신 손길이라고 해석할 수도 있다. 이 두 가지 해석은 법정 관련 문서를 작성하는 이들이 '권리상'과 '사실상'이라는 표현에서 발견하는 상이점과 유사한 차이점이 있다. '권리상'이라는 말은 법률적인 뉘앙스를 풍기며 확정적인 법 즉 정해진 조건의 의미를 함축하고 있다. '사실상'이라는 말은 발생한 일이나 그 일이 발생한 방식에 대한 단순한 인식을 의미한다. '조건'에는 항상 공갈(부모가 자녀들에게 가끔 사용하거나 혹은 자녀들이 부모가 사용한다고 생각하는 유의)의 요소가 존재한다. 하나님을 섬기는 사람들도 이러한 유혹은 많이 받는다. 우리는 선의에서 이러한 유혹에 빠질 수 있다. 그러한 사실을 미처 깨닫지 못한 채로 말이다. 우리가 가지고 있는 귀중한 보물-하나님의 은혜에 대한 보장-을 사람들에게 압력을 행사하는 수단으로 삼는다. 구원에 대한 이러한 공갈은 선행이나 종교적 의무의 수행, 혹은 회심에 대한 가장 신실한 권면에도 언제든지 숨어 있을 수 있다.

함께 나누기

우리에게 귀중한 보물인 하나님의 은혜에 대한 보장을 교인들에게 압력을 행사하는 도구로 사용하는 설교를 들어본 적이 있을 것입니다. 이런 설교는 듣는 사람들에게 어떤 생각을 하도록 만들까요? 우리가 또 그분께 순종하는 일정한 조건을 성취하였기 때문에 하나님이 우리를 사랑하신다고 생각한 적이 있었는지 생각해 보십시오.

어떤 사람들은 하나님이 우리를 항상 무조건적으로 사랑하지지만 용서의 경우에는 일정한 조건을 요구하시기라도 하는 것처럼 하나님의 사랑과 용서를 구별한다. 그 구분은 미묘하다. 그것은 지적인 구분이기 때문에 인간의 마음이나 성경 앞에서는 타당성을 잃는다.

인간이 이 죄책감에 갇혀 있는 한 용서하시지 않는 하나님은 더 이상 무조건적인 사랑의 하나님으로 인식될 수 없다. 또한 조건적으로 용서하시는 하나님은 조건적으로 사랑하시는 하나님으로 인식될 수 밖에 없다. 성경 말씀의 관점에서 생각해 볼 때 그분은 스스로를 부정하는 하나님인 셈이다. 사도 바울은 "우리는 미쁨이 없을지라도 주(主)는 일향 미쁘시니 자기를 부인하실 수 없으시리라"(딤후 2:13)고 적고 있다. 하나님이 우리를 용서하시는 것은 우리 때문이 아니라 하나님 자신 때문이다. 이사야가 하나님의 말씀을 듣고 그토록 열정적으로 표현한 내용이 바로 그것이다. "나 곧 나는 나를 위하여 네 허물을 도말하는 자니 네 죄를 기억하지 아니하리라."(사 43:25)

그러므로 나는 '무조건적'이라는 단어가 참으로 중요하게 생각되기 때문에 이 단어를 강조하지 않을 수 없다. 대부분의 사람은 하나님이 계신다면 우리를 사랑하셔야 한다는 것을 인정한다. 그러나 위대한 사랑, 혹은 너무 위대한 사랑, 혹은 너무너무 위대한 사랑과 무조건적 사랑 사이에는 결정적인 차이가 있다. 아무리 큰 것이라 하더라도 유한한 것과 무한한 것 사이에는 거리가 있다.

우리의 환자들에게 어떤 일이 일어나는지 보라. 그들은 종종 우리를 시험이라도 하듯이 우리를 향해 공격의 수위를 높이려는 강한 내적 충동에 휩싸이거나 회심과 반항을 보인다. 그들은 우리에게서 자신에게 꼭 필요한 풍성한 사랑과 이해의 태도를 보아 왔다. 그러나 그 사랑이 어디까지 가겠는가? 그들이 신뢰감을 나타내고 솔직하고 유쾌할 때 당연히 우리는 그들을 사랑한다. 그러나 그들의 태도가 거만하고 대화도 통하지 않고 회의적이라면 그리고 무례하고 넘지 말아야 할 선을 넘고 상담 시간이 끝났음에도 불구하고 계속 의사를 붙잡고 늘어진다면 그 사랑의 태도는 변할 것인가?

그것은 환자들이 우리에게 내미는 도전장과 같다. 그들은 자신이 끝까지 장벽에 부딪히지 않을 것인지, 우리가 자제력을 투덜거리며 그들을 비판하고 인내심을 잃어버리지 않을 것인지 시험이라도 해 보려는 것처럼 계속해서 밀고 나간다. 이것은 위험 부담이 큰 모험이다. 그들은 이전과 같이 새로운 다리를 시험해 보기 위해 커다란 마차 행렬을 다리 위로 보낸다. "내가 자살한다고 해도 나를 용서해 주실 건가요?"라는 의미다.

확실히 이러한 일은 없다. 어떠한 인간도 하나님처럼 무조건적으로 사랑할 수는 없다. 무조건적으로 사랑할 수 있다고 주장하는 사람은 사랑이 무엇인지 모르는 사람이다. 사랑이 무엇인지 진정으로 아는 사람은 자신의 한계를 인정한다. 그러나 이러한 환자의 행위는 절대적으로 의지할 수 있는 절대적인 무언가를 발견하고자 하는 우리 모두의 강력한 욕구를 보여 준다. 즉 모든 상대적인 것-삶이 많은 고통을 통해 가르쳐 주는 것으로, 모든 신뢰에는 한계가 있고, 모든 소망에는 실망이 있으며, 모든 우정은 끝날 때가 있다는 것-은 거짓임을 입증하는 확실한 것에 대한 욕구를 보여 준다. 이 절대적인 존재가 하나님이다. 환자들이 이런 식으로 우리를 시험해 보면서 찾고 있는 대상은 적어도 하나님 모습의 반영이며 단순한 관습을 초월하는 사랑의 반영이라고 할 수 있다. 그들은 자각하지 못할 수도 있겠지만 그것은 그들 모두가 하나님을 찾고 있다는 증거다.

함께 나누기

우리의 마음 속에 하나님께서 우리를 무조건적으로 용서하시는 분이라는 사실에 대해 의아해 하는 사람들이 있습니다. 우리는 하나님의 은

그들만큼 고통을 겪지는 않았지만 우리 역시 그림자 없는 빛이
없으며 어떤 식으로든 대가를 지불하지 않는 보물은 없다는 것
을 살아가면서 배웠다. 그때 갑자기 값없는 하나님의 사랑과 용
서, 그리고 예수 그리스도를 통해 우리에게 주신 화목의 광대하
고 온전한 빛이 비쳐 온다. 바로 이것이 우리를 굴복시키고 죄책
감의 짐을 벗겨 주며 변화와 '메타노이아'를 이끌어 낸다. 이것은
항상 새롭게 발견되어야 한다. 이러한 발견이 역사에서 주기적
으로, 불길처럼 번지는 폭발적인 믿음이나 집단적인 회심과 저
항 할 수 없는 기쁨을 일으켰다.

함께 나누기

우리는 "대가 없는 보배는 없다"는 생각을 어렸을 때부터 교육을 받고,
주입 받아 왔습니다. 그래서 하나님의 무조건적 사랑과 용서를 받아들
이는 것에 대해 나의 자존심을 건드는 하나님에 대해 저항하며 불쾌감
을 느낀 적이 있었습니까? 자끄 엘륄은 "하나님의 은총은 순전히 무료
이며 공짜입니다"라고 말합니다. 하나님의 은총은 마치 물과 공기, 햇

빛처럼 공짜입니다. 용서 받기 위해 우리가 선행과 공적을 쌓아야 한다는 생각, 즉 교환의 원리를 따르려는 노력 때문에 하나님의 무조건적인 사랑을 받아 들이기 어려운 것에 대해 살펴 보십시오.

초대교회에서 그 일이 일어났다. 사도 베드로는 오순절에 구원의 확신을 선포했다. "이 약속은 너희와 너희 자녀와 모든 먼 데 사람 곧 우리 하나님이 얼마든지 부르시는 자들에게 하신 것이라."(행 2:39) 그는 은혜의 선물은 마땅히 받아야 하는 빚이나 삯과 같이 생각해서는 안 된다(롬 4:4)고 그것을 한층 더 분명하게 강조한다. "모든 사람이 죄를 범하였으매 하나님의 영광에 이르지 못하더니 그리스도 예수 안에 있는 구속으로 말미암아 하나님의 은혜로 값없이 의롭다 하심을 얻은 자 되었느니라."(롬 3:23-24)

그러나 말씀에 순종하고 선행을 하며 덕을 세우라고 권면하는 교회의 노력 때문에, 교회 내에서 값없이 주시는 구원에 관한 이 놀라운 소식에 대한 강조가 퇴색하기도 한다. 그러면 이러한 행위들이 결국은 구원의 조건으로 변질될 수 있다. 그렇게 될 경우 지옥으로 떨어질 것에 대한 불안이 또다시 전면에 등장한다. 그러나 또한 주기적으로 하나님의 값없는 은혜의 선물을 새롭게 발견하고 외치는 사람들에 의해 교회가 부흥하기도 한다. 그러한 예로는, 성 어거스틴, 아시시의 성 프란체스코 등 많은 이들이 있다.

> 말씀에 순종하고 선행을 하며 덕을 세우라고 권면하는 교회의 노력 때문에, 교회가 값없이 주시는 구원에 관한, 놀라운 복음에 대한 강조가 퇴색하기도 한다는 말을 어떻게 생각합니까? 종교개혁의 구호인 '오직 믿음으로!'는 왜 나왔으며 그것이 그 당시 그렇게 큰 파문을 일으켰을까요.

그 가운데 한 사람이 루터다. 이러한 주기적 변동은 개신교의 역사에서 가장 잘 드러났다. 대단한 열정의 소유자였던 루터는 고행과 금욕으로 자신을 채찍질하였지만 죄책감만 안은 절망의 나락에 빠져 있다가, 구원은 공로로 획득하는 것이 아니라 하나님이 죄인에게 이미 값없이 주신 선물이며 믿음으로 받기만 하면 된다는 진리를 새롭게 발견한다. 교회가 행위와 공적과 면죄부를 강조하며 인간이 구원의 값을 직접 부담하도록 하던 그 시대에 그가 부르짖은 구원의 메시지로부터 종교개혁이 폭발적으로 탄생하였다.

그러한 분리에도 불구하고 하나님의 은혜로 종교개혁은 가톨릭교회 자체에 심대한 영향을 미쳤고 그로 인해 가톨릭교회는 변화되었다. 그러나 시간이 흐름에 따라 도덕주의와 선행의 종교가 개신교의 핵심으로 재진입하였다. 그 변화는 너무나 교묘하였기 때문에 오랫동안 감지되지 않았다. 그러나 이제 그것은 종교개혁으로 인해 형성된 대다수의 교회들을 지배하고 있다.

개신교 신자인 환자 중 한 사람이 나에게 이렇게 말했다. "개신교는 은혜를 얻기 위해 엄청난 선행의 노력을 요구하는 것 같지만 가톨릭은 신부에게 구하면 누구에게든지 이 은혜를 자유롭게 나눠 주는 것 같습니다." 그 환자의 말은 틀린 것이 아니었다. 도덕주의가 들어와 조건적인 은혜와 공적의 개념을 재확립했다. 어떤 개신교 교회에서는 이러한 조건들이 너무나 난무하여 억압성을 띨 정도로 경화되어 있다. 내가 아는 젊은 여성은 빨간 점퍼를 입은 여성에게 말을 걸었다는 이유로 교회 당국으로부터 책망을 받았다. 그러한 옷차림은 경박함의 표시이기 때문에 그렇게 세속적인 인간과 어떤 식으로든 관계를 맺는 것은 비난받아 마땅하다는 것이다.

함께 나누기

인간의 자기 의(自己 義), 즉 자신의 공로를 통해 구원 얻을 수 있다는 생각이 왜 잘못된 것인지 생각해 보십시오.

가톨릭 지성인들의 모임에서 신학자 장 기통은 "기독교의 은혜의 교리가 의미하는 바 중 하나는 그 선물이 무상으로 주어지는 것이라는 점이다"라고 강조한다. 이러한 개념은 "우리보다는 개신교도들이 더 자주 생각하는 것 같다"는 그의 말에 나는 기분 좋게 놀란다. 하지만 개신교에 대한 이 존경이 사실과 맞지 않을까봐 두렵다. 오늘날 실제로 이것은 더 이상 교리의 문제가 아니라 심리학적 문제다. 모든 교회의 심장부에는, 다른 사람들에게 구원의 조건을 강요하는 도덕주의적 사고방식의 소유자들과 값없이 구원에 대한 놀라운 확신으로 기쁨을 누리는 사람들이 공존한다.

그것은 인간의 마음에 내재하는 성향에 관련된 것이기 때문에 심리학적인 문제다. 그 성향은 내가 기술해 온 바 죄책감을 은폐하려는 메커니즘으로서 이는 자기 정당화를 위한 공적이나 미덕, 금욕 등을 과시하며 그것들을 은혜의 조건으로 열심히 사람들에게 제시한다.

수년 동안 매주 상담을 받으러 오는 환자가 있다. 나는 방에서 그녀를 맞으며 익살스럽게 말한다. "당신의 짧은 제네바 순례 여정에 대한 보상이 여기 있습니다!" 그러면 그녀는 즉시 대답한다. "나는 그 보상을 받을 자격이 없어요." 나는 응수한다. "그러나 우리는 이 세상에서 아무것도 받을 자격이 없습니다." 우리에게 받을 자격이 없는데도 하나님이 은혜를 베푸신다는 이 사실,

이것 때문에 우리는 굴복하지 않을 수 없으며 무릎을 꿇지 않을 수 없다. 우리가 받을 자격이 있다면 그것이 어떻게 선물이 되고 우리가 어떻게 기쁨을 누리겠는가?

그러나 나의 환자는 계속 생각을 하더니 얼마 있다가 말을 잇는다. "결국에는 받을 자격이 없는 것을 받는다는 것이 우리의 자기애에 상처를 입히지요. 그래서 그것을 받아들이기가 어렵습니다. 우리는 그것을 받을 자격이 있는 편을 좋아하지요. 우리는 그 자격을 하나님과 씨름하고 있어요." 그렇다. 값없이 주시는 구원에 대한 이 엄청난 확증이 우리 각자 안의 매우 강력한 저항에 부딪힌다는 사실을 부인할 수는 없다. 이는 역설적이다. 우리는 온 마음을 다해 그것을 열망하면서-하나님은 우리에게 그것을 주신다. 동시에 그것을 받지 않으려고 저항하기 때문이다. 찬송이나 기도문으로 그것을 선포하는 신자들에게조차 다소 무의식적인 혹은 공공연히 표현되는 내적인 저항이 있기 마련이다. 이러한 구원의 확증이 우리의 이성과 정의에 대한 논리적 개념을 거스르기 때문이다.

는 말에 대해 그리고 예수를 믿고 난 다음 자유와 해방을 얼마나 누리며 살고 있는지 함께 나누어 보십시오.

그것은 정당하지 않다. 자신의 행위로 하나님께 신실하고자 가장 성실하고 놀라운 도덕적 노력을 쏟는 사람들이, 거짓말을 하거나 사기를 치거나 동료들에게 해를 끼치면서 변덕이나 쾌락을 삼가지 않는 사람들에게도 하나님이 동일한 은혜를 허락하신다는 것을 인정하기를 가장 어려워 한다.

그것은 정당하지 않다! 이는 탕자의 형이 보인 반응이다. 그는 잔치 자리를 피해 스스로를 거룩한 기쁨에서 소외시킨다.(눅 15:24-32) 방탕한 아들이 괴롭게 해드렸던 아버지와 교제를 누리고 있을 때, 착실하게 아버지께 순종해 왔던 아들이 처음으로 갈등 끝에 화를 폭발시키는 그 순간 비극적인 반전이 일어난다. 우리는 포도원 품꾼의 비유에서도 이와 동일한 불평의 반응을 보게 된다. 포도원 일꾼들은 주인이 시원한 저녁나절에 한 시간밖에 일하지 않은 사람들에게 하루 종일 뙤약볕 아래서 고생한 자신들과 똑같은 삯을 지불하자 불평을 터뜨린다.(마 20:1-16) 예수 그리스도께서는 인간의 내면을 얼마나 예리하게 통찰하시는가!

하나님의 위대한 종 중에도 이러한 반항적 성향을 극복하지 못한 사람이 있다. 요나는 매우 호감이 가는 선지자다! 묵상 시간에 그는 하나님이 니느웨로 가서 회개를 선포하라고 부르시는 것을 깨닫는다. 그 성읍은 온갖 부도덕이 난무하고 "좌우를 분변치 못하는 자가 십이만여 명이요 육축도 많이 있는"(욘 4:11) 거대한 성읍이었다. 선하신 하나님이 니느웨를 용서해 주실지도 모른다는 불길한 예감에 휩싸인 요나는 내키지 않는 그 사명을 회피하려고 배를 타고 도망하기에 이른다.

그러나 그는 믿음이나 용기나 겸손함까지 부족한 사람은 아니었다. 거대한 폭풍우가 일어나자 그는 자신의 신앙과, 하나님의 낯을 피하여 도망하려 했던 자신의 잘못을 적나라하게 시인한다. 그는 배에 탄 사람들에게 "나를 들어 바다에 던지라. 그리하면 바다가 너희를 위하여 잔잔하리라"(욘 1:12)고 말한다. 큰 물고기가 요나를 삼켰다가 사흘째 되는 날 바닷가에 토해 내어 그가 구원을 받았다는 이야기는 우리 모두가 잘 알고 있다. 예수님은 융 학파의 분석주의자처럼 이야기를 자신의 죽음과 부활에 대한 예표로 해석하신다.(눅 11:29-32)

그 이후 요나는 순종하기로 결심한다. 하나님은 그의 불순종마저도 아름다운 이야기로 변화시키신다. 니느웨 사람들은 요나에게 일어난 기적이 하늘로부터 내려온 '표적'-예수님이 말씀하신 대로-이라고 믿었기 때문이다. 요나는 거리를 걸어 다니며 "사십 일이 지나면 니느웨가 무너지리라"(욘 3:4)고 외친다. 그러나 니느웨 성은 멸망하지 않았다. 니느웨 사람들이 회개하였고 왕으로부터 모든 육축에 이르기까지 금식이 선포되었던 것이다! 하나님은 이러한 그들을 용서하였다.

그러나 요나는 하나님의 그러한 선하심을 용서할 수가 없었다. 그가 선포한 심판의 위협을 거짓으로 만들어 버린 그 선하심을 용서할 수 없었다. 요나는 신경질적인 침체에 빠져 속세를 떠나 홀로 앉아 있었다. "여호와여 원컨대 이제 내 생명을 취하소서. 사는 것보다 죽는 것이 내게 나음이니이다."(욘 4:3) 다행스럽게도 하나님은 그의 영혼을 소생시키실 수 있으셨다. 그분은 요나를 위해 박넝쿨로 그늘을 만들어 주셨다가 곧 시들어 죽게 하셨다. 요나의 불쾌감이 극에 달하자 하나님은 그에게 이렇게 말씀하신다. "네가 그 박넝쿨을 아꼈거든 하물며 이 큰 성읍 니느웨를 … 내가 아끼는 것이 어찌 합당치 아니하냐."

개혁주의 교회에 속한 우리들은 오늘날 "오직 하나님께 영광을"이라는 칼빈의 열정적인 외침에 깃들어 있는 정신을 회복해야 하는 거대한 당면 과제를 안고 있다. 4세기가 흐른 지금 우리는 교회가 영혼의 해방에 기여하기보다는 그들을 억압하는 데 일조하고 있는 암울한 역사의 한 시기를 보내고 있다. 우리는 적어도 20세기가 시작될 무렵에 이러한 상황에 빠져들었고 이번에는 심리학자들이 경고의 메시지를 보내고 있다.

교회는 지금 영혼의 해방과 자유에 기여하기보다는 그들을 억압하는 데 일조하고 있는 암울한 역사의 한 시기를 보내고 있습니다. 이 교회의 도덕주의적, 행위주의적 왜곡에 맞서 힘차게 투쟁했던 루터와 칼빈의 노력, 즉 종교개혁이 일어났는데도 불구하고 다시 조건적 믿음으로 회귀하는 모습를 보면서 우리의 신앙은 어떠한지 생각해 보십시오.

그러나 나는 교회들 간의 연대가 약함에도 불구하고 가톨릭교도들보다 개신교 신자들 사이에서 이러한 왜곡으로 억압당하는 사람의 비율이 더 크다는 점에 주목한다. 빈틈없는 의무의 이행, 모든 즐거움에 대한 억제, 훌륭한 결단, 과오를 극복하려는 매일의 노력, 본능에 대한 수치감, 잘못이 드러나거나 비판받고 오해를 사지 않을까 하는 두려움, 이 모든 것이 하나님에 대한 사랑의 열정을 대체하고 있다. 그리고 사람들은 이 모든 면에서 끊임없이 잘못을 범하며 절망적인 상황에 놓여 있으며 거듭되는 패배 속에 죄책감의 고통은 끊임없이 가중되고 있다.

절망이 영혼의 생명력을 서서히 앗아 감으로써 패배를 낳고 패배는 다시 절망을 낳기 때문에 도덕주의 자체가 증식시킨다고 할 수 있다. 하나님은 그분의 무조건적인 용서로 바로 이 가혹한 악의 사슬에서 우리를 건져 내려고 하시는 것이다. 하나님을 믿고 그분을 섬기려고 하는 사람들이 불신자들보다 이 불길한 사슬의 피해를 더 많이 보고 있다는 것은 비극적인 일이다. 그들은 마침내 너무나 가혹하고 잔인해 보이는 하나님을 더 이상 사랑할 수 없는 지경에 이른다.

7

용서란 무엇인가

강남순 『용서에 대하여』

동녘 출판사, 2017, 2018 • 44-47, 169-175쪽

저자 강남순은 미국 텍사스크리스천대학교 브라이트 신학대학원(Texas Christian University, Brite Divinity School) 교수. 독일과 미국에서 공부했고, 한국과 영국의 대학교에서 학생들을 가르쳤다. 2006년부터 텍사스크리스천대학교에서 코즈모폴리터니즘, 해체주의, 포스트모더니즘, 포스트콜로니얼리즘, 페미니즘과 같은 현대 철학적, 신학적 담론들을 가르치고 있다. 특히 임마누엘 칸트, 한나 아렌트, 자끄 데리다 등의 사상과 연계한 코즈모폴리턴 권리, 정의, 환대와 사랑의 문제들에 대한 학문적, 실천적 관심을 두고 다양한 국제 활동을 하고 있다.

기독교를 중심으로 용서를 다루고자 한다. 무엇보다도 현재의 다양한 용서 담론이 형성되는 데는 기독교 사상이 중요한 역할을 해왔기 때문이다. 기독교의 가장 중요한 가치 가운데 하나는

용서라 할 수 있다. '용서'라는 개념이 직접적으로 등장하든, 그렇지 않든 성서를 통해서 형성되는 기독교적 가르침의 많은 부분은 용서를 전제로 한다. 기독교가 서구 문명 형성의 근간을 이루어왔다는 사실을 생각할 때, 용서라는 개념이 기독교 전통에서 매우 중요한 자리를 차지한다는 사실은 시사하는 바가 크다.

유대-기독교 사상은 아리스토텔레스를 비롯한 그리스 사상과 함께 서구 문명을 이루는 두 가지 중요한 사상이 된다. 세계화 이후 우리는 지리적으로 서구 세계에만 국한되지 않는 세상에 산다. 예를 들면 어떤 것이 '서구적'인가 또는 '한국적'인가라는 물음에는 사실상 아무 실질적 의미도 없다. 오히려 어떻게 "우리 사회에 정의, 평등, 평화를 확장"하고 "다양한 정황에서 살아가는 사람들이 한 인간으로서의 권리와 존엄성이 존중되는 사회를 만들어가야 하는가"라는 물음에 관심을 가져야 한다. 이러한 맥락에서 기독교의 용서 개념을 조명해보자.

예수는 기독교를 유대교에서 분리한 결정적 인물이며, 종교로서의 기독교에서 가장 중심적 위치에 있다. 예수는 용서에 대한 다양한 가르침을 주었다. 그가 삶의 마지막 순간, 즉 십자가에서 죽음의 순간에 한 말이 용서에 관한 것이었다는 데는 중요한 의미가 있다. 예수는 하나님께 자신을 십자가에 처형하는 사람들을 용서해달라고 기도한다. 그들은 자신이 하는 일이 "무엇인지 모른다"는 것이 용서의 이유이다. 예수가 가르친 '주기도문'은 "우리가 우리에게 잘못한 이들을 용서하는 것처럼 우리의 잘못을 용서해 달라"는 용서의 가르침을 담고 있다.

기독교 전통에서 인간의 죄성에 대한 인식은 인간에게 용서가 중요한 것으로 자리 잡게 했다. 구약성서 '창세기'에 나오는 에덴동산 이야기는 개인적으로 그리고 집단적으로 '죄인'이라는 것이 인간의 조건임을 잘 보여준다. 인간은 신이 먹지 말라고 금지한 선과 악을 분별하게 해준다는 '지식의 나무' 열매를 먹고 신을 거역하는 존재로서 동산에서 추방당하는 동시에 하나님에게서 소외된다. 그리고 추방당한 인간, 아담과 이브는 비로소 자신들이 벌거벗었다는 사실을 인식하게 된다. 물론 이러한 이야기에 담긴 신학적, 철학적, 종교적 의미와 그에 대한 해석은 매우 다양하다.

구약성서와 신약성서에 따르면, 신은 인간을 다시 인류 공동체로 되돌아오게 하고자 다양한 방식으로 인간과의 화해를 모색한다. 이러한 '신의 화해'는 인간이 죄성을 인정하고 받아들이면서 신의 용서를 받겠다는 의지와 열린 마음을 가질 때 비로소 가능해진다. 이런 의미에서 볼 때 용서와 화해는 인간이 '죄인'으로서 하나님과의 관계 그리고 타자들과의 관계를 회복하려는 강력한 마음을 가져야 한다는 것을 의미한다. 그런데 이 이야기는 이러한 용서와 화해가 전적으로 신에게 의존한다는 사실 또한 강조한다. 또 다른 중요한 점은 신의 용서를 받는 데 결정적으로 중요한 것이 타자를 용서하는 마음이라는 점이다. 성서는 "당신에게 잘못을 한 당신의 이웃을 용서하시오 그리고 나서 당신이 기도할 때 당신의 죄가 용서를 받을 것입니다"라고 한다.

이는 신의 용서의 전제조건이 바로 타자를 용서하는 것임을 강조하는 구절이다. 이는 두 가지 사실을 제시한다. 첫째 타자를 용서함으로써 자신의 '인간됨', 즉 인간으로서의 휴머니티를 유지하라는 말이다. 둘째, 타자를 용서함으로써 '인류 공동체'와 자신을 다시 연결하고, 그 인류 공동체 안에서 살아가야 한다는 사실을 기억하고 실천하라는 의미다. 즉 용서의 행위란, '나'는 사실상 나에게 잘못을 한 '너'와 비슷한 사람이란 사실을 받아들이고 이를 통해 '나'와 '너'의 연결성을 다시 인식하게 하는 것이다. 이렇게 한 인간이 용서를 경험한다는 것은 타자들이 인간이란 사실을 받아들이는 것과 같은 의미다. "우리가 우리에게 잘못한 이들을 용서하는 것처럼 우리의 잘못을 용서해 달라"고 한 예수의 '주기도문'은 우리가 신에게 용서받는 것의 전제조건은, 우리 스스로가 먼저 타자를 용서하는 것임을 분명히 한다.

이렇듯 성서적 전통에서 용서는 중요하고 핵심적인 가치 가운데 하나다. 용서를 통해서 인간은 자신이 속한 공동체가 파괴되지 않고 그 통전성을 유지하게 하기 때문이다. 용서에 대한 성서적 전통은 인간이 자신의 죄성과 마주하는 동시에 타자에게 용서로 자비를 베풂으로써 신과 타자 앞에서 책임적 존재가 될 것을 촉구한다. 또한 용서란 과거에 의해서 결정되는 미래가 아닌, 과거에서 벗어난 자유롭고 새로운 미래의 가능성을 열어 놓는다. 안토니 필립스(Anthony Phillips)는 "용서가 없다면 이 세상은 과거에 사로잡힌 채 불평과 고역으로 가득 차게 되어 평화란 있을 수 없다"고 용서의 중요성을 강조한다.

용서는 인류 공동체를 '과거의 감옥'이 아닌 새로운 미래에 열어놓으며, 개인의 안녕과 온전한 삶을 위해서도 중요하다. 따라서 많은 사람들은 용서가 인류의 평화를 지키는 데 커다란 의미를 지닌다고 이해한다. 물론 거시적으로 볼 때 이러한 이해는 매우 중요하다. 그런데 이렇게 인간의 구체적 정황과 연결하지 않는 '거시적 이해'만 있을 때, 용서란 말을 구체적 일상에 자리 잡은 것이 아닌, 매우 추상적인 것으로 이해하기 쉽다. 자신과 타자에 대한 개방성, 삶이 지닌 신비에 대한 개방성, 자비에의 개방성 등 용서가 지향하는 가치가, 현대 자본주의의 삶이 추구하는 보고 만질 수 있는 가치들과 상치된다는 것이 그 이유일 수 있다. 이러한 의미에서 용서를 종교적 영역에 속하는 주제로 생각하는 사람들이 많다. 이들은 용서를 구체적인 사회정치적 영역에서 분리된 '영적'인 것으로 간주한다. 인간의 '육체적 측면(사회정치적 영역)'과 '영적 측면(종교적 영역)'을 각기 다른 별개의 것으로 보는 영지주의 이분법적 사유 방식이 여전히 작동하는 경우다.

용서는 인류 공동체가 인간성을 유지하면서 공동체성을 유지하고 그 속에서 살아가는 인간들이 열린 삶을 창출하기 위한 중요한 가치 가운데 하나다. 고도의 테크놀로지의 발달과 상업주의 팽만은 이 용서라는 '보이지 않는 가치'를 외면하게 한다. 이런 측면에서 볼 때 '보이지 않고 만져지지 않는 가치'의 중요성을 강조하는 종교나 철학은 인간이 자신의 인간됨을 유지하게 하는 의미심장한 보루가 되어야 한다. 제도화된 종교가 인간의 평등, 평화, 용서 등 '보이지 않는 가치'를 물질적 성공과 양적 확장 같은 '보이는 가치'로 대체하면서 이것만이 신의 은총과 축복이라고 왜곡한다면 그것은 종교의 위기뿐 아니라 인류 공동체의 위기를 초래할 수 있다.

함께 나누기

오늘날과 같은 보고 만질 수 있는 것만을 인정하는 자본주의 사회 가운데 제도화된 교회에서 용서가 어려운 이유는 무엇일까요.

예수와 용서

기독교의 정체성을 이루게 된 가장 중요한 존재는 예수다. 예수는 용서를 어떻게 바라보았을까. 그 바른 대답을 위해 용서에 대한 이해를 복합화하고 확장하는 것이 매우 중요하다. 예수를 '용서의 발견자'라고 표현한 사람은 정치철학자 한나 아렌트다. 유대인 아렌트는 『인간의 조건』에서 예수를 기독교라는 특정한 종교의 범주에 갇힌 존재가 아니라 사회정치적 정황에서 중요한 용서의 의미를 전하는 존재로 확장한다.

기독교 교리라는 틀에 예수를 집어넣고 그 안에서만 해석하면 오히려 예수를 지극히 제한하는 결과를 줄 수 있다. 탈교리화하여 새로운 눈으로 예수를 들여다볼 때 비로소 예수의 가르침이 지닌 더 심오한 의미를 보게 된다.

예수의 모습을 성서에서 들여다보기 전에 밝혀둘 사실이 있다. 이 글에서는 시중에 있는 한글 번역 성서를 쓰지 않고 영어 성서를 직접 번역해서 쓰는데 그 이유는 다음과 같다. 첫째, 관계의 위계주의 때문이다. 한글 성서는 예수의 대화에서 예수는 반말을, 예수와 대화하는 사람은 존댓말을 하는 것으로 표기한다. 반말과 존댓말로 형성되는 관계는 이미 그 관계의 위계주의를 강하게 만들어낸다. 나는 타자들과 대화할 때 그렇게 위계주의적 태도로 '반말하는 예수'를 규정하는 것이 왜곡이라고 본다. 둘째 한글로 번역된 성서의 언어들이 지나치게 굳어 있거나 교리화되어 정작 독자들이 그 포괄적이며 심오하고 생생한 의미를 느끼는 데 장애가 된다고 생각한다.

> 용서와는 직접 관련이 없지만, 예수님의 대화에 대한 한글 성경 번역본들이 예수님께서는 왕처럼 말씀하시고 듣는 사람을 낮추어 부르는 것 같은 어투에 대해 어떻게 생각하십니까.

성서에 나타난 예수의 행적을 보면, 예수가 관심을 가진 것은 제도화된 틀 속의 종교가 아니라, 그 경직된 제도적 틀을 넘어서는 '생명'임을 알 수 있다. 예를 들면 예수와 안식일에 대한 이야기를 보자. 유대 전통에서 '안식일'은 매우 엄격한 규율로 강조된다. '안식일을 지킨다'는 것이 '안식일 규율 자체를 지키는 것'으로 의미가 고착된 것이다. 그런데 예수는 이러한 종교적 틀의 존재 의미는 그 틀 자체가 아니라, 사실상 생명에 관한 배려와 보살핌이라는 것을 역설한다. 예수는 안식일에 먹고 아픈 사람을 돌보는 일이, 안식일 규율을 지키기에 우선하는 것은 무엇보다 '사람 살리는' 것이라고 강조한다. 그러면서 "안식일이 사람을 위해 있는 것이지, 사람이 안식일을 위해 있는 것이 아닙니다"라고 강조함으로써 종교적 틀보다 우선하는 것은 '생명 살림'임을 분명히 한다. 그런데 여기서의 '생명'은 낭만화된 의미의 생명이 아니다. 오히려 육체성과 정신성 모두를 지닌 존재로서 구체적 삶과 연관되는 복합적 생명이다. 예수의 용서에 대한 가르침도 이러한 '생명-사랑의 원리'라는 맥락에서 이해해야 하며 그때 비로소 용서의 심오한 의미가 되 살아난다.

용서의 우선적 주체 : 신이 아닌 인간

예수의 행적을 보면, 그의 주변에서 예수의 말을 경청하며 그와 함께 먹고 마신 사람들은 주로 가난하거나 이른바 죄인으로 간주되던 사람들이다. 즉 종교적, 사회정치적 권력을 지닌 사람들이 아니라 권력과는 아무런 관계가 없는 사회적 주변 사람들이었다. 예수는 그 주변 사람들과 작은 공동체를 이루며 다양한 메시지를 전한다. 예수의 제자들 역시 사회정치적 권력과는 무관한 삶을 살던 사람들이었다. 예수는 당시 가장 강력한 종교적 권위와 권력을 행사하던 이들, 즉 서기관과 바리새인들과는 매우 다른 용서를 가르친다.

서기관과 바리새인들은 첫째, 진정한 용서를 할 수 있는 힘은 오직 신만이 가지고 있으며, 둘째, 용서할 힘은 신에게서만 나온다고 가르쳤다. 그런데 예수는 용서에 대한 이러한 전통적인 종교적 가르침을 정면으로 반박한다. 첫째, 신만이 용서할 수 있는 힘을 가진 것이 아니다. 둘째, 용서는 신이 아닌 '인간'에 의해 우선적으로 촉발되어야 한다는 것이 예수의 가르침이었다. 이러한 맥락에서 볼 때 예수는 용서에 대한 전통적 이해를 넘어 매우 급진적 주장을 하고 있다. 즉 신이 용서하기 때문에 인간도 신을 따라 용서하는 것이 아니라, 인간이 '먼저' 용서해야 비로소 신도 용서하게 된다는 것이다. 즉 예수는 용서의 '권위'와 '순서'에 대한 전통적 이해를 근원적으로 역전시킨다.

예수가 '용서자'로서 용서의 행위를 한 경우는 몇 번뿐이다. 한 번은 예수에게 고침을 받으러 온 중풍 환자에게 "당신의 죄가 용서 받았습니다"라고 선언한다. 또 한 번은 울면서 눈물로 예수의 발에 입을 맞추고 향유를 바르고, 머리카락으로 예수의 발을 닦는 여인에게도 역시 "당신의 죄를 용서 받았습니다"라고 선언한다. 그런데 예수의 용서 행위에는 특이한 점이 있다. 예수는 용서의 일반적 양식인 "나는 당신의 죄를 용서한다(I forgive your sins)"처럼 '나'라는 주어가 들어간 능동태를 쓰지 않는다. 즉 '누가' 용서의 주체인지 드러나지 않는 수동태를 쓰고 있다. 한글 성서에는 잘 드러나지 않지만, 영어 성서에서는 이 문장이 주어가 없는 수동태(Your sins are forgiven)라는 점이 분명히 드러난다.

이처럼 예수가 용서하는 현장에서는 도대체 용서의 주체가 누구인지, 언제 어떻게 용서가 이루어지는지 구체적으로 나타나지 않는다. 또한 용서가 이루어진 과정을 보면 용서받는 자가 이른바 반성이나 회개 등을 했는지 여부도 알 수 없다. 나아가 예수는 "당신들이 타자들에게 진정 마음에서 우러나오는 용서를 하지 않으면, 신도 당신들이 한 것과 똑같은 방식으로 할 것입니다"라고 함으로써 용서의 주체가 신이 아닌 인간임을 분명히 선언한다. 따라서 진정 마음 속에서 용서하지 않는 사람은, 거꾸로 신에게도 용서받을 수 없다. 이러한 용서에 대한 예수의 가르침에 따르면, 용서란 인간의 선택 사항이 아닌 '의무'가 된다.

함께 나누기

용서는 당연히 하나님이 하시는 것이다. 그리고 용서받은 우리는 그 분이 하신 것처럼 우리도 서로 용서해야 합니다. 용서란 인간의 선택 사항이 아닌 '의무'가 된다는 저자의 견해에 대해 어떻게 생각하십니까.

의무로서의 용서

예수에게 용서와 사랑은 분리가 불가능한 가치라고 할 수 있다. "당신의 이웃을 당신 자신처럼 사랑하십시오"와 "당신의 원수를 사랑하십시오"하는 예수의 중요한 가르침은 사랑과 용서의 밀접한 관계를 보여준다. 결국 '자기 용서'와 '타자 용서'가 없다면 나 자신을 사랑하는 것처럼 이웃과 원수를 사랑하기란 불가능하다. 자신을 사랑하거나 타자를 사랑할 때 그 사랑의 행위에 진정성이 있으려면 용서가 전제되어야 한다. 누군가를 여전히 '원수'로 생각하면서 그 사람을 진정 나 자신처럼 사랑하는 건 불가능하다. 또는 자신에 대한 혐오로 가득 찬 사람이 스스로를 사랑하는 것도 불가능하다. 그러므로 그 사랑의 대상이 자기 자신이든, 이웃이든, 원수든 간에 있는 그대로 받아들일 수 있을 때 이를 진정한 사랑이라 할 수 있다. 불완전성과 약점과 한계를 극복하고 포용하는 용서의 행위가 전제되어야 비로소 사랑이라는 행위는 그 가능성의 문을 조금씩 열 수 있다.

또한 예수는 "누군가가 나에게 잘못을 하면 그 잘못을 깨닫게 하고, 그런 다음에 나에게 '잘못했다'고 하면 용서해주어야 합니다"라고 말한다. 이러한 예수의 용서에 대한 이해를 보면 첫째, 용서의 시작은 '침묵'이 아니라 우선 잘못을 '알게 해주는 것'에서 시작된다. 피해자가 가해자의 잘못을 무작정 방관하는 것이 아니라 그의 잘못에 대해 분명하게 문제 제기를 해야 한다는 것이다. 둘째, 가해자가 자신의 행위가 잘못이었음을 깨달았다면 사과하고 미안해 해야 한다. 즉 회개를 해야 한다. 셋째, 마지막으로 용서의 완성에서 필요한 것은 잘못을 깨닫고 사과를 한 사람을 피해자가 용서하는 것이다.

이같은 예수의 용서에 대한 이해를 보면, 가해자의 '미안함'에는 사과와 회개라는 전제조건이 필요할 것으로 생각된다. 그러나 예수는 용서에 있어 가해자의 회개 같은 '전제조건'을 절대화하지는 않는다. 예수는 자신을 못 박은 병사들을 위해 "하나님이여, 저들을 용서하소서. 왜냐하면 저들은 자신들이 무엇을 하는지 모르기 때문입니다"라며 십자가 위에서 병사들을 위해 신께 용서를 요청한다. 이는 자신들의 행위가 어떤 의미를 지니는지 알지 못하는 이들도 용서의 대상으로 간주하는 예수의 용서가 얼마나 포괄적인 범주에 있는지를 드러낸다.

사실 인간은 일상적으로 타자들에게 크고 작은 잘못을 저지른다. 누군가 저지른 잘못에 대한 피해자가 되었다면 그가 가해자에게 보일 수 있는 태도는 두 가지다. 하나는 복수이며, 또 하나는 용서다. 동일한 상황에서 사람들이 보이는 이 두 가지 각기 다른 반응은 정반대 결과로 나타난다. 복수는 잘못에 즉각적으로 반응하면서 가해자에게 동일한 피해를 주겠다는 의도로 하는 행동이다. 즉 피해자는 자신이 입은 피해를 근거로 이번에는 가해적 행위를 정당화한다. 결국 복수는 잘못된 상황의 종식이 되지 못하고 가해자-피해자 모두를 끝나지 않는 '복수의 사슬'로 얽어맨다. 이렇게 해서 피해자는 가해자가 되고 가해자는 피해자가 되면서 '복수의 반복'이 이어진다. 복수가 반복되면 결국에는 두 사람 모두 그 잘못된 상황에서 자유로워질 기회를 상실한다. 이러한 '복수의 연쇄 반응'은 매우 파괴적 결과를 낳는다. 당사자는 물론 주변 사람들, 그들이 속한 공동체, 나아가 사회에 복수의 감정을 확산함으로써 관계의 파괴를 가져오는 것이다. 인간은 무수히 잘못을 저지를 수 있는 유일한 존재이다. 복수를 선택한다면 끊임없이 '새로운 존재'로 다시 시작해야 하는 인간이라는 사실을 근원적으로 부정하는 것이다.

이러한 의미에서 볼 때 예수는, 용서는 선택이 아니라 인간의 의무라는 것을 분명히 한다. 용서는 인간이 스스로의 파괴성에서 벗어날 가능성이며, 새롭게 시작할 시간과 공간을 확보해주기 때문이다. 이러한 용서의 가능성 속에서, 인간은 자신이 불완전한 존재로서, 타자가 잘못을 저지를 수 있듯이 자기 자신도 언제나 잘못을 저지를 수 있는 존재임을 인정하게 된다. 이를 인정함으로써 인간은 불완전하고 잘못을 저지를 수 있는 부정적 존재로 자기 규정하는 데서 벗어나 언제나 '새로이 시작'할 수 있는 '새로운 존재'로 재탄생하게 된다. 예를 들면 예수가 말해주는 '탕자의 비유'에는, 아버지의 용서와 함께 새로운 삶으로 들어가는 한 아들이 등장한다. 아버지에게 물려받을 유산을 미리 달라고 해서 집을 떠난 아들은 결국 돈을 탕진하고 거지꼴로 돌아온다. 집에 돌아온 아들을 맞이하는 아버지는 일체 아들에 대한 질책이나 추궁을 하지 않았다. 아버지는 두 팔 벌려 '탕자'를 환영하고 따스하게 맞으면서, 새로운 삶의 시작을 축하하는 잔치를 벌인다.

예수는 이 '탕자' 이야기를 통해 용서가 어떻게 한 존재에게 새로운 가능성의 문을 열게 하는지 보여준다. 누군가의 잘못에 대해 복수가 아닌 용서를 하는 것은 선택이 아닌 인간으로서의 의무이며, 예수는 그러한 용서를 베풀 때 비로소 진정한 자유를 얻고, 새로운 존재로서의 가능성을 지속적으로 지닐 수 있다고 제안한다.

함께 나누기

용서는 어떻게 이웃에게 진정한 자유와 새로운 존재로서의 가능성을 갖게 하는 것일까요.

용서의 무한성

앞서 논의한 것처럼 서구 전통에서 용서는 '아브라함 종교'라고 불리는 유대교, 그리스도교, 이슬람교의 근간을 이루는 중요한 개념이다. 이러한 종교적 전통은 용서의 두 가지 상충되는 의무를 예시한다. '무조건적 용서'를 명하는 한편 죄지은 사람들의 회개, 잘못의 인정, 새롭게 변하겠다는 약속을 요구하는 '조건적 용서'를 천명하는 것이다.

인간은 그 유한성으로 인해 필연적으로 타자들에게 잘못을 저지른다. 인간으로 태어났다는 것은 이미 무수한 오류와 잘못을 저지를 가능성에 노출된 존재로 태어났다는 것을 의미한다. 이를 인식함으로써 인간의 마음은 그 한계성과 불완정성 너머의 세계를 손짓하는 종교로 향하기도 한다. 그런데 '불완전한 존재'라는 인간의 조건을 생각하다 보면, 그다음 물음으로 이어진다. 만약 이처럼 알게 모르게 무수한 잘못을 하고 오류를 범하는 것을 인간이 피할 수 없다면, 도대체 어느 정도까지 타자를 용서할 수 있는가.

예수의 제자 베드로는 바로 이러한 질문을 예수에게 던진다. "누군가 내게 잘못을 저질렀다면 도대체 몇 번이나 용서해주어야 합니까? 일곱 번 해야 하나요?" 예수는 이 물음에 "일곱 번만이 아닙니다. 일곱 번을 일흔 번까지라도 용서해야 합니다"라고 응답한다. 여기서 일곱 번을 일흔 번까지이라는 표현이 무엇을 의미하는지 생각할 필요가 있다. 이는 정확히 490번만 용서하라는 이야기가 아니다. 일곱 번을 일흔 번까지라는 표현, 즉 "490번이라도"라는 표현은 특정한 숫자를 제시하기보다 '셀 수 없을 만큼' 또는 '몇 번이라고 셀 필요도 없이' 용서하라는 '용서의 무한성'을 강조하는 말로 볼 수 있다.

그런데 '무한한' 용서는 도데체 누구를 위한 것이며, 가능하기나 한지 의문이 생긴다. 실상 이러한 용서의 '무한성'은 피해자와 가해자 모두의 '자유'를 위한 것이다. '복수의 사슬'은 누구에게도 도움이 되지 않으며, 오히려 장기적으로 보면 가해자와 피해자는 물론 주변 사람들과의 모든 관계를 파괴한다. 예수는 무한하게 용서하라는 메시지를 던졌으나 인간에게는 그러한 '무한성에의 윤리'가 항상 '불가능한 것'으로 보이는 것이 당연하다. 그런데 〈자끄 데리다〉의 말처럼 용서가 언제나 가능한 것만을 한다는 의미라면 사실상 '용서'라는 이름을 지닐 수 없다. 용서할 수 없는 것을 용서하는 것, 그것이 바로 진정한 의미에서 용서다.

용서의 무한성을 요구하는 예수의 '용서의 원리'는 예수가 말하는 '사랑의 원리'와 동일 선상에 있다. 예수는 나 자신을 사랑하는 것처럼 이웃을 사랑하라고 하면서, 그 이웃의 범주에 원수를 포함시킨다. "이웃은 사랑하고 원수는 증오하라"는 전통적 가르침을 비판하면서 "사랑할 만한 사람"만을 사랑한다면 이미 사랑의 의미가 아니라고 말한다. 즉 예수는 "자기 사랑-이웃 사랑-원수 사랑"을 사랑의 범주에 포함시킨다. 이러한 맥락에서 볼 때, 무한하게 용서하라는 예수의 '용서의 원리'는, 나와 이웃뿐만 아니라 원수도 사랑해야 한다는 급진적 '사랑의 원리'라고 할 수 있다. 이러한 급진적 사랑에 대한 요구는 이미 급진적 용서와 용서의 무한성을 전제로 한다고 볼 수 있다.

원수가 원수인 채로 남아 있는 한, 사랑의 행위는 불가능하다. 그 원수를 포용하고 받아들이는 용서의 행위가 없이는 사랑은 불가능해진다. 자끄 데리다가 "진정한 용서란, 용서할 수 없는 것을 용서하는 것"(자끄데리다가 용서에 관해 쓴 책으로는 『용서하다』, (배지선 역)과 『신앙과 지식』 (최용하, 신용호 역)이 있다 - 필자 주)이라고 한 것은 예수의 무한한 용서 그리고 원수까지 나 자신처럼 사랑하라는 사랑과 용서의 메시지와 맞닿아 있다.

함께 나누기

예수님이 말하신 '용서의 무한성'을 우리 삶에 적용한다면 구체적으로 어떻게 해야 할까요. 유명한 철학자 자끄 데리다는 "용서는 용서할 수 없는 것을 용서하는 것"이라고 말합니다. 예수님의 말씀과 연관시켜 생각해 보십시오.

용서에 대한 이해

고대에서 현대에 이르기까지 용서란 상처받거나 부당한 일을 당했을 때의 사적 반응으로 간주되었다. 즉 누군가 나에게 잘못을 저지르거나 반대로 내가 누군가에게 잘못을 저지르거나 가해했을 때, 가해자나 피해자 개개인이 가해에 반응하는 바를 용서로 이해했다. 그러나 현대에서는 용서의 이해가 더욱 복잡해졌고 종교의 영역뿐 아니라 다양한 영역에서 용서가 논의되기 시작했다. 개개인에게서 일어나는 사적 일로만 이해되던 용서가 이제 공적 사건의 의미도 지니게 된 것이다. 용서를 더욱 복합적으로 이해할 때 우선 생각해보아야 할 문제가 있다. 그것은 용서하려고 할 때 '용서될 수 있는 것'과 '용서될 수 없는 것'의 구분이 가능한가 하는 문제다. 이는 용서의 범주나 전제조건과 관련이 있는 중요한 물음이다. 다시 말해 가해를 입힌 정도나 가해자의 태도 여하에 따라 용서가 가능한지, 결코 용서할 수 없는지를 구분하는 것이 가능한가의 문제다.

구체적 일상생활에서 용서를 생각할 때 이렇게 묻게 된다. '용서될 수 있는 것'과 '용서될 수 없는 것'의 범주는 어떻게 규정해야 할까. 예를 들면 가해자가 자신이 잘못한다는 것을 모르고 한 일일 때에는 용서해야 할까. 가해자가 모르고 한 가해와 알고 한 가해는 다르며, 그 차이에 따라 용서하거나 용서받는 것이 가능하기도 하고 그렇지 못하기도 하다. 예를 들면 예수가 죽기 직전,

자신을 십자가에 못 박은 이들을 용서해달라고 비는 장면이 있다. 예수는 "신이여, 저들을 용서하소서. 왜냐하면 저들은 자신들이 무엇을 하는지 모르기 때문입니다"라며 자신을 죽이려는 이들을 용서해달라고 호소한다. 예수가 청원한 용서는 피해가 그 가해자의 무지에서 비롯된 것일 때 '용서받을 수 있는 하나의 조건'이 될 수 있음을 암시한다. 그러나 자신이 범하는 가해 행위의 의미를 몰랐다는 이유로 가해자를 용서하는 것이 곧 가해자의 행위에 대한 예외적 정당화를 의미하지는 않는다. '예외적인 것'으로 쉽게 면제해줄 수 있는 잘못이라면 용서받을 필요도, 책임을 질 필요도 없다. 쉽게 '예외적인 것'으로 간주되는 잘못이나 가해에 용서를 말할 수는 없을 것이다.

영어로 '용서'를 나타내는 'forgive'는 '포기하다(give up)'의 'give'라는 말에서 비롯되었다. 그렇다면 용서하기 위해서 무엇을 포기해야 하는가. '포기'라는 뜻을 포함한 영어의 용서는 용서에 대한 통상적 이해를 잘 드러낸다. 용서하기 위해서는 분노나 복수심, 또는 보상받으려는 감정을 포기해야 한다는 의미를 내포하는 것이다. 이러한 의미에서 볼 때 용서란 포기, 잘못의 사면, 빚의 면제를 뜻하며 상처와 잘못, 책무에 대해서도 유사한 행위를 의미한다고 할 수 있다. 일반적으로 용서는 가해자와 피해자가 개입된 두 사람 간의 관계이자 피해자가 자신과 가해자의 위치를 바꿀 수 있는 방식으로 이해된다.

그러나 용서에 대한 이러한 전통적 이해에는 한계가 있다. 용서를 두 사람의 관계에서 일어나는 것으로 이해한다면, 개별적이고 사적인 관계를 넘어 용서가 적용될 수 있는 매우 복잡하고 폭넓은 범주를 포괄하지 못하기 때문이다. 예를 들면 두 개인의 관계뿐만 아니라 개인의 빚을 금융기관이 탕감해주는 일 등 개인과 집단 사이의 일, 또는 공식적 사면을 통한 징벌의 감형 등도 용서의 범주에 들어간다. 또한 특정 집단에 대한 폭력으로 발생한 역사적 사건에 관해 정부 위원회 등을 만들어 진실 규명과 피해자와 가해자 사이의 화해를 모색하는데 이곳에서 하는 일도 용서의 범주에 들어갈 수 있다.(44-47쪽)

함께 나누기

우리가 용서에 대하여 생각할 때 대체로 개인의 영역에서 생각하는 경향이 있습니다. 용서의 영역은 어디까지일까요.

8

용서는 어디서 출발 할 수 있을까

필립 얀시(Phillip Yancey) 『놀라운 하나님의 은혜』

윤종석 역, IVP, 2020 • 110-113, 126-127쪽

필립 얀시는 영미권 최고의 베스트셀러 작가이자 복음주의를 대표하는 지성인으로 손꼽히는 저술가다. 기성 교회가 지닌 상투성을 예리한 문제 의식과 역동적인 필치로 파헤쳐 대안을 모색하는 힘과 매력을 지녔다는 평을 듣는 그는, 기독교 신앙의 가장 기본적인 질문들과 깊은 신비, 역설을 탐험하며 그 여정 가운데로 독자들을 초대한다. 그의 글은 1977년 출간된 첫 번째 책 이후로 지금까지 천오백만 독자들의 삶에 영향을 미쳤으며 세계 25개 국어로 번역되었다.

왜 용서인가?

상대방의 미안하다는 말 한마디에 화해의 손을 내밀려면 어느 누구도 용서에 직면하지 않을 수 없다. 당한 사람은 나다. 용서

못할 이유는 얼마든지 찾아낼 수 있다. '저 사람은 뭔가 배워야 해. 무책임한 행동을 조장하고 싶지 않아. 한동안 속 좀 끓이게 내버려둬. 본인한테도 이로울 거야. 행동엔 결과가 따른다는 걸 배워야 해. 잘못한 건 저쪽이야. 내가 먼저 나설 일이 아니지. 잘못한 줄도 모르는 사람을 어떻게 용서해?' 나는 온갖 주장을 끌어다 대지만 곧 저항을 잠재울 어떤 계기가 생긴다. 마침내 용서의 수준까지 마음이 누그러지면 그건 마치 항복처럼 보인다. 냉혹한 논리에서 나약한 감상으로의 도약이라 할까. 왜 나는 그런 도약을 하는 것일까? 우리는 용서하시는 하나님의 자녀로서 그분과 똑같이 용서하라는 명령을 받은 것이다. 그러나 용서는 그리스도인들만의 전유물이 아니다.

그리스도인이든 불신자든 왜 우리는 용서의 행위를 택하는 것일까? 최소한 세 가지 실제적 이유를 찾아볼 수 있다. 이 세 가지 이유는 생각하면 할수록 그 논리가 '어렵지만' 또한 근본적인 것임을 절감하게 된다.

첫째 용서만이 보복의 사슬을 끊고 비난과 고통의 악순환을 중단시킬 수 있다. 신약에 가장 빈번히 사용된 '용서'라는 헬라어 단어는 문자적으로 '자신을 풀어주다, 멀리 놓아 주다. 자유케 하다'라는 뜻이다.

나는 용서가 불공평한 것임을 십분 인정한다. 업보설을 믿는 힌두교가 공평의 측면에서는 더 만족감을 준다. 힌두교 학자들은 한 사람의 의가 회복하는 데 정확히 얼마나 걸리는지 수학적으로 계산해 보았다. 금생과 내생에 걸쳐 나의 모든 불의에 상응하는 벌을 받으려면 680만 번의 윤회를 거쳐야 한다.

우리는 부부 관계 속에서 업보의 과정을 살짝 엿볼 수 있다. 고집이 센 두 사람이 함께 살며 서로 신경을 건드린다. 감정의 줄다리기를 통한 세력 다툼이 그치지 않는다. 어느 날 한 사람이 말한다.

> "어떻게 자기 어머니 생일을 잊어버릴 수 있어요?"
> "잠깐만, 날짜를 챙기는 건 당신 일 아니오?"
> "뒤집어 씌울 생각 말아요. 당신 어머니에요."
> "그래서 지난 주에 말했잖소. 좀 이야기해 달라고 왜 이야기 안 한거요?"
> "정신 나갔군요. 당신 어머니에요. 자기 어머니 생일 하나 기억 못해요?"
> "왜 내가 기억하오? 그것을 알려주는 게 당신 일인데."

언젠가 한쪽에서 "그만! 내가 먼저 사슬을 끊겠고"하고 말하지 않는 한 공허한 대화는 이를테면 680만 번의 주기를 돌 때까지 허튼 소리만 발하고 있을 것이다. 사슬을 끊는 유일한 길은 용서다. "미안하오. 용서하겠소?"

원한이라는 단어는 사슬이 끊기지 않고 지속될 때 나타나는 현상을 잘 보여 준다. 문자적으로 그것은 '다시 느낀다'는 뜻이다. 상처가 영원히 아물지 못하도록 과거에 매달려 수없이 되 뇌이며 딱지가 앉기 무섭게 뜯어내는 것이 원한이다. 이 현상은 말할 것도 없이 지구의 최초의 한 쌍으로부터 시작된 것이다. 마틴 루터는 이렇게 말했다. "아담과 하와가 무려 900년 동안 주고 받았을 말다툼을 생각해 보라. 하와는 '당신이 열매를 먹었어요' 했을 것이고 아담은 '당신이 나한테 주었소'하고 되받았을 것이다."

이런 현상을 현대적 상황에서 보여 주는 노벨상 수상 작가의 두 편의 소설이 있다. 가브리엘 마르케스(Gabriel García Márquez)의 『콜레라 시대의 사랑』*Love in the Time of Cholera*은 비누 한 장 때문에 부부 사이가 붕괴되는 모습을 그린 것이다. 욕실에 수건, 화장지, 비누를 챙기는 등 집안을 정돈하는 일은 아내의 몫이었다. 어느 날 아내가 비누를 꺼내 놓는 것을 깜빡 잊자 남편은 단순한 실수를 과장해서 떠벌리고 "비누 없이 목욕한 지 일주일이 다 돼가." 아내는 이를 완강히 부인한다. 정말 깜빡 잊었던 것으로 판명되었는데도 아내는 자존심 때문에 호락호락 넘어가지 않는다. 이후 7개월 간 부부는 잠도 다른 방에서 자고 밥도 말 없이 먹는다.

마르케스는 이렇게 쓰고 있다. "나이 들어 잠잠해진 뒤로도 이들은 그 때 일이 다시 입 밖에 나올까봐 전전긍긍했다. 아물지 않은 상처에서 마치 어제 다친 것처럼 다시 피가 흐를 것을 알았던 것이다." 어떻게 부부 사이가 비누 한 장 때문에 무너질 수 있을까? "그만! 계속 이럴 순 없소, 미안하오. 용서해 주오." 어느 쪽에서도 그렇게 말하지 않았기 때문이다. 반쪽으로 갈린 집에서 산 것이다.

용서에는 출구가 있다. 용서로 책임 소재와 공평성의 문제가 일소되는 것은 아니지만, 그런 문제는 일부러 피하는 경우가 많다. 관계의 새 출발은 얼마든지 가능하다. 솔제니친은 "바로 이 점이 인간이 동물과 다른 점이라 말했다. 사고력이 아니라 회개와 용서의 능력이 인간을 인간이 되게 한다."

본성을 초월하지 못하면 스스로 혹한 본성을 초월하는 가장 비본성적 행위는 오직 인간만이 할 수 있는 용서하지 못하는 사람의 손아귀에 붙들려 노예가 된다. 이 원리는 상대방이 전적으로 잘못해서 내가 무죄할 경우에도 똑같이 적용된다. 아무리 죄가 없어도 상처를 떨치지 못하는 한 그 상처에 매이기 때문이다. 상처를 떨칠 수 있는 길은 용서뿐이다. 오스카 히줄로스(Oscar Hijuelos)의 『아이브스 씨의 크리스마스』 *Mr. Ives Christmas*는, 어떤 남자가 자기 아들을 살해한 라틴계 범인에 대한 원한에 시달리다 못해 마침내 용서하게 된다는 통쾌한 소설이다. 아이브스 자신은 잘못이 없었지만 아들의 죽음은 수십 년 간 그를 정서적 감옥에 가두어 두었다.

가끔 상상의 나래를 펴서 용서 없는 세상을 그려 볼 때가 있다. 자식마다 부모에게 원한을 품고 집안마다 불화를 대물림한다면 어떻게 될까?

상상의 나래를 넓혀 이번에는 마치 역사의 모든 상처가 들고 일어나, 국가와 인종과 부족이 서로 부딪혀 생기기라도 하듯이, 구 식민지마다 옛 종주국에 원한을 품고 인종마다 다른 인종을 미워하고 부족마다 적과 싸우는 세상을 그려 본다. 이런 장면을 상상하면 마음이 우울해진다. 현존하는 역사와 너무 흡사하기 때문이다. 유대인 철학자 한나 아렌트(Hannah Arendt)의 말처럼 "역사의 불가피한 일들에 대한 유일한 처방은 용서로서, 용서가 없이는 회복 불능의 궁지에 발이 묶일 뿐이다."

용서하지 않을 때 나는 과거의 감옥에 갇히며, 변화의 잠재력은 완전히 차단된다. 그것은 통제권을 타인 즉 원수에게 내어 준 뒤 혼자서 과오의 여파를 당하는 운명을 자초하는 것이다. 어느 이민자 랍비로부터 이런 놀라운 고백을 들은 일이 있다. "미국에 오기 전에 아돌프 히틀러를 용서해야 했습니다. 새 나라에서까지 히틀러를 품고 오고 싶지 않았습니다."

용서와 자존심의 상관관계, 그리고 상처를 준 이웃을 용서하지 않을때 과거의 감옥에 갇히며, 변화의 잠재력이 차단될 수 있다는 말에 대해 어떻게 생각하는지 함께 나눠 보십시오.

용서란 높은 도덕률을 충족시키기 위한 것만은 아니다. 용서란 바로 자신을 위한 것이다. 루이스 스미즈의 말처럼, "용서로 치유받는 최초의, 그리고 많은 경우, 유일한 사람은 바로 용서하는 자다. … 진실된 용서는 포로에게 자유를 준다. 그러고 나면 자기가 풀어 준 포로가 바로 자신이었음을 깨닫게 된다."

형들에게 정당한 원한을 품었던 성경 속의 요셉에게서 용서는 눈물과 신음으로 터져나왔다. 이것은 해산과도 같은 해방의 전조였다. 그 해산을 통해 요셉은 마침내 자유를 얻었다. 그는 큰아들의 이름을 므낫세라 지었다. 이는 '잊혀지게 하는 자'라는 뜻이다.

용서보다 어려운 게 딱 하나 있는데 바로 용서하지 않는 것이다. 용서는 가해자가 겪는 죄책감의 중압을 덜어 주는 것이다. 죄책감의 부식 작용은 아무리 억압해도 막을 수 없다. 헨리 알렉산더라는 KKK(Ku Klux Klam, 백인 우월주의를 내세우는 미국

극우 비밀 결사 조직 - 필자 주) 단원이 1993년 아내에게 죄를 고백했다. 그는 1957년에 다른 단원들과 함께 어느 흑인 트럭 운전사를 운전대에서 끌어내 급류가 흐르는 곳에 있는 높은 폐교로 몰고 가 비명을 지르며 뛰어내려 죽게 했다. 알렉산더는 1976년 그 죄로 기소되었으나 그를 법정에 세우는 데만 거의 20년이 걸렸다. 무죄를 주장하다 백인 배심원 한 사람 덕에 풀려났다. 이후 36년 간 무죄를 내세우던 그가 마침내 1993년에 아내에게 진상을 털어놓았다. "하나님이 나에 대해 어떤 계획을 품고 계신지 모르겠소. 날 위해 뭐라고 기도해야 할지도 모르겠소."

그리고 며칠 후 그는 죽었다.

알렉산더의 아내는 흑인 남자의 미망인에게 사죄 편지를 보냈고 그 편지는 곧 〈뉴욕 타임즈〉지에 소개되었다. "헨리는 평생 거짓말쟁이로 살았습니다. 그리고 나까지도 그렇게 살게 만들었습니다." 오랜 세월 아내는 남편의 무죄 항변을 그대로 믿었다. 남편은 조금도 후회의 빛을 내비치지 않았다. 죽기 직전에야 사실을 밝혔지만 공적 배상에 나서기엔 너무 늦었다. 그러나 그런 그도 여태 숨겨 온 무시무시한 죄책감을 무덤까지 품고 갈 수는 없었다. 36년 간 강경하게 부인해 왔으나 그는 여전히 용서만이 줄 수 있는 해방이 필요했던 것이다.

역시 KKK단원인 네브래스카 주 링컨의 대룡 래리 트랩(the Grand Dragon Larry Trapp)도 1992년 신문에 대서특필됐다. 인종 혐오를 청산하고 나치 깃발을 찢어 없애며 몇 상자나 되는 혐오 책자를 폐기한 것이다. 캐쓰트린 웨터슨(Kathryn Watterson) 의 책 『검으로가 아니라』 *Not by the Sword*에 나오는 것처럼 트랩은 어느 유대인 성악가 가족의 용서와 사랑에 굴복하고 말았다. 트 랩은 그들에게 유대인 대학살을 부인하고, 코쟁이 유대인을 조 롱하는 괴문서도 보내고 집으로 전화를 걸어 폭력을 행사하겠 다는 협박도 일삼고, 유대교 회당을 폭탄의 과녁으로 삼기도 했 으나 이 성악가 가족은 한결같이 그에게 동정과 관심을 베풀 뿐 이었다. 어려서부터 당뇨가 있던 트랩은 휠체어를 타고 다녔고 빠른 속도로 시력을 잃어갔다. 그러나 성악가 가족은 그를 집으 로 불러 보살펴 주었다. 후에 트랩은 이렇게 말했다. "너무나 큰 사랑을 베풀어 주어 저도 사랑하지 않을 수 없었습니다." 그는 인생의 마지막 몇 달을 각종 유대인 단체와 전미 흑인 지위 향 상 협회(National Association for the Advancement of Colored People)를 비롯 자기가 미워했던 숱한 사람들에게 용서를 구하 며 보냈다.

함께 나누기

용서가 줄 수 있는 것은 무엇일까요? 실제로 내가 용서 했을 때 일어난 사례들을 함께 나누어 보십시오.

최근 전세계 관객들은 뮤지컬 『레미제라블』*Les Misérables*을 통해 무대에서 펼쳐지는 용서의 드라마를 지켜보았다. 이것은 산만하게 전개되는 빅토르 위고의 원작 소설 줄거리 그대로 평생 쫓겨 다니던 프랑스인 죄수 장발장이 끝내는 용서를 통해 새 사람이 된다는 내용의 뮤지컬이다. 빵을 훔친 죄로 19년 중노동을 선고받은 장발장은 점점 사나운 죄수가 되어 갔다. 주먹 싸움에서 그를 이길 사람이 없었다. 그의 의지를 꺾어 놓을 사람도 없었다. 드디어 출소의 날이 왔다. 그러나 당시 죄수들은 출소 후에도 노란 신분증을 지니고 다녀야 했기에 어느 여관 주인도 이 위험한 전과자를 받아주려 하지 않았다. 궂은 날씨에 묵을 곳을 찾아 나흘 간 시골 길을 헤매던 그에게 마침내 어느 친절한 신부가 자비를 베푼다.

그 날 밤 장발장은 너무 편안한 침대에 가만히 누워 있다가 신부와 그 누이가 잠자리에 들자 침대에 있는 천장을 뒤져 가족 은잔들을 훔쳐서는 어둠 속으로 달아난다.

이튿날 아침 경찰 세 명이 장발장을 끌고 와 신부의 집 문을 두드린다. 훔친 은잔들을 들고 달아나던 범인을 붙잡은 것이다. 그들은 이 악당을 평생 사슬에 묶어 놓을 태세였다.

그러나 신부의 반응은 누구도 예상하지 못한 것이었다. 특히 장발장은 말할 것도 없다. "다시 오셨군요!" 신부는 장발장에게 큰 소리로 말했다. "참 다행입니다. 제가 촛대까지 드렸던 걸 잊어버리신 모양이죠? 그것도 은이라서 족히 200프랑은 나갈 겁니다. 깜빡 잊고 놓고 가셨나요?" 장발장은 눈이 휘둥그래졌다. 그저 말로 표현할 수 없는 심정을 눈빛에 담아 노신부를 쳐다보고 있을 뿐이었다.

신부는 경찰에게 장발장은 도둑이 아니라고 했다. "이 은잔들은 제가 선물로 준겁니다."

경찰이 떠나자 신부는 이제는 아예 할 말을 잃은 채 떨고 있는 장발장에게 촛대를 주며 말한다. "그 돈을 정직한 사람이 되는 데 쓰기로 저와 약속하신 것을 절대 잊지 마십시오. 잊으시면 안 됩니다." 인간의 모든 복수 본능을 넘어선 신부의 행동의 위력에 장발장의 삶은 완전히 달라진다. 용서에 정면으로 부딪히자 게다가 회개한 것도 없는데 영혼의 철벽 방어망마저 눈 녹듯이 스러진 것이다. 촛대를 은혜의 소중한 상징물로 간직한 그는 어려운 이들을 돕는 데 여생을 바친다.

사실 위고의 소설에는 용서에 대한 두 가지 비유가 담겨 있다. 정의 밖에 모르는 형사 자베르는 그 후 20년 간 매몰차게 장발장의 뒤를 밟는다. 장발장이 다른 신분으로 위장했지만 그는 어떻게든 장발장을 체포하여 처벌하고자 한다. 장발장이 자베르의 목숨을 건져 주던 날-쥐가 고양이한테 은혜를 베푼 셈-그는 자신의 흑백 논리 세계가 붕괴될 조짐을 느낀다. 본능에 역류하는 은혜 앞에 속수무책인데다 자기 안에 용서가 없음을 안 그는 센 강 다리에서 몸을 던진다.

신부가 장발장에게 베푼 것 같은 관대한 용서는 가해자 측의 변화를 가능하게 한다. 루이스 스미즈는 이 '영적 수술' 과정을 다음과 같이 살펴 보았다.

용서한다는 것은 곧 잘못을 범한 사람에게서 그 잘못을 도려내는 것과 같다. 그 사람에게서 상처 입힌 행위를 떼어내어 그 사람을 재창조하는 것이다. 전에는 상대를 가해자로 못 박았으나 이제 그러한 생각에 변화가 생긴다. 내 기억 속에서 상대의 모습이 거듭나기 때문이다.

이제는 그 사람이 나에게 상처 입힌 자가 아니라 나를 필요로 하는 자로 보인다. 나를 밀쳐낸 자가 아니라 나에게 속한 자로 느껴진다. 전에는 상대를 악에 능한 자로 낙인찍었으나 이제는 그가 도움이 필요한 약자로 보인다. 과오를 범하여 내 과거에 아픔을 준 사람을 재창조함으로써 내 과거까지 재창조한 것이다.

스미즈에 따르면 용서란 그냥 눈감아 주는 것과는 다르다. 가해자를 용서하고도 그 과실에 대해서는 정당한 처벌을 받게 할 수 있다. 그럴지라도 용서의 경지에 이를 수만 있다면 내 안에는 물론 내게 잘못을 범한 사람 속에도 그 치유의 힘이 흘러들게 되어 있다.

도심에서 사역하는 내 친구 하나가 회개하지 않은 자들을 용서하는 것이 과연 의미 있는 일인지 의문을 제기해 왔다. 그는 아동 학대, 마약, 폭력, 매춘 등의 악의 결과를 날마다 보며 살고 있다. "잘못인 줄 알면서도 지적하지 않고 '용서'한다면 결국 난 뭘 하고 있는 거지? 사람을 자유케 하는 게 아니라 오히려 악을 조장하는 게 아닐까?" 그가 던진 물음이다.

친구는 자기가 접하는 사람들의 사연을 들려주었다. 과연 용서의 한계를 넘어선 것 같은 이들도 있었다. 그러나 나는 신부가 과오를 인정하지도 않은 장발장을 용서하던 그 감동적인 장면을 잊을 수 없다. 용서에는 법과 정의를 넘어서는 이상한 힘이 있다. 나는 『레미제라블』을 읽기 전에 역시 프랑스 작가인 알렉상드르 뒤마(Alexandre Dumas)의 『몬테크리스트 백작』 *The Count of Monte Cristo*을 읽은 적이 있다. 이는 한 피해자가 자기에게 누명을 씌운 네 사람에게 아주 절묘한 복수를 가한다는 내용이다. 뒤마의 소설이 정의감을 자극했다면 위고의 소설은 은혜를 일깨워 주었다.

함께 나누기

용서는 가해자를 재창조하는 것이며, 나를 재창조하는 것입니다. 『레미제라블』의 내용을 통해 얻을 수 있는 여러 가지 용서에 대한 교훈들을 나누어 보십시오.

정의에는 선하고 의롭고 합리적인 힘이 있다. 반면 은혜의 힘은 다르다. 은혜는 사람을 변화시키는 초자연적 힘이다. 로스엔젤레스 남부 폭동 때 구타당한 트럭 운전사 레지널드 데니가 이 은혜의 힘을 잘 보여 주었다. 두 남자가 벽돌로 트럭 유리창을 부수고 그를 운전대에서 끌어내 얼굴 한쪽이 움푹 파일 때까지 깨진 병으로 때리며 발길질을 하는 장면이 헬리콥터 비디오에 잡힌 것을 온 국민이 지켜보았다. 법정에서도 범인들은 전혀 뉘우치는 기색 없이 금방이라도 싸울 듯 고자세로 앉아 있었다. 전 세계 대중 매체가 지켜보는 가운데 아직도 부어 올라 흉한 얼굴을 한 레지널드 데니가 변호인단의 만류를 뿌리치고 두 피고의 어머니들이 있는 곳으로 가서 그들을 껴안고는 자기는 두 사람을 용서했노라고 말했다. 그들은 데니를 끌어안았다. 어머니는 데니에게 사랑한다는 말까지 했다.

나는, 저만치 수갑을 차고 앉은 두 냉담한 피고에게 그 장면이 어떤 영향을 미쳤는지는 모르나 그 용서가, 아니 용서만이 그 가해자들의 마음을 녹일 수 있음을 분명히 안다.

용서(자격 없이 거저 받는)는 구속을 끊고 죄책감이라는 무거운 짐을 날려 버린다. 신약에는 부활하신 예수님이 베드로의 손을 잡고 세 번에 걸친 용서하시는 장면이 나온다. 베드로는 평생 예수님을 배반한 야비한 자라는 죄책감을 품고 살 필요가 없었다. 천만의 말씀. 그리스도는 그 변화된 죄인들을 기초로 그분의 교회를 세우실 참이었다.

　루이스 스미즈의 『용서의 기술』 *The Art of Forgiving*에는 성경 속 하나님의 용서에도 인간의 경우와 마찬가지로 점진적 과정이 있다는 특이한 의견이 제시되어 있다. 첫 단계로 하나님은 죄로 인한 장벽을 제하심으로 죄인 속에서 인간의 가치를 되찾으신다. 그 다음, 복수의 권한을 버리시고 친히 그 몸으로 죄값을 치르신다. 끝으로 하나님은 우리를 '의롭다 하실' 길을 찾으시며 우리를 향한 감정마저 좋게 바꾸신다. 우리를 보실 때 하나님의 형상이 회복된 자녀의 모습을 보시기 위함이다.

　스미즈의 통찰을 묵상하다 보니, 하나님의 용서라는 은혜로운 기적은 하나님이 그리스도가 되어 이 땅에 오심으로써 이루어진 성육신 때문에 가능한 것이다.

　하나님은 그토록 사랑하기 원하시는 인간과 어떻게든 손을 잡으셔야 했다. 문제는 방법이었다. 체험적으로 보자면 하나님은 죄의 유혹 속에서 괴로운 하루를 보낸다는 것이 어떤 것인지 잘 모르셨다. 그래서 예수님은 이 땅에 오셔서 우리 가운데 사시면서 비로소 그것을 배우셨다. 직접 우리 입장이 되신 것이다.

　히브리서에 이 성육신의 신비가 잘 나타나 있다. "우리에게 있는 대제사장은 우리의 연약함을 동정하지 못하실 이가 아니요,

모든 일에 우리와 똑같이 시험을 받으신 이로되 죄는 없으시니라"(히 4:15) 고린도후서는 한걸음 더 깊이 들어간다. "하나님이 죄를 알지도 못하신 이를 우리를 대신하여 죄로 삼으신 것은"(고후 5:21) 이보다 더 명쾌할 수 있을까! 하나님이 벌어진 곳을 메우셨다. 아예 우리 자리로 오신 것이다. 히브리서는 그렇기 때문에 예수님이 우리 입장을 아버지께 대변하실 수 있다고 말하고 있다. 이 땅에 와 보셨기에 모두 이해하시는 것이다.

복음서 기사로 보건대 용서는 하나님께도 쉽지 않았던 것으로 보인다. "만일 할 만하시거든 이 잔을 내게서 지나가게 하옵소서."(마 26:39) 예수님은 엄청난 대가를 생각하며 그렇게 기도하셨다. 땀방울이 핏방울처럼 굴러 떨어졌다. 그러나 다른 길은 없었다. 이윽고 운명하기 전에 남기신 마지막 말씀 가운데 한 마디. "저들을 사하여 주옵소서."(눅 23:34) 로마 병사들, 종교 지도자들. 어둠 속으로 달아난 제자들, 여러분, 나, 모든 사람들. "저들을 사하여 주옵소서. 자기의 하는 것을 알지 못함이니이다." 하나님의 아들은 오직 인간이 되어 보심으로써만 진정으로 말씀하실 수 있었다. "자기의 하는 것을 알지 못함이니이다." 우리 가운데 살아 보셨으므로 이렇게 말하실 수 있는 것이다.(110-123, 126-127쪽)

하나님이 이 세상에 성자 예수님을 보내신 목적은 무엇일까요? 예수

께서는 구체적으로 어디까지 그 일을 어떻게 해 내셨습니까.

9

용서의 다양한 측면들

마이클 하딘(Michael Hardin) 『예수가 이끄는 삶』

이영훈 역, 대장간, 2015 • 148-161쪽

예수의 평화의 비전으로 교회를 교육하는 비영리단체 '프리칭피스'(Preaching Peace)의 설립자이자 이사. 그는 『하나님께 시달린다고?』 *Stricken by God?*, 『너희에게 평화가 있으라』*Peace Be With You*, 그리고 『연민어린 종말론』*Compassionate Eschatology*의 공동필자이다. 마이클은 폭력과 종교학회(Colloquium on Violence and Religion)의 초대회원이자 신학과 평화(Theology and Peace)의 공동설립자이다.

용서 : 사랑의 법

2006년 10월 2일, 필라델피아 랜캐스터에서 찰스 로버츠(Charls Roberts)는 니켈 마인스에 있는 아미쉬(Amish) 학교 건물로 들어가서 10명의 소녀를 인질로 삼았다. 그는 결국 그 인질

가운데 다섯을 죽이고 다른 다섯 명에게는 중상을 입힌 채 스스로 목숨을 끊었다. 이 사건은 헤드라인 뉴스로 세상에 보도되었다. 시간이 흐르고 장례식이 열린 아미쉬 공동체의 반응도 뉴스거리가 되었다. 보복이나 복수 대신, 아미쉬 사람들은 은혜를 말했으며 로버츠가 두고 떠난 그의 가족에게까지 자신들의 사랑을 확장시켜, 슬픔을 함께 나누는 한편 로버츠의 아내와 자녀들이 후원자들로부터 모금액을 받을 수 있도록 했다.

어떻게 아미쉬 사람들이 그런 일을 할 수 있었는지에 대해 한 아미쉬 노인에게 물었을 때, 그는 그가 매일 〈주기도문〉으로 기도했으며, 이 기도에서는 용서가 본질적이었다고 대답했다.

함께 나누기

우리가 날마다 드리는 주기도문의 뜻을 생각해 보고 주기도문이 내 삶과 신앙 속에서 갖는 위치가 어떤 것인지 나누어 보십시오.

주기도문은 아미쉬 사람들에게 피비린내 나는 보복을 위해 하나님이나 인간에게 폭력의 소용돌이를 요구하지 않았다. 당시 나는 TV에서 뉴스를 시청하면서, 아미쉬가 표현하는 용서를 보도해야 할 TV리포터들과 앵커들의 무능력에 놀라 말을 못할 지경이었다. 그들은 정신도 없었고 중요한 것을 망각했으며, 좌절한데다가 그 가운데 몇몇은 보복할 의지가 없는 아미쉬에 비판적이기까지 했다. 하지만, 아미쉬가 세상에게 보여준 것은 바로 세상을 위한 하나님의 사랑의 마음이었다.

보복과 폭력

이는 보복, 정의 혹은 응징을 부르짖는 살인 희생자들에게 집착하는 CNN의 보도와 비교한다. 그들은 "살인자가 지옥에서 불탈 것이라 생각한다" 거나 "인과응보를 받게 될 것이다"라고 말한다. 이런 언어는 보복적 앙갚음은 정당하다는 생각 위에 울려 퍼진다. 우리가 사는 세상은 정의가 보복의 체계라고 생각하는 곳이며, 누구나 자신의 "살점 한 파운드"를 요구하는 곳이며, "눈에는 눈"이라는 정의가 지배하는 곳이다. 하지만 간디가 우리에게 조언했듯이, "눈에는 눈은 전 세계를 눈멀게 한다."

함께 나누기

누구나 조그만 상처를 입어도 괴로워하고 보복과 정의를 말합니다. 간디가 말한 유명한 말로 "눈에는 눈은 전 세계를 눈멀게 한다"는 말이 무슨 뜻인지 생각해 보십시오.

모든 형태의 폭력은 우리를 공포에 떨게 하는 것이다. 폭력은 여러 가지 형태를 가질 수는 있지만 목적은 같다. 바로 다른 이들의 파멸이다. 모욕이나 가십, 깔아뭉개는 말, 역겨운 미사여구와 같은 언어적 폭력이 있으며, 집착, 강압과 혐오와 같은 감정적 폭력도 있다. 또한 아이를 학대하거나 강간, 살인, 고문과 전쟁 등의 신체적 폭력이 있다. 수많은 책들은 이런 행위들 가운데 일부는 폭력적이지 않다고 주장하면서 폭력을 정당화하려 한다. 하지만 그들은 모든 폭력이 인간의 관계에 대해 깊고 영원한 상처를 남긴다는 것을 보지 못하고 있다. 게다가 폭력은 불가피하게 다른 폭력을 불러 온다. 그것은 끝없는 순환이거나 소용돌이가 되고 만다.

폭력은 마치 감지하지 못한 채 퍼져가는 바이러스와 같다. 분노의 예를 들어 보자. 아버지는 직장에서 힘든 날을 보냈다. 직장 상사는 그에게 무능하다고 소리를 질렀다. 씩씩대며 집으로 돌아오면서 아버지는 어떻게 상사에게 보복할 지를 고민한다. 집에 도착하자 그의 아내는 저녁을 준비해 주지만 남편의 잠재적 적대감은 아내의 요리를 비판하면서 슬슬 나오기 시작한다. 어머니는 화가 났지만 아무 말도 하지 않고, 나중에 TV를 보고 숙제를 해 놓지 않은 아이들에게 소리를 지를 것이다. 아이들은 방에서 나와 길을 비키라며 집에서 키우는 개, 브루투스를 한껏 걷어찬다. 보복할 곳이 없는 브루투스는 슬그머니 도망쳐버린다.

이런 시나리오에서 분노는 뜨거운 감자 게임과 같다. 아무도 그 감자를 원하지 않기 때문에, 결국 참을 수밖에 없는 사람에게 넘겨지고 만다.

　치명적인 폭력은 또한 이렇게 퍼져나간다. 도심 속에서 갱들의 싸움은 폭력의 전염으로 가득하다. 이 싸움은 국가 사이에서는 세계적 규모가 되어 버린다. 내가 이 책을 쓸 때 북한이 미국에 맞서 "천 배"로 보복하겠다고 위협을 했다. 그들은 우리가 자신들과 전쟁 중에 있다고 생각해야만 한다. 천 배라니! 생각을 해보라. 여기서, 폭력의 수사법조차 통제할 수 없이 소용돌이치고 있다. 테러와의 전쟁은 끝을 예견할 수 없다고 선포되어 왔다. 왜냐하면, 테러리스트들이 우리에게 무엇을 하든, 우리는 그들에게 동일하게 할 것이며, 우리가 그들에게 그렇게 하면 그들은 다시 우리에게 되돌려 주기 때문이다. 폭력의 소용돌이로 돌아가, 계속 반복, 반복, 반복하게 된다. 결코 멈추지 않는다.

함께 나누기

보복의 악순환은 마치 바이러스와 같이 퍼져갑니다. 개인 간에, 사회 안에, 국가 간에 조그만 일로 보복의 악순환은 결국 무엇으로 귀착될 수 있습니까.

우리 시대의 폭력은 흔하지 않다. 역사상 가장 많은 사람이 죽은 20세기가 가장 잔인했다고 기록되었지만, 폭력은 처음부터 우리와 함께 하고 있었다. 가인과 아벨을 기억하는가? 그 기원이 예수님이 살던 세계 속에서 가장 강력한 구조를 가졌기 때문에, 폭력의 문제는 인간 문화를 전염시켰다. 다른 제국들은 폭정과 세금으로 이스라엘을 지배했었다. 유대교 역사가 요세푸스의 저서에는, 페이지를 넘길 때마다 유대인들에게 행해진 폭력행위와 유대인들이 행한 폭력행위가 묘사되어 있다. 사사기 3장 15-23절의 에훗과 민수기 25절 6-9절의 비느하스처럼, 살인은 끝이 없어 보이며, 수많은 이들이 가장 높으신 하나님의 이름으로 죽임을 당했다. 그리스도인들은 하나님의 이름으로 행해진 살인이 성스러울 수 있다는 이런 입장을 결국 무분별하게 수용하고 말았다.

함께 나누기

'하나님의 이름'으로 행해진 보복과 폭력(언어폭력 포함)의 개인적, 역사적 사례들을 함께 나누어 보십시오.

폭력의 문제에 있어서 깊은 역설이 하나 있다. 바로 나의 폭력은 선하지만 너의 폭력은 악하다는 것이다. 내가 저지르는 폭력에는 항상 명분이 있다. 당신에게는 자신을 위한 변명만 있을 뿐이다. 누군가 당신에게 잘못을 할 때, 당신의 머리 속에서는 당신의 복수 반응을 정당화하기 위해 얼마나 많은 시간을 허비되고 있는가를 생각해 보았는가? 여기서 일단 우리는 보복적인 폭력은 인간 조건의 질병이라고만 말해 두자. 정당화된 보복은 우리를 죽이고 있는 것이다. 사회적 보복의 문제는 현실이며, 이 지구상에서 우리가 하나의 종족으로 존재하고 있는 동안에는 우리는 그것을 어떻게 처리할지 모른다. 만약 보복이나 똑같이 되돌려 주는 것이 폭력의 문제를 해결하는 하나의 방법이라면, 예수가 보여준 것 같이 또 다른 용서의 방법도 존재한다. 용서는 보복적 폭력의 순환을 끊고 종결할 수 있는 유일한 길이다. 그것은 예수의 삶과 죽음의 방식이다. 결국 난 종종 용서는 일회적 행위가 아니라 하나의 여정이라 생각한다. 종종 우리가 누군가를 용서한다고 생각했을 때, 우리는 치료 과정을 막 시작했다는 것을 알게 된 것이며, 용서는 쉽지도 않고 말로만 되는 것도 아니다. 만약 용서가 누군가의 영혼 깊숙한 곳으로부터 오지 않는다면, 그 관계가 치유되지 않을 것이다.

이 시점에서 난 '비폭력적'이라는 용어가 하나님을 지칭하는 데 사용된다면, 그것보다는 '용서하시는'이라는 용어가 더 낫다고 생각한다. 하지만 '비폭력적'이란 용어는, 비폭력의 반대말이 폭력이라는 사실을 환기시킨다. 이런 부정적인 용어는 사람들의 흥미를 자극하는데, 왜냐하면 '하나님'이라는 단어는 하나님이 폭력적인 방식으로 행동하시는 유대교 성서 속에서의 이야기들을 지칭하는 것과 관련이 있기 때문이다. 하나님을 비폭력적인 분이라고 말하는 것은 이런 유대교 본문들을 비판적인 검토 아래로 가져오기 때문이다. '용서'는 비폭력을 긍정적으로 말하는 방식이다. 이런 점에서 난 앞으로 용서와 비폭력이라는 용어를 상호 교환하여 사용할 것이다.

용서의 다양한 측면들

용서는 문제의 핵심이며, 우리의 아픈 가슴을 아름답게 표현하고 있다. 학자들은 수 세기 동안이나 예수를 이해하기 위한 열쇠를 찾고 있다. 20세기에는 '하나님의 통치' 문구가 예수님의 메시지의 핵심이라고 여겨졌다. 이 문구는 예수의 핵심적 관심을 잘 잡아냈지만, 그의 나라의 메시지는 인간 폭력의 문제와 신성한 용서의 해결을 다룬다. 용서라는 주제의 핵심을 보기 위한 한 가지 방법은 그것을 찾을 수 있는 모든 다양한 장르, 이야기 형태 및 가르침에 주목하는 것이다.

용서는 기적 이야기 속의 한 주제이다. 마가복음 2장 1-12절의 중풍병자의 이야기에서, 예수는 죄와 병이 같은 뿌리를 가진다는 유대교적 이해와 함께하고 있다. 현대 의학연구는 우리의 심리상태와 몸 사이에는 어떤 밀접한 관계가 있다는 것을 보여준다. 우리의 마음, 자존감에 영향을 주는 것은 또한 우리의 신체적 자아에도 영향을 준다. 하나님은 오직 그분에게만 속한 힘, 죄의 용서를 선포할 권위를 보여주셨다.

용서는 예수의 비유들 속에서 큰 영향을 미쳤다. 용서는 '기다리시는 아버지'(눅 15:11-32)에 내포된 핵심주제다.

용서는 누가복음 7장 36-50절의 갈등 이야기에서도 발견된다. 여기서 예수는 바리새인 시몬의 집에서 열린 연회에 참석한다. 이곳에서 평판이 나쁜 여자로 소문이 난 한 여성이 예수에게 기름을 붓는다. 예수는 시몬에게 간단히 응수한 후, 그녀의 죄가 용서를 받았다고 그 여성에게 선포한다. 이 시점에서 군중은 자기들끼리 수군대기 시작한다. "이 사람은 누구기에 심지어 죄까지 용서한단 말인가?"

마태복음 6장 14-14절이나 18장에서도 우리는 용서에 대한 일반적인 가르침을 찾을 수 있다. 여기서 우리는 하나님에게 용서함을 받는 것은 다른 사람들을 용서하는 것과 직접적으로 연결되어 있다는 것에 주목해야 한다. 신약성서에서 그리스도인들은 "하나님이 닮은 자들"(엡 5:1)이 되는 것에 참여한다. 복음서에 닮음(mimesis), 모방이란 말은 사용되지 않았으나 '따르다'라는 용어가 있다. 이 동사는 제자도에 해당되는 기술적 용어다. 예수를 따르는 것은 예수가 행동한 것처럼 따르는 것이다. 흥미롭게도, 우리가 하나님께 우리를 닮으라고 말할 수 있는 유일한 때는 용서에 관한 것이다. 주기도문에서 우리는 다음과 같이 기도한다. "우리에게 죄지은 자들을 우리가 용서한 것같이 우리의 죄를 용서하소서." '같이'라는 작은 단어는 핵심어이다. 우리가 용서하는 동일한 방식으로, 혹은 우리가 용서하는 동일한 기준으로, 우리는 하나님께 우리를 용서해 달라고 구하고 있다.

함께 나누기

예수님이 하신 용서에 대한 여러 교훈들을 보면서 생각한 것들을 나누어 보십시오.

용서와 희년

용서는 희년의 핵심주제다. 우리는 누가복음 4장에서 예수가 이사야 61장에서 희년의 본문을 인용한 것을 볼 수 있다. "압제당한 자들을 풀어주기"라는 구절은 용서를 위한 단어다. 용서가 영적인 것 이상이라는 것을 주목하는 것이 중요하다. 그것은 또한 경제적이기도 하다. 유대교는 '죄'란 단어와 '빚'이란 단어를 상호교환해 사용했다. 죄를 짓는 것은 빚을 지는 것이다. 주기도문의 두 가지 버전에서 마태가 '빚'을 누가가 '죄'를 사용한 이유가 그것이다. 하지만 경제적인 의미의 빚은 도덕적인 의미의 빚이 되는 것만큼이나 억압적인 것이다. 예수의 명예와 수치 문화 속에서는 경제적인 착취가 수없이 이루어졌으며 대다수의 가난한 자들은 부자들에게 빚을 지고 있었다. 희년은 도덕적인 빚이 탕감되는 것뿐만 아니라 경제적인 의미의 빚으로 인한 경제적 착취로부터 자유로워지는 시간으로 갈망되었다.

또한 용서는 제자들과 예수의 최후의 만찬에서 펼쳐지는 주제이기도 하다. 예수는 잔을 들어 다음과 같이 말씀 하신다. "이것은 많은 이들의 죄를 용서하기 위해 흘리는 내 언약의 피다."(마 26:27-28) 우리는 주님이 "내가 새 언약을 만들 시간이 다가 온다. … 나는 그들의 사악함을 용서할 것이며 그들의 죄를 더 이상 기억하지 않겠다"고 선언하시는 예레미야 31장 31-34절에서 발견되는 새로운 언약의 약속이 울려퍼진다는 것을 생각해야 한다.

마지막으로, 용서는 누가복음에서 예수를 죽이는 과정에서도 나타난다. "아버지, 저들을 용서하소서. 저들은 자신들이 무엇을 하고 있는지도 모릅니다."(눅 23:34) 예수에게 있어서 남을 용서하는 것, 즉 다른 이들과의 관계를 회복하는 것이 무엇보다 중요하다는 사실로부터 우리는 벗어날 수 없다. 사실 그것이 너무도 중요하여 예배보다도 중요한 것이 된다. 마태복음 5장 21-24절에서 예수는 실제로 다음과 같이 말하고 있다. "만약 당신이 날씨 좋은 주일에 일어나 교회에 가기로 결심했는데, 교회에 가면서 당신에게 잘못을 저지른 사람에 대해 생각하기 시작한다면, 교회에 가는 것보다 먼저, 당신에게 상처를 준 그 사람에게 가서 화해하라. 당신이 이것을 다 하고 하나님 앞에 와서 예배하라." 만약 다른 사람과 어떤 문제가 있는 누군가가 이 법칙을 따르기로 했다고 상상해 보자. 교회는 일요일 아침에 텅텅 비고 말 것이다!

함께 나누기

예수님께서는 다른 사람을 용서하는 것이 예배보다 중요하다고 말씀하십니다. 예배란 그리스도인이라면 하나님 앞에 드려야 할 가장 중요하고도 신성한 행위인 점을 감안할 때 예수께서 하신 말씀이 무슨 의미인지 생각해 보십시오.

그것은 바로 세례(침례) 요한과 예수를 차별화하는 용서의 주제이다. 요한의 세례는 죄 사함을 위한 회개의 세례이며 부정을 씻어버리는 세례임이 분명하다. 요한의 메시지는 원수를 용서하는 것에 관한 것은 포함하고 있지 않다. 반면 예수의 메시지는 원수를 용서하는 것과 원수를 사랑하는 이런 주제를 다룬다. 우리가 누가복음 7장 18-23절에서 본 것처럼, 그것은 바로 새로운 길을 조언했던 예수를 거역하며, 로마인들을 그리고 아마도 헤롯과 '부패한 제사장들'을 심판하고 타도할 하나님을 찾고 있던 요한을 혼란스럽게 했다.

한없고 값없는 용서

이런 새로운 길을 정말로 보기 위해서는 규정하기 힘든 몇 개의 신학적 용어를 이해하는 것이 중요하다. 만약 내가 여러분에게 '사랑'이나 '은혜'를 정의해 보라고 한다면, 여러분은 분명히 나에게 답을 줄 수 있을 것이다. '사랑'과 '은혜' 모두가 서로 연관된 용어임에는 틀림이 없다. 즉, 이들 용어는 사람 사이에서의 어떤 종류의 교류를 암시하고 있다. 우리가 하나님의 사랑이나 하나님의 은혜를 말할 때는, 개인적인 영역 밖으로 그것을 끄집어 내지 않으면서 그것이 어떤 사건이 되게 하는 것이 중요하다. 예를 들어 은혜는 값없이 받는 호의를 의미할 수 있지만 그것은 다음의 질문을 가져온다. '값 없다'는 말은 무슨 뜻인가? 이것은 하나님이 때로는 호의적일 수 없거나 호의적이지 않다는 것을 의미하는가? 우리는 고린도전서 13장을 보며 아가페에 대해 묻는 것이 더 낫다. 아가페적 삶이 무엇과 같은지에 대한 다른 수

많은 측면들에 더하여, 여기서 말하는 아가페는 '잘못된 것들을 기억하지 않는다'는 것이다. 이는 잘못을 행하는 것이 항상 지속되는 것은 아니라는 걸 의미하지는 않는다. 아가페의 특성은 용서하는 것이다. 바울은 고린도후서 5장 18-19절에서 십자가를 말할 때 같은 논리를 사용한다. "하나님은 예수 안에서 스스로를 세상과 화해하고 계시며, 죄인들의 죄과를 따지지 않으신다." 예수는 용서에 대해서는 무엇이라 했는가? 그것은 이 모든 것과 동일한 것인가?

완전한 '예'가 그 대답이다! 용서는 절대적으로 죄과를 따지지 않는다. 누가복음 23장 34절을 기억하라. "아버지여, 그들을 용서하소서. 그들은 자신들이 무엇을 하는지 모르고 있습니다." 예수의 기도는 하나님께 우리의 죄를 묻지 말라고 하시는 것이다. 이것은 그가 죽으시는 그 날에 기도한 것이다. 우리가 "그리스도께서 나의 죄를 짊어지셨다"라고 말할 수 있는 이유는 어떤 하늘의 거래 때문이 아니다. 그것은 우리가 빌라도나, 가야바, 혹은 산헤드린 의원, 또는 군중이나 제자들이 되어 거기에 있었다는 것을 우리가 알기 때문이다. 가장 큰 자에서 가장 작은 자에 이르기까지 우리가 숨을 곳은 없다. 모든 이들은 고난 이야기 속에서 이름이 붙여졌으며, 예수는 모든 이들을 용서했다. 그것이 아버지의 뜻이었으며, 그런 유형의 용서였다.

용서는 에너자이저의 토끼와 같다. 용서는 계속, 계속, 그리고 또 계속된다. 베드로가 예수께 "내 형제에게 몇 번이나 용서하면 되겠습니까, 일곱 번이면 되겠습니까?"라고 묻자 예수가 "일곱 번을 일흔 번까지라도"라고 대답한 것을 기억하라. "베드로야, 아니다. 그것은 셀 수 있는 문제가 아니며 용서의 삶을 계속 사는 것이다." 마태의 이야기에 따르면, 예수는 무자비한 종의 비유를 계속하고 있다.(마 18:21-35) 그 클라이맥스는 우리가 진심으로 서로를 대하는 방식으로 우리를 대하시는 하나님과 연결시켜서 예수가 그들을 위한 비유를 해석해 나가고 있다는 것이다. 당신은 당신이 믿는 하나님을 이해하지 못한다. 왜냐하면 우리는 계속하여 숫자를 세고 있기 때문이며, 우리 인간들은 완전한 용서의 힘을 제한하는 '계산'과 '정의'에 열중하고 있기 때문이다. 우리는 하나님으로부터 그것을 받고자 하지만, 그것이 용서에 관한 한, 예수가 닮고 있는 '하나님을 닮기'란 아주 힘들어 보인다.

함께 나누기

예수님 당시 유대인들은 세 번 용서하는 것이 최대한 많이 하는 것이었습니다. 베드로는 예수님께 유대인보다는 더 많이 용서한다는 말을 듣고 싶어서 일곱 번은 용서해야 한다고 말합니다. 그러나 예수님께서는 무한정 용서하라고 말씀하십니다. 당시 이 말을 들은 베드로와 제자들

이것은 왜인가? 왜 용서는 그리 어려운가? 왜 우리는 용서를
중단할 수 많은 방법을 찾고자 하는가? 왜 우리의 분노에 매달릴
필요가 있다고 느끼는가? 왜 우리는 항상 우리의 분노, 억울함,
비통을 정당화하고자 하는가? 우리가 하나님의 용서가 '값 없고
자격 없이 받는 것'임을 안다면, 용서가 얻을 수 있고 받을 자격
이 있다는 개념은 어디서 온 것일까? 아니면 우리들이 세례를 받
는 때인가? 혹은 우리들이 충분히 거룩해지는 순간인가? 아니면
우리들이 신앙 공동체에 합류하는 순간인가? 그것도 아니라면
우리들의 부모가 그들을 세례(침례) 받게 한 때인가?

용서의 순간은 언제인가? 이들 가운데에는 아무것도 없는가?
용서의 순간은 오래전, 역사적으로는 고난의 금요일에, 신학적
으로는 '세상의 근간이 만들어진 이후로부터'일어났다. 우리는
항상 하나님과의 용서받는 관계 속에 서 있다. 그것은 우리와 함
께 하는 하나님의 자세이다. 그의 방탕한 자녀가 집으로 돌아올
때 그가 크게 기뻐하시는 아버지인 이유가 이것이다. 회복된 관
계는 죄를 따지는 것보다 더 중요하여, 마침내 용서가 되는 것이
다. 용서가 얻을 수 있고 받을 자격이 있다는 개념은 어디서 온

것일까?

어떻게 분노의 하나님과 결별하는가?

나는 지금 예수의 삶과 가르침에서 어떻게 '용서'란 단어를 이해하는가에 대해서 설명하고자 한다. 우리는 어떻게 받을 만한 자격이 있는 어떤 것과 용서를 혼동하는 자리에 왔을까? 그 대답은 오래되고도 새로운 것이다. 그 대답은 우리의 초기 인간 조상들로 거슬러 올라가서, 모든 새 시대, 혹은 종교로서 인정을 받을 수 있는 모든 종교 속에서 찾을 수 있다. 그것은 '희생원리'로 알려져 있다.

희생원리는 "받기 위해 준다"라고 번역되는 라틴어 문구"do utdes"속에서 주고받고 점유하는 행위를 통해 표현되고 있다. 나는 왜 신들에게 헌금을 하는가? 왜냐하면 내가 지닌 능력에는 없는 어떠한 것을 찾기 때문이며, 내가 요구하기 전에 먼저 선물을 하는 것이다. 대부분의 중동문화에서처럼, 명예, 수치 사회 속에서는 보답 없이 선물을 받는 사람은 명예롭지 않다. 종교적인 관습 속에서도 같다. 종교는 하나님으로부터 무엇인가를 받기 위해 하는 것이다. 종교는 희생에 관한 것이다. 고대 세계에서 진정한 질문은 "어떤 신을 믿습니까?"가 아니라 "어떤 신에게 희생물을 바칩니까?"라고 하는 것이 맞다.

다른 종교가 생각하는 방식으로 기독교적인 용서를 생각할 때는, 주고 받음의 자격을 항상 따지게 된다.

주는 자와 받는 자 사이의 교환이 있을 때 우리는 교환경제(economy of exchange)를 다루고 있다고 할 수 있다. 우리는 모두 교환경제의 한가운데에 살고 있지만, 결코 그것을 생각하지는 않는다. 우리 모두는 재화와 용역의 대가로 주어진 돈을 받기 위해 우리의 시간을 교환하고 있다. 우리가 우리의 소유에 그리 애착을 가진 이유가 이것이다. 우리의 소유물은 우리 시간의 가치를 나타낸다. 어떤 경우에 있어서 사람들은 실제로 순자산이 자아 존중감과 동일하다고 믿는다. 우리의 존재는 우리의 종교와 같은 교환경제를 지향하고 있다. 우리가 교환경제 속에서 인식되는 용서의 방식과 예수가 말하고 살아 내었던 하나님의 기뻐하시는, 경계를 넘어서는, 끝없는 용서의 방식 사이에서 커다란 차이가 있다는 것이 중요하다.

용서의 반대는 보복으로서, 교환경제의 부정적인 측면이다. 여기서 균형은 반드시 동등해야 하고 질서는 회복되어야 한다. 용서하지 않는 것은 보복을 하려는 것이다. 고대에서 보복은 마치 미국의 서부(the Wild, Wild West)와 같았다. 부당한 취급을 받은 사람은 무자비하게 보복했다. 보복은 가인의, 7배의 보복을 70배의 보복으로(창 4:24) 바꿔 폭력을 증가시켰던 라멕과 같았다. 나중에 이것이 옹호될 수 없게 되자, 유대교 율법의 제정에 있어서 균형을 찾고자 했다. 그것은 눈에는 눈, 이에는 이였다. 당신이 나의 가족, 부족, 국가 혹은 갱단의 누군가를 죽였다면, 나는 당신의 사람 가운데 하나를 죽일 것이다. 그럼에도 불구하고, 몇 세기가 지났음에도 보복의 순환은 빈번하게 지속되었다.

그러나 용서는 희생원리를 폐기한다. 용서는 단순히 값없이, 그리고 아낌없이 하나님께서 우리에게 주신 것이다. 하나님은 용서로 우리와 공감하신다. 예수가 나사렛회당의 청중들에게 "하나님께서 희년의 축복으로 너희의 적에게 임하신다"(눅 4장)고 할 수 있었던 이유가 이것이다. 하나님은 용서하시며 우리 역시 용서할 수 있다. 그가 하나님의 통치가 인간들 사이에서의 용서에 있다고 말한 이유가 이것이다. 복음서는 획득할 수 있다거나 받을 자격이 있다는 어떤 용서의 개념도 부수고 있다. 용서는 온전히 선물로 오는 것이다. 비록 선물을 받아들이지 못한다 해도 용서는 여전히 그곳에 있다. 용서는 '먼저 주어진' 선물이기에 용서인 것이다. 용서는 전체적인 자세나 방향이지 반응이 아니다. 용서라는 선물은 취소되지 않으며, 그러기에 분노와 진노로 대체되지 않는다. 우리가 예수를 주님이라고 고백할 때, 우리는 천지의 창조주가 자비를 가지고 우리 모두를 돌아보시며 우리를 하나님의 형상을 지닌 자녀로 살도록 부르신다는 것을 고백하고 있는 것이다.

은혜와 용서는 하나님의 한 없는 선물인데 교환경제, 희생원리 식 (give & take)으로 생각하는 기독교들이 많은 것 같습니다. 아니 거기서 더 나아가 아예 용서와는 상관없다는듯이 살아 가려는 교인들도 있습니다. 왜 이런 일들이 일어날까요.

10

주기도문은 용서에 대해
무엇을 말하고 있는가

케네스 E.베일리(Kenneth E. Bailey) 『중동의 눈으로 본 예수』

박규태 역, 세물결플러스, 2016 • 199-210쪽

케네스 E.베일리는 아랍어와 아랍문학, 조직신학을 공부한 후, 콘코디아 신학대학원(Concordia Theological Seminary)에서 신약학 박사 학위를 받았다. 이집트, 레바논, 이스라엘, 키프로스에서 40여 년 동안 머무르면서 연구와 교육에 전념했다. 베이루트 근동신학대학원 신약학 교수를 역임했고, 베이루트에 중동신학연구소를 설립했다. 영어와 아랍어로 150편 이상에 이르는 논문을 썼으며, 대표적인 저술로는 『중동의 눈으로 본 예수』를 비롯하여 『선한 목자』 새물결플러스 역간 등이 있다.

우리가 우리에게 빚진 자들을 탕감해준 것처럼

우리 빚을 탕감해주옵소서.(마 6:12)

주기도문에서도 우리와 하나님의 관계 및 우리와 이웃의 관계가 긴밀히 연계된다. 이런 연관 관계는 예수가 자라나셨던 전통과 거리가 멀다. Tefillah(열여덟 가지 기도)는 하나님께 용서를 비는 기도를 담고 있지만, 그 용서와 이웃에게 베푸는 용서를 연계하지는 않는다. 그러나 예수는 이 두 기도를 연결하신다.

주기도에서 하나님 앞에 나의 용서를 간구하면서 자신이 먼저 다른 사람들을 용서했음을 강조한다. 마태복음 18장 23-24절은 주인에게 엄청난 빚을 탕감 받은 한 종 이야기를 상세히 들려준다. 그 종은 큰 빚을 탕감 받은 뒤, 정작 자기 동료인 종에게 아주 적은 빚을 탕감해주길 거부한다. 주인은 진노하여 동료의 빚을 탕감해주지 않은 종을 옥에 가둔다. 이처럼 주기도 끝부분도 (14-15절) 우리가 다른 이들을 용서함과 하나님이 우리를 용서하심이 서로 연관됨을 재차 강조한다. 예수는 이를 이렇게 말씀하신다.

> 이는 너희가 다른 이들의 잘못을 용서하면 하늘에 계신 너희 아버지도 너희를 용서하실 것이나, 너희가 다른 이들의 잘못을 용서하지 않으면 너희 아버지도 너희 잘못을 용서하시지 않을 것이기 때문이다.

예수의 이 명령에는 특별한 경향이 있다. 빚을 탕감해주지 않는 종 비유는 주기도에 정확히 들어맞지는 않는다. 이 비유에서 종은 주인에게 잘못을 저지르지 않았다. 다만 주인에게 갚아야 할 빚을 갚지 못했을 뿐이다. 종은 그 돈을 빌렸지, 훔친 게 아니다. 그러나 주기도의 방정식에서는 죄가 더 중요한 의미를 갖는다. 주기도는 단순히 빚을 탕감하는 차원을 넘어 더 많은 것을 암시한다. 주기도는 '불의'라는 중대한 문제를 제기하면서 이 문제를 어떻게 다루어야 할지 이야기한다.

타인의 권리를 침해한 자는 피해자에게 용서를 빌고 난 뒤에야 그가 자신의 용서를 받아들이고 용서를 베풀길 기대할 수 있으며, 그것이 일반적인 사람의 통념이다. 그러나 잘못이 크면, 피해자가 사죄를 받아들이고 용서하기가 불가능하다고 생각될 때가 있다. 이런 경우, "결코 잊지 말고 결코 용서하지 말라"는 외침이 심지어 역사의 흐름을 따라 내려가며 계속해서 울려 퍼진다. 그러나 예수는 주기도에서 설령 잘못을 저지른 자가 죄를 고백하지 않을지라도 그의 죄를 용서하라고 잘못을 당한 자(피해자)에게 요구하신다. 이런 일이 실제로 가능한가?

남 수단의 그리스도인들은 지난 40년 동안 그들을 죽이고 상해한 수단 이슬람 정부를, 심지어 북수단 사람들은 이런 일이 일어났다는 것을 인정조차 하지 않는데도, 용서할 수 있는가? 이것이 어떻게 가능할까. 북수단의 이슬람교 신자들과 남수단의 기독교인들은 20세기 중반부터 오랫동안 치열한 내전을 치렀다. 수단 다르푸르 지방의 흑인 이슬람교 신자들과 그리스도인들은 어떨까? 이들은 대학살이라 불리는 잔혹 행위를 견뎌내고 있다.

아르메니아인들은 오늘날까지도 자신들을 학살한 일을 부인하는 터키인들을 용서할 수 있을까. 오스만 터키 제국의 이슬람 민족주의자들은 19세기 말과 1차 세계대전 동안 기독교계 아르메니아인들을 100만 명이나 학살했다. 이런 고난을 겪어보지 못한 우리 같은 사람은 이 질문에 대답하기가 힘들 것 같다. 하지만 십자가에서 나오는 음성은 역사를 가로질러 모든 이에게 울려 퍼진다. "아버지, 저들은 자신이 무엇을 하는지 모르니 저들을 용서해주소서." 빌라도도, 대제사장도, 백부장도 예수께 사죄하지 않았다. 그러나 예수는 그들이 당신에게 잔혹한 일을 저지르는 와중에도 그들을 용서해주시길 하나님께 기도하신다. 잘못한 일 하나 없이 결백하셨던 예수는 십자가에서 이 간구의 후반부를 행동으로 보여주셨다. 이 간구는 약자의 절규가 아니라 강자의 두려운 음성이다.

예수님께서 자신을 십자가에 달리게 한 빌라도를 비롯해 대제사장을 용서하신 것을 보고 우리는 무엇을 배울 수 있을까요.

그렇다면 이런 질문이 남는다. 용서가 필요한 죄의 본질은 무엇인가? 이 질문은 빚과 죄에 대한 물음을 낳는다.

마태는 빚이라는 단어만을 사용한다. 누가복음 본문은 죄와 빚을 모두 이야기한다. 그는 "우리 자신이 우리에게 빚진 모든 이를 용서하니, 우리 죄를 용서해주소서"(눅 11:4)라고 기록했다. 미국장로교 신자들은 "우리 빚을 탕감해주소서"라고 기도하지만, 미국 성공회 신자들은 "우리 죄를 용서하소서"라는 뜻으로 사용한다. 이런 해석들이 존재하는 이유를 설명해주는 재미있는 말이 있다. 항간에 떠도는 이야기에 따르면, 칼빈주의자들은 자신이 죄 가운데 있다는 것보다 자신이 진 빚에 더 관심이 많은 반면, 미국 성공회 신자들은 지주(地主)인지라 당연히 죄를 중시한다는 것이다. 그건 그렇다 치고, 빚과 죄라는 말에는 중요한 신학적 의미가 들어 있다. 마태가 사용한 말인 빚은 하나님과 우리 같은 사람들에게 다 이행하지 못한 의무, 곧 우리가 다 하지 못하고 남겨둔 일을 가리킨다. 우리는 긍휼을 품고 이웃에게 다가가야 했지만 그리하지 못했으며, 하나님을 향한 우리의 사랑도 완전하지 않다. 반면 제자들은, 성공회 기도서에서 볼 수 있듯이, "우리가 하지 말았어야 할 일들"을 마주한다. 신자들은 다 하지 못한 책임과 하나님의 뜻에 맞지 않게 행한 행위 사이에 붙잡혀 있다.

예수는 아람어로 빚과 죄를 둘 다 의미하는 hoba를 사용하신다. 그리스어로 번역할 때, 한 가지 문제가 있었다. 마태는 빚이라는 말을 골랐고, 누가는 애써 두 말을 사용했다. 영어로 하는 예배에서는 어느 말을 골라 쓰든, 신자들은 이 말들이 하나님이 요구하시는 것들(빚)을 다 이행하지 못하고 그들이 올바른 행동을 하지 못했다(죄)는 이유로 용서를 비는 것임을 기억해야 한다.

더욱이 이 두 유형의 용서가 필요한 경우는 되풀이 된다. 용서해달라는 요청과 양식을 달라는 간구는 나란히 함께 한다. 날마다의 삶은 양식과 용서를 모두 요구한다. 게다가 그리스도인은 용서를 단순히 신앙의 순례를 시작할 때 일어나는 위대한 극적 행위가 아니라 매일 필요한 것으로 생각해야 한다. 매일 신자는 하나님께 자신의 삶에서 조각난 부분을 들어내고 구원의 기쁨을 회복시켜달라고 간구해야 한다. 이 기도를 하는 사람은 의무를 다하지 못한 데 따르는 책임을 덜어주시고 잘못한 일에 따르는 짐을 내려주시기를 간구한다.

이 간구에도 공동체를 생각하는 자세가 밑바닥에 깔려 있다.

서로 용서하고 하나님이 용서해주시길 구할 수 없는 사람들은 함께 어울려 살아가지 못한다. 용서로부터 나오는 치유는 신자들이 한 공동체로서 순례 여정을 계속 이어가게 해준다.

함께 나누기

> 하나님께 용서를 받고 서로 용서하며 살라는 것은 성서가 요구하는 것입니다. 용서로부터 나오는 치유는 교회 공동체에 어떤 의미를 가질 수 있을까요.

남아프리카공화국의 투투 대주교가 아파르트헤이트 시대가 끝난 뒤 〈진실과 화해 위원회〉를 이끌 사람으로 뽑힌 것은 결코 우연이 아니다. 형사 재판 대신, 진실을 고백하고 용서를 베풀어 화해를 이룬 것이다.

더욱이 성경이 말하는 용서는 "괜찮아, 신경 쓰지 마"라는 뜻이 아니다. 용서는 불의를 너그럽게 덮어야 한다는 말이 아니다. 모든 문화 속에서는 갖가지 불의가 벌어진다. 어느 곳에서나 이를 인식하는 사람들은 정의를 이루고자 투쟁하며, 그들이 목숨보다 더 신성하게 여기는 대의를 이루려고 싸운다. 오늘날 이란으로부터 수단까지 중동 전역을 살펴보면, 불의가 횡행하는 힘들고 위급한 상황에서 정의를 추구하는 다양한 공동체가 있다.

이런 공동체는 당연히 정의를 크게 생각한다. 그리스도인은 어디 살든 어떤 상황에 있든 "만인이 정의를 누리게끔" 싸워야 한다. 이렇게 기도하는 사람은 "불의는 계속될 수 있지. 불의는 사실 중요하지 않아. 우리는 우리 자신과 다른 이들에게 불의가 닥쳐도 무시해버릴 거야"라는 말을 인정하지 않는다. 이 기도는 불의를 저지르는 자에게 "당신이 하고 싶은 대로 우리에게 하시오. 그리스도인이라는 것은 불의가 있어도 조용히 있는 사람이라는 뜻이니까"라는 신호를 보내지 않는다.

그렇다면 불의와 관련되어 있는 용서는 어떻게 이해해야 할까? 정의를 위해 투쟁하는 사람이 자기의 아집에 묶여 있지 않으며 그가 겪는 불의가 실재라고 가정해보자. 이런 경우, 이 기도는 정의를 위해 투쟁하는 이에게 그가 맞서 싸우는 사람을 용서하라고 요구한다. 용서로 말미암아 쓰라린 마음과 분노와 미움과 복수의 욕구가 사라질 수 있다. 그러면 싸우는 사람은 상대방에게 진정 긍휼을 느낄 수 있을지도 모른다. 이는 투쟁 방식에 엄청난 영향을 미칠 것이다. 용서를 베풀고 나면, 정의를 이루려는 투쟁은 계속되더라도 이제 투쟁하는 이는 어떤 종류의 일은 하지 않으려고 한다. 그러면 승리나 패배의 날이 복수의 날이 되지 않을 것이다. 에이브러햄 링컨은 미국 남북 전쟁의 막바지에 행한 두 번째 취임사에서 이렇게 말했다. "누구에게도 악의를 품지 맙시다. 모든 이를 사랑합시다. 그런 심정으로, 우리 함께 정의롭고 계속 이어질 평화를 이루고 지킬 수 있는 모든 일을 해봅시다." 원수를 용서한 뒤에야 비로소 이런 행동을 하자고 권면할 수 있다.

세상은 이런 신학을 무시한다. 정의를 위해 투쟁하려면 분노가 필요한데, 용서는 그런 분노를 사라지게 한다고 생각하기 때문이다. 그러나 그리스도인은 이에 동의하지 않는다. "아니다. 나는 용서하는 동시에 정의를 이루려고 싸우겠다. 어쩌면 나는 지금도 분노하는지 모르지만, 용서가 정의를 이루려는 내 투쟁을 순수하게 만들어줄 것이요 그럼으로써 더 효과 있게 해줄 것이다." 그렇다면 "역사의 불의한 일들"은 어찌할 것인가?

불의(정의의 문제)와 용서가 어떤 관계를 가지고 있는지 생각해 십시오.

남아프리카의 작가인 로랑 반 데어 포스트(Laurens van der Post)는 2차 세계대전 동안 일본인들에 의해 강제수용소에 갇혔으며 거기서 거의 목숨을 잃을 뻔했다. 『내면으로 떠나는 모험』 *Venture to the Interior*에서 포스트는, 전쟁이 끝난 뒤 정작 전쟁 중에 고난을 겪지 않은 전범 재판소 장교들이 "우리가 수용소에서 받은 대우와 겪은 고난을 알고 우리 자신보다 더 복수심에 불타고 분노하는 것"을 발견했다고 말한다. 반 데어 포스트는 계속해서 이렇게 말한다. "땅에서 상상만큼 힘센 것은 없다. 가장 나쁘고 가장 완고한 불만도 상상에서 온다. 깊은 속내를 감춘 채 고난을 당한다는 느낌, 불만스럽다는 느낌을 만들어내는 사람과 나라들이 있음을 인식하자, 이들은 자신이 만들어내는 느낌 덕분에 자기 중요성이나 인격적 자존감, 자기 편리에 도움이 되지 않는 현실의 측면들을 교묘히 회피해버린다. 그들은 상상력을 내세워 삶이 우리 모두에게 지워준 당연한 짐도 피하려고 한다.

실제로 타인으로 인해 고난을 겪은 사람은 용서하기를, 심지어 그에게 고난을 안겨준 사람을 이해하기를 어려워하지 않는다. 그들이 용서를 어려워하지 않는 이유는 진정으로 견뎌낸 고난과 슬픔에서는 본능적 특권 의식이 나오기 때문이다. 창조적 진리를 깨닫는 일은 순식간에 이루어진다. 우리 역시 우리가 무슨 짓을 하는지 모르기 때문에, 우리 자신을 용서하듯 다른 사람들도 용서하는 것이다."

주기도는 아주 적은 말로 예수의 신학에서 가장 중요한 몇몇 주제를 함께 엮어놓았다. 우리는 다섯째 간구를 다음과 같이 요약할 수 없다.

1. 예수는 하나님이 당신의 백성을 용서하심과 이 백성이 다른

사람들을 용서하려 함을 연계하신다.

2. 용서해 달라는 요청을 받지 않았을 때도 용서를 베풀어야 한다. 그 모델이 십자가에서 예수가 보여주신 모습이다.

3. 예수는 주기도를 가르치시면서 hoba라는 아람어를 사용하셨다. 이 말은 빚과 죄를 모두 의미한다. 우리는 둘 다 탕감받고 용서받아야 한다.

4. 용서는 매일 먹는 양식처럼 거듭 베풀어야 한다.

5. 용서는 정의를 위한 끝없는 투쟁과 조화를 이룬다. 용서와 투쟁은 상극이 아니다. 용서는 정의를 추구하는 투쟁을 순수하게 만들어준다.

6. 역사에 존재하는 불의는 특별한 문제다. 진정으로 고난을 겪는 사람들은 용서를 베풀 수 있다. 그들은 그들 자신의 약함을 알기 때문이다.

함께 나누기

베일러는 "하나님이 우리의 죄를 용서해 준 것 같이 우리의 죄를 용서하소서"라는 기도를 여섯 가지로 요약했는데, 하나 하나 서로 나눠보십시오.

김세윤 『주기도문 강해』

두란노, 2011 • 167-172쪽

김세윤 교수는 한국이 낳은 세계적인 신학자라고 하기에 전혀 손색이 없는 신학자다. 그는 신학자이기 이전에 복음에 대하여 명쾌하고 교회를 진지하게 사랑하는 목회자이기도 하다. 지금의 그가 되기까지는 많은 시간이 흘러야 했고 지난한 훈련의 과정이 있었다. 서울 대학교 사회 사업학과를 졸업한 뒤 그는 복음 때문에 떠오르기 시작한 선교적 기대와 함께 싱가폴에 있는 제자 훈련 센터(Discipleship Training Center)에서 공부하게 된다. 그 곳에서 그리스도의 제자도에 대해 훈련을 받는 동안 그는 신학에 대한 분명한 비전을 품게 되었고, 영국으로 건너가 런던 대학교에서 본격적으로 신학에 돌입한다.

죄 용서 청원은 막연한 회개가 아니다

여기 "우리의 죄를 용서해 주시옵소서"에 관하여 누가복음과 마태복음을 비교해 보면, 마태는 "우리의 빚들을 용서하여 주시옵소서"라고 했고, 누가는 "우리의 죄들을 용서하여 주시옵소서"라고 했다. 누가가 복수를 써서 '죄들'이라고 한 것은 단순히 크게 "죄의식을 제거해 주시옵소서" 또는 "죄의 권세에서 우리를 해방시켜 주시옵소서"를 의미하려고 한 것이 아니라, "구체적인 죄의 행위들을 용서하여 주시옵소서"라고 말하기 위함이었다.

여기서 누가는 왜 '죄들'이라고 하고 마태는 '빚들'이라고 했을까? '빚들'이 원래 예수님의 용어이다. 마태가 예수님의 원래 언어를 반영한 것이라 할 수 있다. 왜냐하면 누가 판의 죄 용서 청원 두 번째 부분을 보면 "우리도 우리에게 빚진 자들 모두를 용서합니다"라고 되어 있기 때문입니다. 누가도 이 청원 두 번째 부분에서는 '빚'이라는 단어를 쓰고 있다. 이것을 고려할 때 마태의 '빚'이라는 언어가 원래 언어라고 볼 수 있다.

이 청원 첫 부분에서 누가는 '빚'이라는 언어를 의미상 '죄'라는 말로 바꾸어 놓았다. 이것은 유대인들이 죄를 '하나님에 대한 빚'으로 보았고 또 '이웃에 대한 빚'으로 본 것을 반영하였다. 특히 죄를 하나님에 대한 빚으로 보았습니다. 이것은 죄의 엄중함을 나타내는 말이다. 그래서 죄를 하나님께 대한 빚으로 생각한 것이다. 이방인들에게 이 복음서를 쓴 누가는 그 뜻을 분명히 하기 위해서, 이것이 금전적 채무 관계에 대한 이야기가 아니고, 근본적으로 하나님과 이웃에 대한 죄의 문제라는 것을 나타내기 위해 빚을 '죄'라는 말로 풀어서 써 준 것이다. 이렇게 볼 때 마태가 쓴 '빚'이라는 말이 원래 언어라고 짐작할 수 있다.

그 다음 누가와 마태의 차이는 무엇인가? 두 번째 부분에서 마태는 "우리도 우리에게 빚진 자들을 사해 준 것 같이"처럼 완료형을 사용하고 있다. 반면 누가는 "우리도 모두를 용서해 주니까요"라고 현재형으로 적고 있다. 즉 동사의 시제가 서로 다르다. 또한 마태는 "우리도 우리에게 빚진 자들을 용서해 준 것같이"라고 한 것에 비해 누가는 "왜냐하면 우리도 우리에게 빚진 모두를 용서해 주니까요"라고 함으로써 서로 다른 접속사를 사용하고 있다.

여기서 제일 어려운 문제는 바로 이 완료형이다. "우리가 우리에게 빚진 자를 용서해 주었듯이 하나님도 우리의 죄를 용서해 주시옵소서"라고 할 때, 우리 어감으로는 우리가 우리 자신을 하나님께 모범으로 내세운다는 것이다.

그렇게 되면, "우리가 우리에게 죄지은 자들을 용서한 것 같이 하나님도 우리의 죄의 빚을 용서해 주십시오"라는 의미가 된다.

마태와 누가의 차이는 해석상 갈등을 빚고 있습니다. 누가복음서에서

"우리도 우리에게 빚진 모두를 용서해 주니 하나님도 우리를 용서해 주십시오"라는 뜻으로 되어 있습니다. 조건으로 내세우는 듯한 어감을 줍니다. 그래서 주기도문을 해석할 때 원래 뜻을 잘 모르면 사실은 우리를 상당히 불편하게 하는 부분입니다. 또 동시성의 완료형이란 것이 무엇을 뜻할까요.

죄 용서 청원은 동시에 용서의 서약이다

금세기에 유대교적 배경을 가장 많이 연구해서 셈족 언어를 가장 잘 아는 요하킴 예리미아스에 따르면, 여기 마태복음에서 우리 이웃에 대한 우리의 용서를, 우리에 대한 하나님의 용서의 아페카멘의 완료형을 원형으로 보고, 이것을 아람어로 번역해 보면 아람에서의 완료형은 시제를 나타내는 것이 아니라, '동시성의 완료형(perfectum coincidentiae)' 즉 동시적인 것의 완료형으로 보아야 한다는 것이다. 그러므로 이 뜻은 마태판을 기준으로 풀어보면 마태판이 더 원형이니까, "하나님, 우리의 죄를 용서해 주시옵소서. 그와 동시에 우리도 우리에게 빚진 자들(죄들)을 용서하겠나이다"라는 뜻이다. 이 죄 용서 청원의 두 번째 부분은 죄 용서를 청원함에 있어서 하나님에 대한 부수적인 서약이라고 볼 수 있다.

왜 이런 서약이 붙는가? 이것은 아주 중요한 문제이다. 우리를 아주 불편하게 만드는 "우리에게 빚진 자들을 용서해 준 것 같이"는 사실 우리를 향한 하나님의 뜻을 명확하게 보여준다. 즉 이웃 사랑, 곧 이웃을 내 몸같이 사랑해야 함을 천명하는 것입니다.

이것은 예수님의 산상 설교에서 이웃 사랑의 설교, 특히 마태복음 5장 38절 이후에 원수까지도 사랑해야 한다는 말로 표현되고 있다. 이것이 하나님의 요구이다. 하나님의 통치가 이와 같은 요구로 우리에게 온다는 것이다.

그런데 하나님께 "나의 죄를 용서해 주시옵소서"라고 간구하면서 속으로는 '저 놈이 나를 험담하고 못살게 굴어서 언젠가 손을 봐주어야겠다'는 미움과 복수, 이웃에 대한 원한과 증오심을 품고서 "하나님이여, 나의 죄들을 용서해 주시옵소서"라고 하는 것은 말이 되지 않는다는 것이다. 만일 '저 놈만은 내가 용서할 수 없습니다'라며 그 죄를 꾹 움켜쥐고 있으면서 "하나님이여, 나의 죄를 용서해 주시옵소서"라고 한다면, 그것은 "그 죄 말고 다른 죄만 용서해 주시옵소서"라고 하는 것이 되는데 그 또한 말이 안 된다는 것이다.

죄 용서를 빌고자 한다면 자기의 죄를 버릴 각오를 해야 한다는 것이다. 그렇게 해야 하나님의 용서가 나에게 구체적으로 효력을 발휘하게 된다. 나의 이웃에 대한 용서의 태도를 동반하지 않는 죄 용서 청원은 하나님은 나의 죄를 용서하는데, "나는 죄 용서 받지 않겠습니다"하는 것과 마찬가지이다. '저놈에게 원수 갚겠다'는 그 죄만은 빼 놓고 용서해 달라는 것은 가당찮은 것이라는 말이다. 그것은 곧 내가 용서할 수 없는 그 놈에 대하여 저지르는 그 죄에 대해서는 하나님의 용서조차 받지 않겠다는 태도와 같은 것이기 때문이다.

그러므로 마태복음의 구조로 볼 때 예수님은 주께서 가르쳐 주신 기도의 서문과 결론을 어떻게 두었는가? 곧 이방인들이 기도하는 식으로 하지 말라, 중언부언하지 말라고 했다. 왜 그런가? "하늘에 계신 너의 아버지께서 너의 필요한 것을 다 아시기 때문"이다. 우리가 아뢰기 전에 우리 처지를 다 알기 때문이라고 한다.

마태복음의 구조를 잘 살펴보면 마태의 강조를 한층 명확히 확인할 수 있다. 이 주기도문의 서문(마 6:7-8)이 특별히 "나에게 일용할 양식을 주시옵소서"라는 청원을 강조하는 기능을 하는 것이라면, 주께서 가르쳐 주신 기도 끝부분에 마태복음 6장 14-16절, 곧 "너희가 사람들이 너희에게 지은 죄를 용서해 주면 하늘에 계시는 너희 아버지께서도 너희 죄를 용서해 주실 것이요. 너희들이 그들의 죄를 용서해 주지 않으면 하나님도 너희 죄를 용서해 주시지 않을 것이다"라는 말씀을 넣음으로써 죄 용서 청원을 하이라이트로 하고 그 청원의 뜻을 새기는 것이다.

하나님께 죄 용서 받음과 우리 이웃의 죄 용서함이 이렇게 구조적으로 연결되어 있다. 이웃에 대한 죄 용서 없이 하나님에 대한 죄 용서 받음이 가능하지 않다는 말입니다. 우리가 우리 이웃에 대한 죄 용서를 하나님에 대한 우리의 공로로 내세워서 그 반대 급부로 하나님께 죄 용서를 받는 것이 아니다. 이웃 사랑이 우리를 향한 하나님의 뜻이라며 그것을 실천하지 못하는 죄에 대해 용서를 비는 자들로서 우리가 그것을 실천하지 않겠다는 의도를 마음 속에 품고 있으면서 용서를 비는 것은 헛것이라는 말이다.

우리가 "하나님께 의지하고 하나님께로부터 오는 양식에 의해 살겠습니다. 우리가 아담적 존재로 살지 않겠습니다, 우리의 힘을 우상화하고 우리의 일을 우상화하고, 우리의 일의 열매를 우상화하지 않겠습니다"라는 서약을 동시에 포함한다.

그 앞에 나오는 "하나님나라가 임하시옵소서"라는 청원도 마찬가지이다. 이 청원은 "나 스스로 하나님의 통치를 받겠습니다"는 서약을 동시에 담고 있다. "죄를 용서해 주십시오"라는 기도는 "나도 나에게 죄지은 자에게 죄를 용서해 주겠습니다"라는 서약을 담고 있다. 그러므로 이 기도를 생각하지 않고 일방적으로 "하나님의 통치가 임하소서"라고 해보았자 허구가 되는 것이다.

사실은 이것이 늘 우리의 문제이지 않는가? 예수님이 하나님나라가 겨자씨처럼, 누룩처럼 온다고 하실 때는 우리 성도들이 하나님의 통치 아래 있는 백성으로 살겠다는 적극적인 제자도를 이미 전제하고 있는 것이다.

함께 나누기

주기도문은 하나님의 백성이 어떻게 살 것인가를 보여주는 기도임과 동시에 고백입니다. "나도 나에게 죄지은 자에게 죄를 용서해 주겠습니다"라는 서약을 담고 있습니다. 그러므로 이 기도를 생각하지 않고 일방적으로 "하나님의 통치가 임하소서"라고 해보았자 허구가 되는 것입니다. 왜 허구가 될 수밖에 없을까요.

주기도문과 희년

도널드 크레이빌(Donald B. Kraybill) 『예수가 바라본 하나님나라』

김기철 역, 복있는 사람, 2010 • 144-152, 236-239, 289-292쪽

도널드 크레이빌(Donald B. Kraybill)은 미국 펜실베이니아 주 엘리자베스타운대학에서 사회학과 종교학을 가르치고 있으며 재세례파와 아미쉬 교파에 관한 탁월한 연구로 학계와 언론계에서 널리 인정받고 있다. 평생에 걸쳐 그리스도의 제자로서의 삶을 두고 고민해 온 그는, 그리스도인이자 사회학자로서 주류 기독교의 문제를 꿰뚫어 보고 성경의 대안적인 비전을 찾는 데 깊은 관심을 기울여 왔다.

사해 공동체에 고립하여 살았던 에세네파는 죄인들을 미워하는 일이 자기들에게 주어진 바른 의무라고 생각했다. 바리새파가 가르친 유대 율법은 원수를 사랑할 필요가 없다고 말한다. 예수는 이러한 통상적인 악의 해결 방식을 뒤집어 버렸다. 복수와 앙갚음은 새로운 나라, 하나님나라에서 무용지물이 된다.

단호한 사랑이 호혜주의를 무너뜨리듯이 용서는 '눈에는 눈으로'라는 보복의 방식을 깨뜨린다. 용서는 예수의 제자임을 나타내는 놀라운 표지다. 제자들은 하루에 490번씩 용서한다.(마 18:22; 눅 17:3-4) 예수는 율법적인 제한을 두지 않는다. 예수는 눈을 반짝이면서 용서가 하나님나라 백성의 영원한 표지라고 말한다. 490번이라는 숫자가 보통사람이 보기에도 엄청난데, 성전에서 피의 제물을 통해서만 용서가 베풀어진다고 믿었던 종교지도자들이야 오죽했겠는가? 그런 주장에 그들은 당연히 격분했다. 예수의 제자들은 그처럼 은혜로운 용서를 받았으며, 그렇기에 지금 여기서 용서를 베풀 수 있다.

게다가 용서하지 않는 사람은 자기들이 받은 용서까지 위태롭게 만든다. "너희가 남을 용서해 주지 않으면, 너희 아버지께서도 너희의 잘못을 용서해 주지 않으실 것이다."(마 6:15) 예수는 간음하다 잡혀 온 여인에게, 가서 이제부터는 다시 죄를 짓지 말라고 한 일을 통해서 이러한 한없는 용서의 모범을 보여준다. 유대의 율법에 의하면, 그 여인은 현장에서 돌에 맞아 죽을 수도 있었다. 용서가 보복을 대신한다. 거꾸로 된 삶의 방식을 분명하게 드러내는 표시가 용서다.

예수는 십자가에 달려서도 용서의 방식을 구체적으로 보여준다. 지금이야말로 보복이 필요한 때다. 폭력적인 자기방어가 정당화될 때가 있다면 지금이 바로 그때다. 그러나 정반대로 예수는 피 튀기는 고문을 당하면서도 원수들을 편들어 "아버지, 저 사람들을 용서하여 주십시오"라고 청원한다.(눅 23:34) 그는 우리에게 "내가 너희를 사랑한 것과 같이, 너희도 서로 사랑하여라. 사람이 친구를 위하여 목숨을 버리면 이보다 더 큰 사랑은 없다"라고 명한다.(요 15:12-13)

새 나라에서 우리는 원수를 친구로 대한다. 그러나 이러한 용서에는 위험이 따른다. 이런 용서가 예수를 십자가로 이끌었다. 그런데도 예수는 우리에게 목숨을 희생하고서라도 더 많이 용서하라고 가르친다. 우리가 만일 보복이라는 옛 규칙을 따라 행한다면 증언과 구속과 사랑은 존재할 수 없게 된다. 불의의 한 가운데서도 기꺼이 당하는 고난은 하나님의 사랑의 능력을 증언한다. 십자가 앞에서 예수는 자기방어를 포기했다. "칼을 쓰는 사람은 모두 칼로 망한다."(마 26:52) "내 나라가 세상에 속한 것이라면, 내 부하들이 싸워서, 나를 유대 사람들의 손에 넘어가지 않게 했을 것이다."(요 18:36)

함께 나누기

당시 '죄 용서'는 성전에서 대제사장이 피의 제사를 드림으로써 이루어졌습니다. 이러한 상황에서 예수님께서 말씀만으로 죄를 용서하라 하신 것은 엄청난 파문이 되었습니다. 이러한 변화가 어떤 의미를 담고 예수는 잔혹한 고문을 당하면서도 폭력적인 보복을 철저히 거부했다. 그가 겟세마네에서 드렸던 "내 뜻대로 되게 하지 마시고, 아버지의 뜻대로 되게 하십시오"(눅 22:42)라는 고뇌에 찬 기도는 단순히 하나님께서 정해 두신 일을 순종하여 따르겠다는 고백에서 끝나는 것이 아니다. 그것은 죽음의 짙은 그늘 속에서도 용서하는 사랑을 이루고자 했던 예수의 헌신이었다. 하나님께서는 증오가 가득한 곳에서 끝없는 용서를 베푸신다. 예수도 겟세마네 동산에서 죽음의 운명과 씨름하면서 그러한 용서가 얼마나 어려운지 깨달았다.

싸움에 직면해서 우리가 본능적으로 느끼는 충동은 싸우거나 도망치는 일이다. 권총을 뽑아 들거나 아니면 조용히 산 뒤로 숨어 버리고 싶어진다. 예수는 제3의 방식을 가르친다. 악과 마주 서서 아가페 사랑을 드는 일이다. 폭력과 굴복 둘 모두를 혐오한 예수는 저항과 무저항을 위한 모본을 보여준다. 이 두 가지 중 하나에만 매달리게 되면 예수의 메시지를 왜곡하게 된다. 저항과 무저항은 건강한 긴장관계를 유지해야 한다.

예수의 이야기와 행위들 가운데 많은 것이 노골적인 저항의 형태를 띤다. 그러나 우리에게 악에 맞서되, 악이 아니라 선으로 저항하라고 가르쳤다. 폭력이 아니라 비폭력적 수단을 들고 악에 저항하라고 강조한다. 우리가 폭력에 호소하는 그 순간에, 우리 안에 그 악이 들어와 자리 잡는다. 역설적이게도 우리는 우리가 증오하는 대상과 똑같이 되어 버린다.

소극적이고 줏대 없는 예수, 곧 십자가에 달린 겁쟁이라는 이미지는 예수의 적극적인 사역이 원인이 되어 그가 죽음에 이르게 되었다는 사실을 알지 못한 데서 생겨난 것이다. 십자가 사건이 존재하게 된 것도 다름이 아니라 예수의 단호한 사랑 때문이었다. 예수는 단호하고도 과감하게 행동하여 죄인들과 함께 음식을 먹고 안식일에 병자를 고치고 종교 지도자들에게 항의했다. 예수는 불의에 맞섰다. 조용하게 악에 대응한다고 해서 언제까지나 수동적이고 너그럽게 행하는 것은 아니다. 예수는 우리에게 그저 현실 체제나 옹호하는 수동적인 평화 수호자(peacekeeper)가 되라고 요구하지 않는다. 예수의 복은 적극적으로 평화를 만드는 사람(peacemaker)에게 허락된다.(마 5:9)

그러나 예수께는 무저항적인 면도 있다. 그는 자신을 고문할 도구인 십자가를 지고 간다. 그는 도망하거나 싸우거나 저항하지 않는다. 불의를 비판했다는 이유로 악한 권력자들이 폭력을 가해 올 때도 그는 하나님의 참으시는 은혜로 대응한다. 그는 용서한다. 혹독하게 그를 고문하는 원수들을 사랑한다. 하나님의 참으시고 무저항적인 사랑을 실천한다. 그런데 그 사랑은 그 어떤 것보다 힘이 있어 원수를 친구로 바꾸고 악인을 인간으로 변화시키는, 무저항적이고 담대한 사랑이다. 하나님의 참으시고 용서하시는 사랑, 곧 무저항인 사랑은 악의 고통스러운 가시를 흡수해 버릴 만큼 강력한 힘이 있다. 저항, 곧 악에 도전하는 일은 언제나 하나님의 무저항적인 아가페에 비추어 점검 받아야 한다.

예수의 메시지는 분명하다. 폭력이란 물리적인 것이든 감정적인 것이든, 결코 하나님의 방식이 아니라는 것이다. 예수는 우리에게 고통을 가하는 방법이 아니라 흡수하는 방법을 보여준다. 혁명적인 반도들을 거부함으로써 예수는 고통을 막아 내기 위해 사용하는 폭력적인 저항까지도 부정했다. 예수는 하나님의 새로운 방식, 곧 인내하는 은혜와 용서하는 사랑의 능력을 보여주는 모델이 되셨다. 이제 나아가 용서는 희년과 연결된다.

희년

희년, 예수의 나사렛 설교, 예수가 요한의 제자들에게 준 대답을 하나로 연결하는 주제는 회복이다. 모든 일이 회복되고 원래의 상태로 되돌려질 것이다. 빚도 가난도 노예도 없는, 하나님나

라의 이미지들이 빛을 발한다. 이러한 이미지들은 우리를 하나
님나라의 말씀으로 돌아가게 한다. 희년 비전을 실천하는 것은
모든 일을 원래 에덴동산에서 누리던 완전 상태로 되돌리는 일
이다. 물론 에덴 동산 이후 그 동안 이루어진 인간의 성취를 더하
여 말이다.

희년 선포는 또 메시아, 곧 하나님의 해방을 전하는 이의 역할
도 분명하게 밝혀 준다. 메시아는 우리를 빚에서 풀어주고 죄에
서 구원하여 자유롭게 놓아준다. 예수 그리스도는 우리를 하나
님의 형상대로 다시 짓는다. 죄의 사슬을 끊어 준다. 우리의 눈이
열린다. 악의 족쇄는 깨진다. 이것이 진정한 해방이다. 우리는 회
개하고 에덴동산으로 돌아가 다시 하나님과 화해한다. 다시 하
나님의 가족에 속하게 된다.

이처럼 예수는 나사렛에서 하나님의 '구원의 해(희년)'를 선포
했다. 그러나 하나님께서 히브리인의 역사 속에 이방인을 받아
들이셨다는 예수의 주장은 유대인의 폐부를 찌르고 자존심을 건
드렸다. 희년에 허락되는 회복은 유대인만을 위한 것이 아니었
다. 이제 예수의 말을 통해 희년은 모든 사람 곧 이방인에게까지
허락된다. 불온하게도 예수는 이방인들에게 복수의 말 대신 은
혜의 말을 베푼다. 선택받은 백성의 시대는 끝났다. 희년 왕국-
하나님나라가 온 인류에게 열린다. 희년 왕국에서는 인종적인
장벽과 편견 따위는 통하지 않는다.

이것은 나사렛 사람들을 분노하게 한 충격적인 소식이었다. 예수는 이방인을 향해 하나님의 복수의 날 대신 우주적인 자비와 용서의 날을 선포했다. 모든 것이 분명하게 드러났다. 이방인을 사랑한 사람, 그러니 유대인들에게 예수는 거짓 예언자였다. 그리하여 그들은 마을 밖까지 그를 쫓아가 절벽 아래로 떨어뜨리려고 했다.(눅 4:16-30)

희년 전통

희년에서 구원의 리듬이 솟구친다. 에덴동산에서부터 빈 무덤까지 그 리듬이 울려 퍼진다. 거룩한 역사의 북치기들(drummers)은 긴 세월을 이어 가며 다음과 같은 4박자의 메시지를 연주한다.

에덴동산-이집트-출애굽-희년

완전-죄-구원-자비

자유-억압-회복-용서

첫 박자는 하나님의 완전한 창조를 생각나게 해준다. 두 번째 박자는 이집트에서 당한 억압을 보여준다. 이어서 하나님의 강력한 개입이 회복과 구원을 가져온다. 마지막으로, 우리는 다른 사람들에게 자비와 용서를 베풂으로써 하나님의 구원에 응답하게 된다.

이전에 우리는 억압당했다. 우리는 전에 포로였다. 그러나 이제 희년은, 우리가 빚을 면제받은 사람들이라는 사실을 알려 준다. 우리는 해방된 노예들이다. 우리는 어떻게 응답해야 할까? 신명기 15장 14절에 나오는 호혜의 규칙이 떠오른다. "너희는 주 너희의 하나님으로부터 복을 받은 대로, 너희의 양떼와 타작마당에서 거둔 것과 포도주를 틀에서 짜낸 것을 그에게 넉넉하게 주어서 내보내야 한다." 예수는 연쇄반응을 일으킨다. "내가 용서한 것처럼 너희도 용서하라. 내가 자비를 베푼 것처럼 자비를 베풀라, 내가 사랑했듯이 사랑하라. 내가 너희에게 준 것처럼 거저 주라."

희년은 하나님의 은혜가 우리의 마음을 녹여 우리도 다른 사람을 용서하게 한다. 하나님의 자비가 우리를 흔들어 다른 사람의 빚을 탕감해 주게 한다. 하나님께서 우리를 풀어 주셨기에 우리도 종을 풀어 준다. 우리는 은혜를 다른 사람에게 퍼뜨려 희년을 전달하는 사람이다.

하나님께서 베푸신 해방에 대한 히브리인들의 응답이 실제적인 결실로 나타났듯이, 우리의 응답도 역시 그래야 한다. 가만히 앉아서 희년의 신학적인 매력을 깊이 생각하는 것만으로는 충분치 않다. 행동해야 한다. 성경은 우리에게 인간관계에서 빚어진 원한만이 아니라 재정상의 손해까지도 용서할 수 있어야 한다고 가르친다. 우리는 임대료를 낮춰주고 월급을 올려 주어야 한다. 주의 기도에서 "우리가 우리에게 빚진 사랑의 빚을 삭쳐 준 것 같이 우리 빚을 삭쳐 주시옵고"(마 6:12)라고 가르치듯 우리도 그래야 한다.

여기서 두 가지 점이 분명해진다. 하나는 용서받는 일과 용서하는 일이 서로 연결되어 있다는 점이다. 우리가 회개하고 다른 사람들을 용서할 때에야 비로소 우리도 하나님의 용서를 받을 자격이 있다. 또 일부 학자들이 주장하듯이, 주의 기도에 나오는 빚은 죄나 재정적인 부채 어느 쪽으로도 볼 수 있다. 우리는 개인적인 원한만이 아니라 재정적인 빚까지도 용서해 주어야 하지 않을까?

용서할 줄 모르는 종의 비유(마 18:23-35)도 역시 희년 정신을 분명히 보여준다. 어떤 왕이 자기 종의 큰 빚을 탕감해 주었다. 그 용서받은 종은 자기에게 작은 빚을 진 다른 종의 멱살을 움켜쥐고는 빚을 갚으라고 윽박질렀다. 그 친구가 빚을 갚지 못하자 용서받은 종은 그를 옥에 가두었다. 이 일을 전해 들은 왕은 화가

나서 그 종을 붙들어 빚을 갚을 때까지 옥에 가두었다. 이 이야기
는 단호한 희년 윤리로 끝을 맺는다. "너희가 각각 진심으로 형
제나 자매를 용서하여 주지 않으면, 내 하늘 아버지께서도 너희
에게 그와 같이 하실 것이다."(마 18:35)

받은 만큼 용서를 베풀라는 희년 원리는 신약성경의 가르침에
널리 퍼져 있다. 예수가 부에 관해 했던 말들도 희년 가르침을 배
경으로 살펴볼 때 돌연 그 의미가 살아난다. 희년이라는 틀 안에
서 예수의 가르침은 새로운 의미를 띠게 된다. 하나님께서 값없
이 베푸신 해방에, 우리는 경제적인 생활까지 포함해 구체적인
방식으로 응답해야 한다는 것이 예수의 가르침이다.

함께 나누기

주기도문과 희년은 어떤 연결고리를 가지고 있습니까.

개의 꼬리

지금까지 희년이 어떻게 영적인 영역과 사회적인 영역을 하나
로 통합하는지 살펴보았다. 두 영역이 하나로 얽혀 있기는 해도
출발점은 서로 다르다. 사실 그 둘이 맞물리는 방식과 관련해 많
은 신학적인 논쟁이 이어져 왔다. 사회과학자들은 우리의 믿음
은 대게 우리가 속한 물질적 환경이 반영된 것이라고 주장한다.

따라서 계란이 먼저냐 닭이 먼저냐의 문제가 따른다. 우리의 관념이 경제적 생활양식을 좌우하는가, 아니면 반대로 생활양식이 관념을 지배하는가?

철학자와 신학자들은 이러한 논쟁에서 한쪽 편으로 치우치는 경향이 있다. 그들은 우리의 믿음이 경제적인 태도를 형성한다고 주장한다. 반면에 많은 사회 과학자들은 우리의 신념은 경제적인 형편의 반영일 뿐이라고 주장한다.

후자의 견해에 의하면, 우리의 경제적인 형편에 따라 우리가 소중히 여기는 신념이 결정된다. 예를 들어, 부유한 가정에서 태어난 사람은 풍요를 하나님께서 주신 복의 증거라고 믿을 가능성이 크다. 반대로 가난하게 태어난 사람들은 하나님께서 하나님나라의 좋은 것으로 그들에게 복 주실 것이라고 믿는 경향이 강하다. 궁핍하고 혹독한 삶을 근근이 이어 가는 농민들은 하나님께서 장차 허락하실 하늘의 복을 꿈꿀 것이며, 반면에 그들을 억압하는 사람들은 지금 이 순간이야말로 진정 하나님나라 같은 곳이라고 여긴 것이다.

예를 들어, 미국의 노예들이 불렀던 노래를 살펴보면, 폭풍우 치는 요단강을 건너 약속의 땅으로 들어갈 미래에 대한 희망이 두드러진다. 반면에 노예의 주인들은, 지금 여기서 자기들을 부자로 만들어 주는 노예제도에 적합한 성경 구절을 끌어다 대면서 자기들의 신념을 합리화한다. 마찬가지로, 오늘날 호화로운 저택과 자동차에 파묻혀 사는 부유한 상류층은 재정적인 문제 때문에 하늘을 도피처로 삼는 일이 거의 없다.

이와 연관된 문제가 종교와 경제, 영적인 것과 물질적인 것, 신앙과 지갑 사이에 어떤 관계가 있느냐는 것이다. 이렇게 해서 개와 개 꼬리의 문제가 생겨난다.

경제적인 요소들은 우리가 세상을 보는 방식에 큰 영향을 미친다. 우리의 임금, 주택의 가치, 사회적 지위, 어울리는 친구들의 경제 수준 등과 같은 요소들이 우리의 생각에 영향을 미친다. 이 요소들은 일군을 이룬 여러 개의 렌즈처럼 우리의 세계관을 걸러 낸다. 우리의 경제적 지위를 지지하고 정당화해 주는 신학 이론들이 우리를 사로잡는다. 우리가 성경을 보는 관점이 경제적 지위에 의해 걸러지고 또 성경을 해석하는 방식도 우리의 경제적 생활방식을 옹호하는 쪽으로 기울게 된다. 이러한 태도는 부자와 가난한 자를 가리지 않고 모두에게 나타난다.

간단히 말해, 지갑이 믿음을 흔들어 대는 일이 일반적인 현상이 되어 버렸다. 이러한 현상은 성경의 가르침과 모순된다. 성경의 비전은 돈 지갑을 여는 신앙을 가르친다. 경제의 힘은 우리의 생각을 좌우할 만큼 강하다. 우리도 우리가 속한 사회 환경에서 자유로울 수가 없다. 그러나 우리는 성경의 메시지에 귀를 기울이고 복종할 수 있는 사람들이다.

우리의 신앙이 지갑을 흔드는가, 아니면 반대로 우리의 은행 계좌가 신앙을 흔드는가. 무엇이 주인이고 무엇이 종인가. 물론 이것은 지갑과 신앙 사이의 복잡한 관계를 단순하게 표현한 것입니다. 그러나 우리의 신앙이 어떻게 지갑에 영향을 미치는지에 관해 묻는 일은 중요합니다. 희년정신과 연결하여 생각해 보십시오.

희년은 이러한 개와 개 꼬리의 문제에 히브리 식 해법을 제공해 주었다. 노예의 처지에서 구해주신 자비로운 하나님을 믿는 사람들은 팔을 활짝 벌려 자비를 베푼다. 거룩한 역사 속에서 하나님의 구원 행위를 체험한 공동체는 빚을 탕감해 주고 노예를 풀어주며 땅을 돌려준다. 히브리인들도 희년을 실천하기를 주저할 때가 있었다. 신앙보다는 경제에 모든 것을 걸고 매달리는 고집 센 모습을 보여주었다. 그럼에도 불구하고, 성경의 가르침은 확고하다. 신앙이 지갑을 지배해야 한다는 것이다. 이러한 성경적 원리가 예수의 가르침의 밑바탕에 놓여 있다.

희년 비전은 사회적인 것과 영적인 것, 정치적인 것과 개인적인 것, 내적인 것과 외적인 것을 하나로 통합한다. 또 하나님의 주도권과 우리의 주도권을 하나로 묶는다. 하나님께서 해방하셨기에 우리도 그에 힘입어 용서한다. 우리가 다른 사람을 용서하듯 우리도 용서를 받는다. 우리가 다른 사람에게 자비를 베푼 것처럼 우리도 자비를 얻는다. 이러한 진리들이 희년의 중심축을 이룬다. 나사렛에서뿐만 아니라 예수의 사역 전체에 걸쳐 그의 가르침에는 희년 비전이 깃들어 있다. 자비, 해방, 자유, 긍휼, 용서, 이것들이 희년을 이루는 핵심 어휘다. 바로 이 단어들이 예수의 경제적인 비전에 활력을 불어넣는다. 예수가 가난하고 비천한 사람들에게 베푸는 용서가 이 어휘들을 통해 구체화된다.

예수의 신학적 비전은 사회적인 결과를 낳는다. 희년은 하나님께서 왕이 되신다고 선포한다. 또 하나님의 계명은 옛 권세에 사로잡힌 이들을 해방하며, 옛 나라에 매인 사람들을 풀어주고, 영적 굴레와 사회적 굴레에 묶였던 사람들에게 자유를 선사한다. 이처럼 풍성한 은혜가 바로 희년이다.

함께 나누기

용서가 희년과 연결되는 것을 봅니다. 이러한 희년을 말과 행동을 통해 실천하고 구현한 분이 나사렛 예수입니다. 희년 비전은 사회적인 것과 영적인 것, 정치적인 것과 개인적인 것, 내적인 것과 외적인 것을 하나로 통합합니다. 하나님께서 해방하셨기에 우리도 그에 힘입어 용서합니다. 희년정신처럼, 오늘날 우리가 구체적으로 어떻게 살아야 할지 살펴보고 우리 사회에 있는 희년정신을 구현하기 위한 어떠한 모임들이 있으며, 참여할 수 있는 방법에 대해서 함께 생각해 보십시오.

존 하워드 요더(Jhon Howard Yoder) 『예수정치학』

신원하.권연경 역, IVP, 2007 • 115-128쪽

존 하워드 요더(Jhon Howard Yoder)는 1927년에 출생하여, 미국 메노나이트 교단의 직영 학교인 고센대학을 졸업했다. 제2차 세계대전 후에는 유럽으로 건너가 메노나이트 중앙위원회를 섬겼으며, 이후 스위스 바젤 대학교의 칼 바르트 밑에서 박사 학위를 받았다. 귀국한 뒤 고센신학교와 메노나이트 연합성경신학교(Associated Mennonite Biblical Seminary)에서 교수로 재직하면서 학장으로 섬기기도 했으며, 미국 인디애나주에 있는 노트르담대학에서 가르치기도 했다. 미국기독교윤리학회 회장을 역임하는 등 폭넓은 학문적 활동을 전개하였던 그는 1997년 12월 30일에 세상을 떠났다.

주기도문과 희년

희년은 하나님나라의 전조(前兆-무슨 일이 일어나기 전에 나타나 보이는 기미 - 필자 주)다.

나사렛에서의 설교 하나만으로 예수가 정말 희년의 도래를 선포했다는 사실을 증명하기는 무리일 것이다. 이 주장을 뒷받침하거나 혹은 약화시키려면 좀 더 철저한 분석이 요구된다. 우리가 이러한 분석을 시도해 본다면 그것은 대략 다음과 같은 방향

의 관점을 더욱 분명히 드러낼 것이다.

희년 혹은 안식년은 네 가지 요구를 포함하고 있다.

1. 땅의 휴경(休耕)
2. 빚 탕감
3. 노예 해방
4. 가족 재산의 환원이 그것이다.

여기서는 복음서 안에 이 네가지에 대한 다른 암시들이 있는가를 살펴본다. 휴경년(6년이 지난 후 7년째 되는 해에 밭을 1년 동안 묵혀 두는 것 - 필자 주), 빚 탕감, 노예 해방, 재산의 재분배가 그것이다.

휴경년

땅을 갈지 않고 묵혀 두는 것에 관해 예수가 직접 언급한 적은 없다. 하지만 그의 이런 질문을 이상하게 여길 필요는 없다. 왜냐하면 구약에서 안식년에 관한 모든 규정 중에서 바로 이 규정이 가장 널리 실천되던 것이었기 때문이다. 따라서 유대인들에게 이 규정을 지키라고 권유하는 것이 오히려 멋쩍은 일이 되었을 것이다. 하지만 유대인들은 하나님이 자기들의 필요를 채우시리라는 것을 신뢰하면서 7년마다 자기들의 밭을 묵히는 데에 큰 용기가 필요하였다. 이런 염려들을 예상하면서 성경은 이렇게 선언한다. "만일 너희가 말하기를 우리가 만일 일곱째 해에 심지도 못하고 소출을 거두지도 못하면 우리가 무엇을 먹으리요 하겠으나 내가 명령하여 여섯째 해에 내 복을 너희에게 주어 그 소출을 삼 년 동안 쓰게 하리라."(레 25:20-21)

우리는 사실상 예수가 이와 동일한 표현을 제자들에게 사용하는 것을 볼 수 있다. 제자들에게도 주후 26년의 희년 선포는 힘든 일이 되었을 것이다. 농사짓는 땅을 묵혀 두고 고기 잡는 배를 버려둔 채 예수를 따랐기 때문이다.

> 너희는 무엇을 먹을까 무엇을 마실까 하여 구하지 말며 근심하지도 말라. 이 모든 것은 세상 백성들이 구하는 것이라. 너희 아버지께서는 이런 것이 너희에게 있어야 할 것을 아시느니라. 다만 너희는 그의 나라를 구하라. 그리하면 이런 것을 너희에게 더하시리라.(마 6:31-33)

나태함을 부추기는 듯이 보여 제대로 이해되지 못하는 경우가 많은 이 권고는 사실 하나님나라 대망이라는 틀 속에서 보면 이해하는 데 전혀 어려움이 없다. 희년은 하나님나라의 전조였다. 따라서 우리는 위의 본문을 이렇게 해석할 수 있다.

6일 동안, 혹은 6년 동안 부지런히 일한다면, 하나님이 너와 너의 가족들을 돌보시리라고 믿어도 좋다. 그러므로 걱정하지 말고 땅을 묵혀 두어라. 씨도 뿌리지 않고, 추수도 하지 않고, 곡식을 곡간에 모아 들이는 일도 없는 하늘의 새들에게 하시는 것처럼, 하나님은 너희들의 필요를 채우실 것이다. 안식일(년)을 지키지 않는 이방인들이라고 해서 결코 너희보다 부유하지 않다.

빚 탕감과 노예 해방

휴경에 관한 규정과는 달리, 희년의 두 번째와 세 번째 규정은 예수의 가르침에서 핵심적인 자리를 차지하고 있다. 이 두 가지를 여기서 함께 설명한다. 사실 예수 신학의 중심이라 해도 좋을 것이다. 기도에 관한 예수의 생각을 요약하고 있는 주기도문에는 이런 요구가 담겨 있다. "우리가 우리에게 빚진 자를 사해 준 것처럼 우리의 빚을 사해 주옵소서."(여기 사용된 동사는 아피에미-apbiemi-) "우리가 우리에게 잘못한 자들을 용서한 것처럼, 우리의 잘못을 용서해 주소서"라고 옮긴 무수한 번역들은 모두 오류를 범한 것이다. 엄밀히 말해 헬라어 명사 '오페일레마'(opbeilema)는 글자 그대로 금전적 채무를 가리킨다. 따라서 예수는 "우리 아버지여"하고 시작하는 주기도문에서 막연히 우리를 귀찮게 하거나 우리를 괴롭힌 사람들을 용서하라고 권유하고 계신 것이 아니다. 그는 우리에게 빚진 사람들의 빚을 탕감해

주라고, 다시 말해 희년을 실천에 옮기라고 말씀하고 계신 것이다.

예수가 가장 자주 사용하신 동사가 '아피에미'(apbiemi)라는 사실은 놀랍다. 이 동사는 "면제하다, 내보내다, 해방하다, 탕감하다" 등의 의미를 갖는 것으로 희년과 관련된 문맥에서 자주 사용된다.

주기도문에 사용된 '빚'이라는 단어는 물질적 의미가 너무 강하기 때문에 마태복음에서 '빚'에 관한 말들이 과실 전반을 가리키는 데도 적용된다는 점에 더하여 주기도문 다음에 이어 더하고 있다. "너희가 사람의 잘못을 용서하면 너희 하늘 아버지께서도 너희 잘못을 용서하려니와, 너희가 사람의 잘못을 용서하지 아니하면 너희 아버지께서도 너희 잘못을 용서하지 아니하시리라."(마 6:14-15) 여기 사용된 단어는 '잘못'을 의미하는 paraploma다.

그렇다면 주기도문은 진정한 의미의 희년 기도라 할 수 있다. "너희가 하나님께 진 빚이 탕감되기에(바로 이것이 복음, 곧 기쁜 소식이다). 신실한 백성들 또한 이스라엘의 가난한 자들을 속박하고 있는 모든 빚을 탕감하게 될 그런 때가 올 것이다." 예수는 희년의 실천과 하나님의 은혜 사이에 엄밀한 등식 관계를 설정하고 있다. 그는 결코 율법주의적이지 않으며 아무 주저 없이 창녀처럼 천한 사람을 용서하는 분이지만, 이 한 가지 사항에 대해서는 엄하기 그지없다. 곧 "오직 은혜를 실천하는 자만이 은혜를 받을 수 있다. 너희가 서로 용서(apbesis)를 실천하지 않으면 너희를 향한 하나님의 용서(apbesis) 또한 무의미한 것이 되고 말 것이다."

두 개의 비유가 이 점에 관한 예수의 생각을 더욱 분명히 만드는 데 도움이 될 것이다. 가장 인상적인 비유는 단연 우리가 '용서하지 않는 종의 비유'라 부르는 이야기다. 여기서는 '주기도문'에 표현된 등식의 엄밀한 논리가 그대로 드러난다. 곧 '은혜롭지 못한 이는 은혜를 누리지 못한다'는 것이다.

애석하게도 이 비유는 그 본래의 사회적 정황에서 분리되어 대개 형제와 자매를 용서하는 이에게 베풀어지는 하나님의 죄 용서를 다소 오싹한 그림으로 묘사하는 것처럼 간주되어 왔다.

사실 이 비유에 등장하는 비극적인 주인공은 실제 인물이었다. 그는 갈릴리의 농부로서 예수의 제자들 역시 그의 이름을 잘 알고 있었을 것이다. 예수의 설교를 듣고 있던 다른 모든 사람들과 마찬가지로 그 역시 희년 선포의 덕을 본 사람으로서, 은혜의 수혜자의 한 사람이었다. 만 달란트라는 엄청난 액수의 빚이 모두 탕감되었다. 우리는 이 액수에 놀라서는 안 된다. 이 숫자는 왕에게 진 빚을 도저히 갚을 수 없는 그 사람의 막다른 상황을 표현하고 있다.

배런(S. W. Baron)은 『이스라엘의 역사』에 관한 그의 저서에서, 어떻게 예수 당시 갈릴리에서 재산을 소유하고 있던 자유 농들이 점차 늘어나는 빚을 감당하지 못해 사실상 노예와 다름없는 신분으로 전락하게 되었는가를 기술하고 있다. 이런 상황을 만든 사람은 헤롯 대왕이었다. 그는 무거운 세금으로 백성들을 도탄에 빠트렸으며, 제대로 세금을 내지 않는 재산 소유주들의 재산을 몰수하였다.

이런 식의 재산 몰수를 피하기 위해 농부들은 고리대금업자들에게 손을 벌릴 수밖에 없었는데, 이들은 종종 왕의 대리인들이나 세금 징수인들과 연결되어 있었다. 담보로 제공된 농부의 재산은 고리대금업자의 손에 넘어가고 농부는 그의 소작인이나 하인이 되었다. 갚지 못한 빚은 천문학적 수준으로 쌓여 갔다. 그러면 그의 돈을 되찾기 위해 채권자는 그 소작인 및 그의 아내와 전 재산을 팔아 빚을 갚도록 명령하였다.

〈용서할 줄 모르는 종의 비유〉가 처한 입장이 바로 이런 것이었다. 예수는 늘어나는 빚에 시달리는 가난한 농부와 그 직접적 여파로 재산을 상실하고 자유를 잃어버리는 일 사이의 관계를 묘사하고 있다.

희년이 선포되면서 그 종은 이제 왕의 면전에 서고 왕은 그의 빚을 탕감한다. 본문에 따르면 왕은 그를 풀어 주고 그의 빚을 탕감해 준다(다시금 apbiemi가 쓰였다). 이야기가 여기서 끝났더라면 매우 흐뭇한 이야기가 되었을 것이다. 하지만 예수가 이 말씀을 들려주신 것은 그의 동료 유대인들, 심지어 가장 미천한 이들조차도 희년 실천하기를 거부한 그런 때였다. 그 비유의 나머지 부분에는 이처럼 희년이 거부되는 상황에 대한 쓸쓸한 실망감이 반영되어 있다. 계속되는 이야기에서 희년 선포에 의해 해방된 이 종은 자기에게 백 데나리온이라는 미미한 액수를 빚진 동료를 만난다. 하지만 자신이 희년의 빚 탕감의 덕을 본 입장이면서도 그는 이 희년의 빚 탕감을 동료에게 적용하기를 거부한다. 대신 그는 동료를 붙잡고 말한다. "빚진 돈을 갚으라."

다른 동료들의 비난에 직면한 그는 체포되어 왕 앞에 끌려간다. 동정심도 없고 감사함도 없는 이 사람에게 더 이상 희년은 적용되지 않는다. 왕의 명령에 따라 빚 변제를 위해 그는 아내와 자녀들과 함께 팔려가게 될 것이다. 이 땅에서 희년을 실천하기 거부하는 사람들에게 신적인 희년이란 있을 수 없는 것이다.

잦은 빚 탕감은 심각한 어려움을 야기할 수 있다.(신 15:7-11) 아예 돈을 빌려주지 않을 수도 있는 것이다. 이런 문제 때문에 랍비들은, 심지어 엄격한 율법 적용의 대명사라 할 수 있는 힐렐이나 삼마이 같은 전통 랍비들조차도 엄격한 희년 적용을 요구하는 데 주저하였다. 안식년이 가까워질수록 부자들은 혹시 받지 못하는 경우가 생길까 염려하여 가난한 이들에게 돈 꾸어 주기를 꺼렸다. 이로 인해 나라의 경제가 마비되었고, 랍비들은 그에 대한 해결책을 고안해 냈다. 매우 명민한 성경 주석가들이 되어 이들은 율법을 그 율법이 실제 말하는 바와 정반대되는 뜻으로 해석하는 재주를 발휘했던 것이다.

함께 나누기

우리도 삶속에서 〈용서할 줄 모르는 종의 비유〉에서와 같이 만 달란트 빚진 자처럼 행동했던 일들이 있는지 살펴 보십시오.

예수의 이런 급진성은 교리 초월주의와는 전혀 다르다. "안식일이 사람을 위하여 있는 것이요"라고 말했을 때(막 2:27), 그가 의미했던 바는 하나님이 유대인들을 애굽에서 구출함으로써 그들을 해방시켰다는 것이다. 안식년 역시 안식일과 마찬가지로 준수되어야 한다. 이 둘은 모두 사람들을 해방하기 위한 것이지

속박하려는 것이 아니다.

하지만 부자들은 희년, 50년째가 가까워지면 이자가 적어지기 때문에 빌려주기를 거부하는 상황을 어떻게 피할 수 있겠는가? 평지 설교에서 예수는 이 질문에 대한 답변을 제시한다. 부자들은 돌려받지 못할 것이라는 두려움을 접고 너그러운 태도를 가져야 한다. 하나님이 그들을 돌보실 것이기 때문이다.

> 너희가 받기를 바라고 사람들에게 꾸어주면 칭찬받을 것이 무엇이냐 죄인들도 그만큼 받고자 하여 죄인에게 꾸어 주느니라. … 아무것도 바라지 말고 꾸어주라. 그리하면 너희 상이 클 것이요 또 지극히 높으신 이의 아들이 되리니 그는 은혜를 모르는 자와 악한 자에게도 인자하시니라. … 용서하라, 그리하면 너희가 용서를 받을 것이요. 주라, 그리하면 너희에게 줄 것이니 곧 후히 되어 누르고 흔들어 넘치도록 하여 너희에게 안겨 주리라.(눅 6:32-38)

빌려주는 자의 너그러움은 빌리는 자의 정직함으로 이어져야 한다. 채무자는 자신의 의무를 이행하지 않으려고 안식일 법의 보호막 뒤로 숨어서는 안 된다. 산상수훈에 담긴 두 놀라운 구절에서 예수는 힐렐과 바리새인들이 곤란해 했던 문제들이 어떻게 해소될 수 있는지 보여준다.

우리가 앞에서 말한 내용을 기억할 것이다. 헤롯 대왕과 아들들, 그리고 로마 정복자들의 요구로 인해 한때 자신의 농토를 소유하고 있었던 이들은 대부분 자유를 빼앗기고 말았다. 세금을 바치기 위해 자기 소유를 저당 잡혀야 했던 이들은 이로 인해 종과 별반 다를 바 없는 신세로 전락하고 말았다. 기름으로나 밀로나, 동일한 종류의 물건으로 그들이 주인에게 바쳐야 했던 의무량은 종종 그들이 거둔 수확의 절반 혹은 그 이상을 넘기도 했다.

이스라엘 농부들의 상황을 더욱 악화시키는 또 다른 해악이 있었다. 바로 부재 지주 제도(absenteeism)였다. 또 상하 관계로 엮인 중간 단계의 징수인들이 주인과 계약을 맺고 빚을 받는 역할을 담당하였다. 이들은 소작농들에게 그 자체로도 무거운 짐이었던 임차료, 빚, 그리고 세금을 훨씬 웃도는 액수를 마음대로 징수하였다. 하지만 잘못이 있는 쪽은 언제나 가난한 자들이었다. 징수인들은 언제나 조작된 정보를 주인에게 제시했기 때문에 소작농들은 어찌해 볼 도리가 없었다. 이렇게 해서 징수인들은 몇 년 내에 예수가 '불의한 재물'이라 비난했던 그런 재산을 축적할 수 있었다. 이런 종류의 부를 소유하려고 끝없이 땀을 흘렸기 때문에 이 징수인들은 진정한 부요함, 곧 동료 시민들로부터의 우정과 존경을 잃게 되었던 것이다.

지금 우리가 다루려는 비유는 어떻게 주인이 어느 날 청지기의 정직하지 못한 태도를 발견하게 되었는가 하는 이야기를 들려준다. 기재된 장부를 보여 줌으로써 주인의 재산 또한 횡령하고 있었다. 그러나 그의 속임수가 발각되었고, 그는 양심의 가책을 느꼈다. 그는 그가 주인으로부터 횡령한 돈을 도저히 갚을 수 없다는 사실을 알았다. 하지만 적어도 소작인들의 빚을 부풀려 더해 놓았던 엄청난 돈을 받아서는 안 되겠다고 결심하였다. 그래서 그는 소작인들이 자기에게 갚아야 할 빚 중 거짓으로 부풀린 부분을 본래 액수대로 회복시켜 주었다. 예수는 그가 어떻게 빚진 자들을 만나 단숨에 그들의 빚을 정당한 액수로 낮추어 주는가를 묘사한다. 기름 백 말 대신 오십 말, 밀 백 석 대신 팔십 석과 같은 식이다.

물론 그런 결정은 주인에게 변제할 능력이 없는 청지기의 상황을 더욱 악화시킬 것이다. 그는 가난으로 떨어질 것이다. 하지만 이런 식의 행동을 통해 그는 진정한 부를 획득하였다. 곧 지금까지 그에게 당했던 이들의 감사와 우정을 얻게 된 것이다. 가난한 자들 중 한 가난한 자, 사람들 중 한 사람이 되어 이제 그는 형제들의 가정에서 영접을 받을 것이며, 이런 환대는 영원까지 이어질 것이다. 이것이 바로 예수가 하나님나라의 기쁨이라 부른 것이었다. 예수는 이 이야기의 결론으로 "불의의 재물로 친구를 사귀라"고 외친다. 〈불의한 재물의 비유〉는 바로 이런 뜻이다. "내가 선포하는 희년을 실천하라. 너희에게 빚진 자들을 자유롭게 함으로써, 하나님나라에 합당한 자가 되지 못하게 너희를 속박하는 굴레에서 자유롭게 되라."

이 비유에서 가장 주목할 만한 것은 예수가 소개하는 주인의 칭찬이다. 이 비유에서 주인은 하나님을 나타낸다. 하나님은 이렇게 말씀하신다. "여기에 지혜로운 자" 곧 "내 제자가 되려는 이들의 통상적인 수준을 넘는 지혜의 소유자가 되어야 한다."

용서하지 못하는 종의 비유에서는 주도권을 잡은 분이 하나님이었다. 하나님이 먼저 사람의 빚을 탕감해 주고서 그 사람이 같은 모습을 보이리라 기대하셨다. 불의한 청지기의 비유에서는 청지기가 먼저 행동을 취한다. 그가 먼저 메시아의 부름에 순종하여 하나님과 자기에게 빚진 자들의 빚을 사해 줌으로써 희년을 실천한 것이다. 그래서 하나님은 은혜의 손길을 받기도 전 먼저 부의 재분배를 실천하는 이 지혜로운 사람을 칭찬하시는 것이다. 이 사람은 하나님나라의 표지를 인식할 줄 알았고 불의한 재물의 지배는 지나간 때의 일임을 깨달았던 것이다.

따라서 용서하지 못하는 종과 불의한 청지기에 관한 두 비유는 나사렛 회당 설교, 주기도문, 산상수훈에서 이미 선포되었던 주제를 다시금 확인해 준다. 주후 26년 예수가 선포한 것은 모세의 안식일 규정을 따른 희년이었다. 빚을 탕감하고, 빚을 갚지 못해 종으로 전락한 빚진 자들을 해방함으로써 이스라엘의 사회적 문제를 해결하는 희년인 것이다. 이러한 희년의 실천은 취사 선택의 문제가 아니었다. 이는 천국을 위한 선결 과정에 속한 것이었다. 이 길에 들어서기를 거부하는 사람들은 하나님나라에 들어갈 수 없었다.

(희년에 대해 더 알기 원하는 분은 김회권 교수와 함께 쓴 『희년』, 하워드 요더의 『예수정치학』의 〈희년의 의미〉, 이승렬의 『잊혀진 희년의 회복』을 참고 할 것 - 필자 주)

용서에 대한 성서사상과 그리스사상

니콜라스 월터스토프(Nicholas Wolterstorff)『사랑과 정의』

홍종락 역, IVP, 2017 • 298-310, 315-327쪽

니콜라스 월터스토프 (Nicholas Wolterstorff) 세계 철학 계에서 활약하는 대표적 기독교 철학자다. 1932년 미국 미네소타 비글로우에서 태어나, 캘 빈 칼리지(B.A)와 하버드 대학교(Ph.D.)에서 철학을 공부했다. 모교인 캘 빈 칼리지에서 30년, 예일 대학교에서 21년간 가르쳤으며 하버드, 프린스 턴, 옥스퍼드, 노터데임, 암스테르담 자유대학교 등에서 방문 교수로 가르 쳤다. 2001년 예일 대학교 노아 포터 석좌교수직에서 은퇴한 후, 버지니아 대학교 고등문화연구소에서 선임연구원으로 활동하고 있다. 미국 철학회 회장과 미국 기독교 철학회 회장을 지냈으며, 옥스퍼드의 와일드 강좌와 세 인트앤드루스의 기포드 강좌 등에 초빙되어 강의했다.

한나 아렌트는 예수가 용서의 중요성을 발견하신 분이라고 주 장했다. 이 주장이 옳다면 그리스를 비롯한 고대 이교 철학자들

은 용서의 중요성을 인식하지 못했다는 말이 된다. 아렌트의 주장은 옳은가? 만약 옳다면, 그들은 왜 용서의 중요성을 인식하지 못했는가? 어쩌다 보니 놓친 것인가, 아니면 이 문제가 윤리적 사안들에 대한 그들의 사고방식에 대해 중요한 무언가를 시사하는 것인가? 용서의 본질에 대한 논의에서 불가피하게 제기되는 질문을 하게된다. '가해와 피해자의 용서로 구성된 이 도덕적·사회적 관계 맺음은 어떤 의미가 있는가? 분노가 삶을 이어 가는 데 방해가 된다면, 해소하면 된다. 필요하다면 정신과 의사의 도움을 받아 지난 일들을 흘려보내면 된다. 그럼, 왜 용서를 하는가?

고대 이교도 저술가들이 말하는 용서

두 대표적 인물 아리스토텔레스(Aristoteles)와 세네카(Seneca)를 살펴보려 한다. 아리스토텔레스는 고대 행복주의를 설파한 소요학파(the Peripatetic school)의 대표자이며 세네카는 스토아학파(the Stonic school)의 대표자다.

아리스토텔레스는 『니코마코스 윤리학』 4권 5장에서 분노의 윤리를 다룬다. 그는 덕(德)을 양극단의 중간 지점에 배치해 설명하는 평소의 전략을 따라, 여기서도 '온화는 분노의 중용'이라고 선언한다. 그는 덕을 '온화'(good temper)라고 부른다. 일상 어법에서 '그 중간 상태에는 이름이 없고' 양극단의 상태에도 이름이 없다. 다만 '지나친 편의 상태는 성질이 급한 사람이라고 부를 수 있다.' 더 나아가 아리스토텔레스는, 온화한 사람은 '당연히 화낼 일로 당연히 화낼 사람에게, 마땅한 식으로 마땅한 때에 마땅한 기간 동안 분노하는 사람'이라고 말한다. 온화한 사람은 흔히 침착하여 감정에 휘둘리지 않고, 이성의 지시에 따라 당연히 화내야 할 일에 마땅한 식으로, 마땅한 기간 동안만 노여워하기 때문이다. 그러나 온화한 사람은 모자란 편으로 치우치는 오류를 범한다고 평가받는다. 온화한 사람은 보복하기보다 차라리 용서하는 경향이 있기 때문이다.

모자람은 그 실체가 무엇이든 비난받는다. 당연히 화내야 할 일에 화내지 않는 사람들은 바보 취급을 당하기 때문이다. 마땅한 방식으로, 마땅한 때에, 당연히 화를 내야 할 사람들에게 분노하지 않는 사람도 바보 취급을 받는다. 그런 사람은 감정이 결여되었거나 고통을 느끼지 못하는 것처럼 보이며, 화를 내지 않으니 자신을 지킬 능력도 없는 사람으로 보이기 때문이다. 자신이 모욕을 당해도 참고 친구들이 당하는 모욕도 감수하는 것은 노예같은 태도이기 때문이다.

자신에게 해를 끼친 사람에 대한 분노가 마땅한 기간 동안 마땅한 강도로 나타나는 것은 선한 일이고, 그런 상황에서 분노하지 않는 것은 '노예 같은'일이다. 아리스토텔레스는 자신에게 해를 끼친 사람에 대한 분노를 극복하기 위한 노력이 선한 것이 되게 해 줄 조건을 전혀 제시하지 않는다. 단지 그는 온화한 사람에게 '용서하는 경향'이 있다고 말한다. 그러나 그가 말하는 용서의 경향은 뉘우치는 가해자를 나쁘게 생각하지 않는 경향이 아니다. 화내지 않는 경향을 뜻할 뿐이다. 그 온화한 사람의 이런 경향을 '비난' 받을 만한 것으로 여긴다. 온화한 사람은 당연히 화를 내야 하는 정도보다 화를 덜 내는 안 좋은 경향을 가지고 있다. 한 마디로, 아리스토텔레스의 글에는 우리가 이해하는 방식의 용서에 대한 인식이 없고, 따라서 용서를 칭찬하는 말도 없다.

고대 이교 저술가가 남긴 기록 중 '인간사 영역에서 용서의 역할'을 지지하는 말을 찾을 가능성이 가장 높은 글은 세네카의 『관용론』 de Clementia 이다. 『관용론』은 세네카가 젊은 네로에게 전하는 조언이다. 원고가 대부분 보존된 1권은 통치자가 관대한 형벌을 내릴 때 바람직한 결과가 나타난다는 주장을 다각도로 많은 사례를 곁들여 내세운다. 일부분만 남아 있는 2권에서는 '관용'이 무엇인지 말한다.

'관용'은 죄인이 받을 형벌을 부과할 때의 관대함이다. 관용은 특정한 종류의 악행에 대해 법률이나 준(準)법체계가 정해 놓은 형벌의 테두리 안에서 좀더 관대한 형벌을 선택하는 것이다. 세네카는 이렇게 말한다. "관용을 다음과 같이 정의하는 데에 여러 반론이 있겠으나, 이런 정의는 진실에 대단히 가깝다. 우리는 자비 또는 관용을 '합당한 응분의 형벌을 일부 면제해 주는 경감 조치'라고 말할 수 있다. 각자에게 제 몫보다 적게 주는 것은 덕이 아니라고 외치는 이들이 있을 것이다. 그러나 관용이란 '마땅히 부과해야 하는 것에 못 미치는' 어떤 것이라는 사실은 모두가 알고 있다." 세네카는 다음과 같은 사례를 제시해 자신의 분석을 설명한다.

어떤 경우, 관용을 베푸는 사람은 가해자가 아직 어린 나이라는 점을 참작해 형벌을 아예 내리지 않고, 말로만 꾸짖고 넘어갈 수 있다. 또 다른 경우, 끔찍한 혐의를 받고 있는 사람이 남의 말에 속아 넘어갔다거나 술에 취한 상태에서 그런 일을 저지른 것이라면 무죄로 방면해 줄 것이다. 적군도 해치지 않고 그냥 풀어주되, 그들의 참전 이유가 충성과 약조와 자유 등 명예로운 것이었다면 칭찬까지 더할 것이다. 이 모두가 자비(관용)의 일이다.

이와같이 관용은 세네카가 '결의의 자유'라 부르는 것을 보여준다. '그것은 법의 공식이 아니라 공정성과 선함에 따라 판단한다. 그것은 피고에게 무죄를 선고할 수도 있고, 내키는 대로 큰해를 가할 수도 있다. 관용은 정의로움에 못 미치는 일을 하는 것이 아니라 가장 정의로운 것이라 판단하는 일을 한다.' 한마디로, 관용은 그리스인들이 에피에이케이아(epieikeia)라고 불렀고 흔히 '공정성'(equity)으로 번역되는 것이며, 아리스토텔레스는 말하기를 "공정한 사람은 공정한 것들을 합리적으로 선택하여 실천에 옮기는 사람이다. 그는 열등한 방식으로 엄격하게 법의 판단에 집착하지 않으며, 법의 이점을 이용할 수 있음에도 자기 몫보다 덜 받고자 하는 사람이다. 이런 사람이 공정한 사람이고 이런 품성의 상태가 공정성이다. 공정성은 정의의 일종이며 정의와 별개인 품성 상태가 아니다."(『니코마코스 윤리학』 1137b 11-1138a 3)

공정성을 이해하는 데 있어 아리스토텔레스와 세네카는 두 가지 작은 차이점을 보인다. 아리스토텔레스는 공정성이 해당 사례의 구체적 상황을 다 살핀 다음, 바로 그 사례에서 정의를 달성할 수 있도록 관련법의 적용을 바로잡는 것이라고 말한다. 세네카는 해당 사례의 구체적인 상황을 다 살핀 다음 그 사례에서 정의를 이루기 위해 법이 규정하는 형벌의 범위 안에서 좀더 가벼운 벌을 선택하는 것이 관용이라고 본다. 세네카의 관용이 언제나 상대적으로 가벼운 형벌로 나타나는 반면, 아리스토텔레스의 공정성은 원칙적으로 법이 규정하는 것보다 더 엄격한 형벌을 부과할 수도 있다.

세네카는 관용이 용서도 사면도 아님을 애써 강조한다. "용서는 … 처벌해야 한다고 판단한 행위를 처벌하지 않는 것입니다. 사면은 마땅한 형벌을 감해주는 것입니다." "지혜로운 사람은 해서는 안될 일을 하지 않으며, 해야 할 일을 빠뜨리지 않습니다. 집행해야 할 형벌을 봐주지 않습니다." 그는 "(가해자를) 용서할 때 할 법한 일을 용서하지 않고서 합니다. 용서란 마땅히 했어야 할 일을 하지 않고 방치했다는 고백이기 때문입니다."

관용의 근거는 연민이 아니라 가장 정의로운 형벌에 대한 도덕적 형식이라고 세네카는 힘주어 말한다. 연민은 덕이 아니라, 선한 사람이라면 모두가 피하는 악덕이다. "다른 사람들에게 영향을 끼치는 악의 광경에 마음이 약해지는 편협한 정신의 오류는 가장 못난 사람들에게서 자주 볼 수 있는 특징입니다. 망령이 났거나 어리석어서, 악랄한 범죄자들의 눈물에 넘어가 할 수만 있다면 감옥문도 기꺼이 열어줄 여자들이 있습니다. 연민은 곤경의 원인은 못 보고 곤경 자체만 봅니다. 그러나 자비(관용)는 이성과 함께합니다."

한마디로, 세네카는 관용에는 찬사를 보냈지만 용서를 좋게 말하지는 않는다.

고대인들이 용서를 인식도 칭송도 하지 않은 이유에 대해 그리스월드는 설명한다.

그리스월드는 『용서』에서, 고대의 도덕가들이 용서를 그와 유사한 다른 현상들과 명확히 구분하지 않고 높이 평가하지도 않았던 것은 그들의 '완전주의'(perfectionism)때문이었다고 주장한다. 그가 고대의 윤리를 완전주의라고 묘사한 것은, 더없이 지혜롭고 덕스러운 사람, 즉 완전해진 사람이 어떻게 행동할지에 그 윤리가 관심을 집중했다고 보았기 때문이다.

플라톤과 스토아학파는 그들이 '현인'(sage)이라 부르는 사람은, 인생에서 유일하게 참된 선이 덕행의 선이며 그 보유 여부가 완전히 본인의 통제권 안에 있는 것임을 깨달은 자이기 때문에, 손상될 수 없다고 생각했다. 현인도 다른 모든 사람과 마찬가지로 스토아학파가 말하는 '선호할 만한 것들'(preferables)을 빼앗길 수 있지만, 삶에 이런저런 선호할 만한 것이 존재하는지 여부에 따라 덕을 행하는지 여부가 정해지는 것도 아니고 그의 삶이 얼마나 선한지 정해지는 것도 아니다. 그리스월드는 이렇게 말한다. "고전적 완전주의자의 시각에서 용서는 미덕이 아니다. 완전해진 영혼은 그 정의상 거의 또는 전적으로 손상을 당하지도 입히지도 않기 때문이다."

그리스월드는 그와 같은 완전주의자의 시각에서는 용서가 들어설 자리가 없다고 말한다.

용서에 적합한 시각은, 인간 본성이 하나같이 구제불능으로 유한하고 오류투성이라는 사실을 역설하고 화해도 하며 나아지기도 하지만 '완전'을 목표로 삼지는 않는 덕을 강조한다. 그러나 용서는, 불완전함을 우리의 운명(종교적 시각에서는 신의 은총을 잃은 우리의 운명, 세속적 견해로 말하면 바꿀 수 없는 우리의 운명)으로 받아들이는 인간 본성과 그 열망에 대한 이야기를 배경으로 하는 것이다. 공감하는 사회적 피조물로서 갖는 상호의존성, 몸을 갖춘 정서적 존재로서의 특성, 상호 간 취약함, 필멸성, 동등한 존엄을 지닌 존재에 걸맞은 존중을 서로에게 요구할 수 있는 지위, 서로에 대한 의무, 고통-대부분의 경우 부당하게 가해지는-과 아픔과 폭력과 불의의 범람. 이 모두가 그 불완전함의 핵심 요소다. 용서는 이런 세상의 요구에 대한 반응이고, 그것을 보유한 사람이 선한 삶을 살 수 있도록 돕는다.

용서는 참으로 그리스월드가 묘사한 것과 같이 불완전한 세상의 요구에 대한 반응이다. 고대 철학자들이 온전한 지혜와 덕을 갖춘 사람이 어떻게 행동할지에 오롯이 집중하긴 했지만, 인간이 불완전한 세상에서 사는 불완전한 피조물임을 부인하거나 모른 체하지는 않았다.

그리스월드는 '인간의 본질적 존엄이라는 개념'이 고대 이교도의 윤리 사상에서 빠져 있다고 말한다. 그는 그 이유가 고대 윤리의 '귀족주의적' 가정 때문이라고 보는 것 같다. 고대인들은 모든 인간의 동등한 존엄을 믿지 않았다는 것이다. 이 부분에서는 그의 생각이 옳다. 그러나 더 근본적인 이유는, 동등성을 떠나 그들이 인간의 본질적(inherent) 존엄을 믿지 않았다는 데 있다.

고대 행복주의자들은 삶에 대해 선의 관점에서만, 보다 구체적으로 말하면 안녕의 관점에서만 실천이성의 구조를 숙고했다. 그들이 인간의 가치와 그 가치에 대한 존중이 우리에게 요구하는 행동들에 주목한 것은 그야말로 우연에 불과했다. 그래서 그들은 권리 이론을 발전시키지 않았다. 인격체와 인간의 가치에 대한 존중이 요구하는 바가 권리의 핵심 내용을 구성한다고 보는 나의 권리 이론에 따르면, 그들은 인간의 가치를 체계적으로 인정하지 않았기에 권리 이론을 발전시킬 수 없었다. 그들은 피해를 입는 것, 즉 안녕이 손상되는 것에는 주목했지만, 부당한 대우를 받는 것, 함부로 취급받는 것에는 주목하지 않았다. 사람은 부당한 대우를 받지 않으면서 해를 당할 수 있고 해를 당하지 않으면서 부당한 대우를 받을 수 있다. 용서는 누군가가 부당한 대우를 받았다는 사실을 전제한다.

한 마디로, 용서는 인간의 가치, 권리, 부당 대우, 의무, 죄책 등 연관된 현상에 대한 인식이 없는 곳에서는 절대 찾아볼 수 없다. 고대 행복주의자들은 이런 현상들을 어떤 체계적 방식으로도 인식하지 않았기 때문에 용서와 회개에 찬사를 보내기는커녕 그것들을 인식하지도 못한 것이다. 한나 아렌트의 생각은 옳다. 고대 철학자들의 사상 체계 안에서는 용서가 발견될 수 없었다.

한나 아렌트는, 예수가 용서를 "종교적 맥락에서 발견했고 종교적 언어로 표현했다는 사실은, 엄격한 세속적 의미로는 진지하게 받아들이지 않을 이유가 되지 않는다"라고 했다. 옳은 말이다. 그러나 우리가 보았다시피, 아무 윤리적 입장에서나 용서를 그냥 밀어 넣을 수는 없다. 어떤 사상 체계에는 용서가 자리 잡을 수 없다. 용서는 신적-인간적 가치, 부당한 대우, 권리, 의무, 죄책에 대한 인식과 함께 세상에 들어왔다. 그런 것들에 대한 인식이 없는 곳에서는 용서가 생겨날 수 없다.

함께 나누기

세계 정신사(史)를 크게 헬레니즘과 헤브라이즘으로 나눕니다. 용서에 대하여 헬레니즘을 대표하는 아리스토텔레스의 글에는 우리가 이해하는 방식의 용서에 대한 인식이 없고, 따라서 용서를 칭찬하는 말도 없고 세네카 또한 관용에 대해서는 찬사를 보냈지만 용서를 좋게 말하지는 않았습니다. 이와 같이 성서-헤브라이즘 전통과 그리스 사상에서 용서에 대한 관점이 어떻게 다른지 몇 가지로 살펴 보십시오.

용서의 정신의학적 이해

스캇펙(M. Scott Peck) 『길을 떠난 영혼은 한 곳에 머물지 않는다』

고려원 미디어, 1995년 • 26-48쪽

1936년 뉴욕 출생, 하버드 대학과 케이스 웨스턴 리저브에서 수학했다. 정신과 의사로서 미 행정부의 요직을 맡기도 했던 그는 코네티컷 주 뉴 밀퍼트에서 정신과 의사로 개업해 있으면서 밀퍼트 종합병원 정신건강치료센터의 책임자를 역임했다. 은퇴 후 꾸준하게 저술 활동과 컨설팅을 하다 2005년 69세로 별세했다.

종교와 심리학을 밀접하게 연결시켜 많은 독자들의 갈증을 풀어주고 있다는 점을 인정받아 1992년에 미국정신의학회로부터 탁월한 정신과 의사 강연자로 뽑혔으며, 1994년에는 'Temple International Peace Prize'를 1996년에는 조지타운대학으로부터 'The Learning Faith and Freedom Medal'을 받기도 했다.

다른 사람을 용서할 때 비로소 우리는 크게 성장할 수 있다. 자신의 삶이 고통스러우면 우리는 곧잘 남을 비난한다. 보통 모든 비난은 분노에서 시작된다.

분노는 뇌에서 나오는 강력한 정서다. 인간의 뇌에는 신경중 추라고 부르는 작은 신경세포 덩어리들이 여기저기 흩어져 있 다. 그 중에서 중뇌라는 곳에 있는 신경중추들이 정서를 생산하 고 조절하는 역할을 한다. 실제로 신경외과 의사들은 다음과 같 은 방법으로 이 중추의 위치를 정확히 밝혀낸다. 이 중추신경에 는 행복중추와 우울중추 그리고 분노중추가 있다. 그것은 바로 우리의 생존을 위해 필요한 것이다.

분노에는 분명한 목적이 있다. 분노 그 자체는 나쁜 것이 아니 다. 인간의 분노중추는 다른 동물들과 똑같은 방식으로 작동한 다. 분노는 영역 유지 기능을 갖고 있어서 다른 동물이 그 영역을 침범하면 불붙게 된다. 이런 면에서 우리 인간도 자기 영역을 어 슬렁거리는 다른 개와 맞붙어 싸우는 개하고 전혀 다를 바가 없 다. 다만 인간의 경우에는 영역의 정의가 훨씬 더 복합적일 뿐이 다. 우리는 지형학적 영역을 갖고 있어서 다른 사람이 사유지에 허락 없이 들어와 꽃을 꺾으면 화를 낸다. 그리고 심리적 영역에 서도 어떤 사람이 우리를 비판하면 분노한다. 또한 우리에게는 신앙이나 이데올로기의 영역이 있기 때문에 남들이 우리의 믿음 을 비판하거나 신조에 대해 비방할 때마다 화를 내곤 한다.

인간의 영역은 너무도 복합적이고 다면적이어서, 우리의 분노에는 언제나 불붙어 있으며, 때로는 매우 부적절하게 폭발한다. 얼마나 부적절한가 하면, 스스로 자기 집에 초대한 사람에게도 폭발하는 경우가 있을 정도이다.

우리의 분노중추는 이처럼 매우 부적절하게 불타오르는 경우가 많기 때문에, 우리는 분노를 다룰 수 있는 모든 방법을 배워야만 한다. 때로는 내가 나의 환자와의 관계에서 그러했던 것처럼 "내 분노는 어리석고 미숙한 것이다. 이것은 내 잘못이다"라고 생각해야만 한다. 혹은 "이 사람은 내 영역을 침범했어. 하지만 고의는 아니고 내가 이것에 대해 화를 내야 할 이유는 없어"라고 스스로를 다스릴 수 있어야 한다. 그도 아니라면, "그가 내 영역을 좀 침범했지만 별 일은 아니야. 폭발할 만한 일이 못 돼"라고 생각해야 한다.

그러므로 우리의 분노중추가 불붙었을 때 반응하는 방법에는 여러 가지가 있는 셈이다. 우리는 그 반응 방식을 배워야 할 뿐 아니라, 주어진 상황에서 어떤 반응이 적절한지에 대해서도 배워야 한다. 그것은 대단히 복합적인 과제이기 때문에, 서른 살,

마흔 살이 되도록 자신의 분노를 다루는 방법을 터득하지 못하는 사람이 대부분이고, 심지어 죽을 때까지 끝내 배우지 못하는 사람도 많다.

함께 나누기

분노를 어떻게 조절할 수 있는지 생각해 보십시오.

우리는 모두 죄인이라는 사실에도 불구하고, 때로는 타인에게 돌을 던져야 할 경우가 있다. 예를 들어 부하 직원에게 이런 말을 해야 하는 경우가 그렇다.

"자네는 4년 연속해서 자네의 업무 수행 목표를 달성하지 못했어. 내가 자네의 거짓말을 적발한 것이 이번으로 여섯 번째야. 유감스럽게도 이젠 자네 갈 길을 가야 할 것 같군. 자네를 해고할 수밖에 없네."

누군가를 해고한다는 것은 말할 수 없이 고통스럽고 잔인한 결정이다. 당신이 적절한 시기에 적절한 결정으로 했는지 어떻게 알 수 있는가? 당신이 그 사람을 비난하는 것이 정당한지를 어떻게 알 수 있는가? 대답은 '알 수 없다'는 것이다. 하지만 당신은 언제나 당신 자신을 먼저 살펴보아야 한다. 처음에는 그 사람을 해고하는 것 외에 다른 선택의 여지가 없었다고 생각할지도 모르지만, 나중에 그런 결정을 내리지 않아도 되게끔 당신이 할 수 있었던, 그러나 하지 않은 많은 일들을 발견하게 될 것이다.

당신은 스스로 이런 질문을 해볼 필요가 있다. "내가 이 사람의 문제에 대해 관심이 있었던가? 그가 거짓말하는 것을 처음 알았을 때 드러내놓고 문제를 삼았던가? 아니면 그러기가 너무 힘들어서 모른 척 하고 넘어가고, 결국 이처럼 막다른 지경에까지 이르게 된 것이 아닌가?" 물론 그 반대 입장에 있는 사람도 내가 왜 해고 당했는지 살펴 보아야 할 것이다.

이제까지 나는 진실과 하나님에 대해 말했다. 이 두 가지가 서로 가까운 것은 우연이 아니다. 왜냐하면 우리가 진리에 대해 말할 때, 우리는 자신보다 높은 그 어떤 것에 대해 말하는 것이기 때문이다. 우리는 '지극히 높은' 힘에 대해 탐구나 또 그에 복종하는 것을 말하고 있는 것이다.

당신은 이것을 원시적인 종교 관념이라고 무시해 버릴지도 모른다. 하지만 과학 역시 진리에 복종하는 행동이다. 과학적 방법이라는 것도, 우리가 진리에 관심을 갖고, 우리 자신을 속이려는 바로 그 인간적 경향에 대항해 싸우기 위해 수백 년 간 개발해 온 일련의 관습과 절차에 불과하다. 그러므로 과학은 더 높은 조정자, 더 높은 힘, 즉 진리에 복종하는 것이다.

마하트마 간디는 말했다.

"진리는 신이며, 신은 진리다."

나는 신이 빛이며 사랑이라고도 믿지만, 분명히 신은 진리다. 그러므로 과학적 지식이 모든 의문에 해답을 주지는 못하더라도, 과학적 지식에 대한 추구는 그 자체로서 신의 뜻에 복종하는, 더 높은 힘에 복종하는 행동인 것이다.

부적절한 비난을 일으키는 가장 큰 원인은, 의지는 강한데 더 높은 힘에 대해 복종하지 않는데 있다. 강한 의지는 인간이 소유할 수 있는 가장 귀중한 자산이라고 나는 믿는다. 공과 선을 보장해주어서가 아니라 약한 의지가 실패를 보장하기 때문이다. 정신 치료가 잘 되는 사람들, 성장하고자 하는 신비한 의지를 갖고 있는 사람들은 바로 강한 의지의 소유자들이다.

그러므로 강한 의지는 위대한 자산이며 축복이다. 그러나 모든 축복은 저주의 가능성 또한 갖고 있다. 모든 것에는 부작용이 있다. 강한 의지의 최악의 부작용은 강한 기질, 바로 분노다.

내 환자들에게 이를 설명하기 위해서 "나는 의지가 약하다는 것은 뒷마당에 작은 당나귀 한 마리를 키우는 것과 같다"고 말한다. 그 놈은 당신에게 그다지 큰 해를 입히지 못한다. 해를 입힌다 해도 기껏 당신의 튤립 꽃들을 썹어 먹는 정도일 것이다. 하지만 그들은 당신에게 큰 도움도 되지 못한다. 반면 강한 의지를 갖고 있는 것은 열두 필의 힘센 말들이 뒷마당에 있는 것과 같다.

그 말들은 매우 건장하며 대단히 힘이 세다. 만일 적절히 훈련시키고 훈육시키고 마구를 채워놓지 않는다면, 그 놈들은 당신의 집을 모조리 무너뜨릴 것이다. 그렇지만 한편으로 적절히 훈련시키고 훈육하고 마구를 채워 놓는다면, 당신은 그 놈들을 이용해 그야말로 산이라도 옮길 수 있을 것이다.

비난은 제 뼈를 깎는 일

용서하지 못하고 분노하는 대다수 사람들이 자기 자신보다 더 큰 힘을 보지 못하는 사람들이라는 것은 결코 우연이 아니다. 악한 사람들은 매우 강한 의지를 갖고 있는 사람들이다. 그리고 그들은 자기애적이며 자기만을 생각하며, 부적절하고 파괴적인 비난에 몰두한다. 그들은 자기 눈 속의 들보를 제거할 수 없는, 아니 결코 제거하지 않을 사람들이다.

자신의 죄나 불완전을 지적하는 듯한 증거, 또는 자신을 막다른 골목으로 몰고 가는 증거가 있을 경우, 우리들 대부분은 무엇인가 잘못되었음을 깨닫고, 일종의 자기 교정을 하는 것이 보통이다. 그렇게 하지 않는 사람들을 나는 '거짓의 인간'이라고 부른다. 남들뿐 아니라 그들 스스로를 속이고, 자신의 결점이나 잘못에 대해서 무지할 수 있다는 것이 그들의 가장 두드러진 특징 중 하나이기 때문이다. 어떤 대가를 치르든, 그들의 죄나 불완전을 지적하는 증거가 있든 없든, 언제나 자기 자신에 대해 좋은 느낌을 갖는 것이 그들을 움직이게 하는 동기이다. 그들은 그런 증거들을 교정을 위해 사용하지 않고, 그 증거들을 근절시키려 노력하는 사람들은 자신의 병든 자아를 보호가기 위해 자신의 의지를 받아들이도록 강요하는 데만 온 힘을 기울인다. 그 부적절한 근절과 비난에서 죄악의 대부분이 저질러진다.

남을 비난하는 것은 습관이 된다. 이런 이유로 모든 심리적 게임 중에서 아마 가장 흔한 것이 비난게임이라고 할 수 있을 것이다. 게임을 끝내는 유일한 방법은 중지하는 것이다.

비난 게임을 중지하는 것은 용서라고 불린다. 비난 게임을 중지하는, 즉 끝내는 과정, 이것이 바로 용서가 정확히 의미하는 바이다. 그리고 그 일은 매우 힘들다.

혼동하지 말라. 용서하는 것과 긍정적으로 보는 것은 다르다. 긍정적으로 본다는 것은 악을 마치 회피하는 것이다. 그것은 "그래, 의붓아버지는 어릴 때 나를 학대했어. 하지만 그것은 단지 그분의 인간적 결함 때문일 뿐이야. 그의 인격이 어렸을 때 일부 손상당했기 때문이야."라고 말한다.

반면에 용서는 악에 대해 정면으로 맞선다. 그것은 당신의 의붓아버지에게, "당신이 나에게 한 짓은 어떤 이유를 대든지 간에 잘못이야. 당신은 나에게 범죄를 저질렀어. 그리고 난 그것을 알고 있어. 하지만 어쨌든 나는 당신을 용서할거야."라고 말하는 것이다.

그것은 아무리 생각해 봐도 쉬운 일이 아니다. 진정한 용서는 힘들고 어려운 작업이다. 그러나 그것은 당신의 정신 건강을 위해 절대적으로 필요한 일이다.

함께 나누기

우리가 서로 간에 문제가 생겼을 때 서로 비난하는 경우를 봅니다. 비난 게임을 중지하는 것이 용서입니다. 왜 비난을 중지하는 것이 중요할까요.

내가 〈값싼 용서〉라고 부르는 문제로 인하여 많은 사람들이 고통을 당하고 있다. 그들은 처음 치료를 받을 때 이렇게 말한다.

　"저, 내가 좋은 어린 시절을 잘 보내지 못했다는 걸 알아요, 하지만 우리 부모님들은 최선을 다하셨고, 난 그분들을 용서했어요."

　하지만 내가 그 환자들에 대해 잘 알게 되면서, 그들이 부모를 결코 용서하지 않았음을 발견하게 된다. 그들은 그저 자신이 용서했다고 굳게 믿고 있을 뿐이다.

　그런 환자들을 치료하는 내내, 부모를 다시 재판정에 세우는 일로 치료 초반기를 대부분 다 보내게 된다. 이 과정에서 부모에 대한 기소, 변호, 반론과 역 반론이 필요하며 그런 후에 마침내 판결을 내리게 된다. 이 과정이 대부분 힘들고 번거롭기 때문에, 대부분의 사람들이 이 과정을 생략하고 값싼 용서를 하는 것이다.

　하지만 진정한 용서가 시작되는 것은 "아니오, 우리 부모님들은 최선을 다하지 않았습니다. 그들은 더 잘할 수 있었을 것입니다. 그들은 내게 해를 입혔습니다."라고 말하는 유죄판결이 내려진 다음부터이다. 아무런 죄도 저지르지 않은 사람을 용서할 수 없다. 용서란 유죄판결을 내린 후에야 비로소 할 수 있는 것이다.

부모(친구, 직장인 등)를 용서하지 않았음에도 불구하고 용서했다고 생각하는 경우들이 있는데 이것은 어떤 이유에서 일어날까요.

치료를 받으러 오는 사람들 중 대다수는 피학대증 소유자다. 여기서 내가 말하는 피학대증은 신체적 고통을 통해 성적 쾌락을 얻는다는 뜻이 아니라 비정상적 방법을 써서 만성적으로 자신을 파괴한다는 의미이다.

대표적인 예를 들면, 총명하고 유능한 어떤 사람이 자기 분야에서 일찌감치 두각을 나타내어 스물 여섯의 나이에 그 회사의 최연소 부사장이 되려던 참에, 몹시 엉뚱한 짓을 저질러 이 모든 것을 날려 버리고, 해고되고 만다. 그는 대단히 똑똑하기 때문에 곧 다른 회사에 취직하고 혜성처럼 두각을 나타내 드디어 스물 여덟 살에 승진하게 된다. 그런데 또 다시 엉뚱한 일을 저질러, 모든 것을 날려버리고 해고된다. 그리고 세 번째로 그런 일이 일어난 후, 그는 일종의 만성적 자기 파괴 양상, 피학대증 양상이 자신에게 있음을 깨닫게 되었다.

아름답고, 총명하며, 매혹적이고, 유능한데, 언제나 실패자들하고만 연애하는 여성의 경우도 이런 예에 속한다. 만성적 자기 파괴 양상을 보이는 사람들은 또한 값싼 용서의 희생자들이기도

하다. 당신은 그들이 "나는 최고의 어린 시절을 보내지는 못했어요, 하지만 우리 부모님들은 최선을 다하셨어요"라고 말하는 것을 들을 수 있을 것이다.

싸구려 용서가 왜 아무 소용이 없는지, 그리고 그러한 자기 파괴의 덫에서 빠져나오기 위해서는 진실한 용서가 왜 필수적인지를 이해하기 위해, 이러한 피학대증 이면에 무엇이 도사리고 있는지 알아보도록 해야겠다. 최선의 방법은 어렸을 때의 정신 역동을 살펴보는 것이다. 왜냐하면 정신 질환을 앓고 있는 성인일지라도 어렸을 때에는 완벽하게 정상으로 보이는 경우가 많기 때문이다. 네 살짜리 조니를 예로들어 보자. 조니는 지금 거실에서 진흙 장난을 하고 싶다. 하지만 엄마는 이렇게 말한다.
"조니, 그러면 안 돼."
하지만 조니는 계속해서 고집을 부린다.
"아니야, 난 할거야."
그래서 엄마는 다시 말한다.
"안 돼!"
그러자 조니는 울면서 계단을 뛰어올라 자기 방문을 꽝 닫고 들어가 흐느껴 울기 시작한다. 5분 후 조니의 흐느낌은 잦아들었지만 여전히 자기 방에서 나오지 않는다. 그리고 다시 30분이 흐른다. 엄마는 아들의 기분을 바꿔줄 무엇인가를 해야겠다고 생각한다. 그녀는 조니가 이 세상에서 제일 좋아하는 것이 초콜릿 아이스크림이라는 것을 알고 있다. 그래서 초콜릿 아이스크림을 갖고 올라간다. 조니는 아직도 자기 방 구석에서 시무룩해져 있다.

"자, 조니야, 여기 초콜릿 아이스크림 가져왔다."

엄마는 말한다.

조니는 '싫어!'하고 소리치며 엄마 손을 탁 쳐서 아이스크림을 떨어뜨리고 만다.

그것이 피학대증이다. 조니는 자기가 이 세상에서 제일 좋아하는 것을 받았지만 그것을 던져버리고 만 것이다. 왜? 이유는 그 특정한 시점에서 조니는 아이스크림에 대한 사랑보다 엄마에 대한 미움이 더 컸던 것이다. 바로 이런 것이 피학대증이다. 그것은 왜곡된 가학증이고, 왜곡된 미움이고, 왜곡된 분노이다. 그것을 변화시킬 수 있는 유일한 방법은 용서하는 것뿐이다.

진실로 그들의 부모를 용서하는 것, 그것은 매우 힘들고 어려운 일이다.

함께 나누기

피학대증은 만성적으로 자신을 파괴하는 것입니다. 피학대증의 소유자는 진정한 용서가 아닌 값싼 용서로 끝나고 맙니다. 용서에 있어서 피학대증이 왜 중요한 요소가 될까요.

잊을 순 없어도 용서할 순 있다

부모 때문에 지옥 같은 어린 시절을 겪고, 현재 그것을 극복해 나가고 있는, 환자 한 명이 나에게 말했다.

"내가 부모님에게 가서 그들이 내게 한 일을 말하고, 그 분들이 사과를 한다면, 나는 부모님을 용서할 수 있었을 거예요. 아니 그냥 듣고 계시기만 했어도 용서했을 거예요. 하지만 내가 가서 말했을 때, 그분들은 그 모든 것이 내가 꾸며낸 이야기라고 말했어요. 그분들은 그들이 했던 일을 기억조차 하려 들지 않았어요. 오직 나만이 그 모든 고통을 짊어지고 있었던 거예요. 그들은 내게 그 모든 고통을 주고도 아무런 고통을 받지 않았어요. 그런데도 당신은 내가 그분들을 용서하기를 바라시는 거예요?"

나는 말했다.

"예."

이유는 고통스럽기는 할지라도 그것이 치유에 필요하기 때문이다. 그들의 부모들이 사과를 하건 안하건, 심지어 듣건 듣지 않건 그들이 자신들의 부모를 용서하기 전에는 인생이 망쳐진 상태로 머물러 있을 것임을 환자들에게 나는 설명해 주어야만 한다.

진정한 용서의 필요성에 대해 거부감을 느끼는 환자들이 흔히 하는 몇 가지 말이 있다. 어떤 환자는 이렇게 묻는다.

"왜 우리가 이런 좋지 않은 일들에 대해 말해야 되나요? 우리는 언제나 제 부모님이 했던 나쁜 일들에 대해 이야기하고 있는데, 그것은 그분들에게 몹시 불공평한 일이예요. 글쎄, 그분들은 어느 정도 좋은 일도 하셨어요. 이것은 공평하지 않아요."

그러면 나는 말한다.

"분명히 당신의 부모님들은 좋은 일들도 하셨어요. 한 예로 당신은 살아 있어요. 만일 그분들이 무엇인가 옳은 일을 하지 않으셨다면, 당신은 아마 살아 있지도 못했을 겁니다. 하지만 우리가 나쁜 일들에 초점을 맞추는 것은 써턴의 법칙 때문입니다."

그러면 내 환자는 나를 멍하니 쳐다볼 것이다.

"써턴의 법칙?"

그리고 나는 말한다.

"예, 그것은 유명한 은행 강도 윌리 써턴의 이름을 따서 붙인 법칙입니다. 기자들이 써턴에게 왜 은행을 터냐"고 질문하자, "그 곳에 돈이 있기 때문"이라고 대답했다.

우리 정신과 의사들이 나쁜 일에 초점을 맞추는 것은 거기에 청산해야할 그 무엇이 있기 때문이다. 우리 자신을 위해서만이 아니라 우리 부모들을 위해서도 그 곳에 상처와 흉터가 있기 때문이고, 그 곳이 치료가 필요한 부분이기 때문이다.

함께 나누기

우리는 여기에서 비난게임을 볼 수 있습니다. 정신과 의사들이 나쁜 일에 초점을 맞추는 것은 거기에 청산해야할 그 무엇이 있기 때문입니다. 우리 자신을 위해서만이 아니라 우리 부모들을 위해서도 그 곳에 상처와 흉터가 있기 때문이고, 그 곳이 치료가 필요한 부분이라는 말하는 이유는 무엇일까요? 그런데도 피해자는 어떤 형식으로든 가해자에게 완전하게 자기 잘못을 인정하면 용서하겠다고 심리적으로 다그칩니다.

처음 치료를 받으러 온 사람들이 하는 말 중에 더욱 단순한 말이 있다. "왜 이런 과거 일들을 모두 들추어 내야 하는 거죠? 왜 그냥 잊어버리면 안 되는 건가요?"하는 말이다.

그 이유는 우리는 아무것도 잊을 수 없기 때문이다. 진실로 우리는 잊을 수가 없다. 우리는 오직 진실로 용서할 수 있을 뿐이다. 비록 용서라는 힘든 작업을 회피하기 위해, 종종 그 문제를 우리 마음 밖으로 몰아내기는 하지만, 때로는 사람들이 고통스런 기억을 다루기 위해 흔히 사용하는 소위 억압이라는 심리적 기제를 통해, 우리의 기억을 의식 밖으로 몰아내는 것이 가능하다. 그 결과, 우리는 그것을 의식의 세계에서는 기억하지 못한다. 그렇다고 해서 그것이 사라져 버린 것은 아니다. 실제로는 우리를 괴롭히는 유령이 되어, 우리가 그것을 기억하고 있는 경우보다 더 나쁜 결과를 초래한다. "망각은 용서가 아니다!"

예를 들면, 아버지나 의붓아버지로부터 매주 계속해서 2년이나 3년 동안 반복적 성 희롱을 당했던 여성들이 실제로 그 일을 잊어버리는 경우가 간혹 있다. 그들은 그런 일이 있었던 것조차 기억하지 못한다. 그 기억을 억압해버렸기 때문이다. 그러나 이런 여성들은 결국 치료를 받게 된다. 그 이유는 대개 그들이 살아가면서 맺는 남성들과의 관계 형성이 모두 나쁜 결과로 끝나버리기 때문이다. 그들이 기억할 수 없는 어렸을 때의 경험들이 그들을 사로잡고 놓아주지 않는 것이다.

그래서 나는 환자들에게 우리는 아무것도 결코 잊을 수 없다고 말한다. 우리가 할 수 있는 최선의 길은, 고통 없이 기억할 수 있는 정도까지 그것과 화해하는 일이다. 따라서 안전한 치료적 동맹을 위한 첫 단계는 저질러진 범죄들을 기억해 내는 것이다. 그러면 분노가 잦아든다. 하지만 분노를 너무 오랫동안 가슴에 품고 있으면, 당신 자신이 상처를 입게 된다.

함께 나누기

소위 '억압'이라는 심리적 기제를 통해, 우리의 기억을 의식 밖으로 몰아내는 것으로써 용서가 가능하다고 생각합니다. 그렇게 하면 우리는 그것을 의식의 세계에서는 기억하지 못할 수 있습니다. 그렇다고 해서 기억이 영영 사라져 버린 것은 아닙니다. 실제로는 우리를 괴롭히는 유

사실 용서의 주된 이유라고 할 수 있는 이러한 용서의 과정은
이기적인 것이다. 용서란 남을 위해서 하는 것이 아니다. 우리가
용서해 주려 하는 그 사람들은 자신이 용서 받아야 한다는 것조
차 모르고 있는 경우가 많다. 그들은 대부분 자신의 잘못을 기억
하지 못한다. 그들은 흔히 "모두 당신이 지어낸 얘기야"라고 말
한다. 심지어 이미 죽은 경우에도 그렇게 한다. 용서를 하는 이유
는 당신 자신을 위한 것이다. 당신 자신의 건강을 위해서이다. 왜
냐하면 우리가 적절한 시기에 치유의 과정을 시작하지 못하고
계속해서 분노를 붙들고 있다면, 우리의 성장은 멈추고 영혼은
오그라들기 시작하기 때문이다.

함께 나누기

"우리가 용서하려는 사람들 중에는 자신이 왜 용서 받아야 하는지 조
차 모르는 경우가 있습니다. 우리가 적절한 시기에 치유 과정을 시작하
지 못하고 계속해서 분노를 붙들고 있다면 성장은 멈추고 영혼은 오그
라들기 시작합니다"라는 말에 대해 생각해 보십시오.

3부: 용서는 어떻게 하는 것인가

용서

14

아미쉬가 보여준 용서

아미쉬들은 화려하지 않은 옷을 입고 마차를 타고 이동한다. 컴퓨터와 전기, 자동차를 사용하지 않는 것으로 유명하다. 1840년에 지어진 아미쉬 농가에는 물레바퀴, 가축우리, 아미쉬 전통음식을 만드는 스모그 하우스가 있다. 아미쉬의 삶을 보면 현대 사회와 동떨어진 것처럼 보이기도 한다. 아나뱁티스트로 살려면 지켜야 할 것이 많다. 교회를 중심으로 가족 단위의 공동체를 형성하고 있다. 남성은 턱수염을 기르며 여성은 땋아 올린 머리에 두건을 쓰고 앞치마를 두른다. 미국 내 아미쉬는 20만 명 가량이다. 몇백 년 이주를 거듭한 끝에 결국 캐나다와 미국에서 꽃을 피웠다. 메노나이트와 아나뱁티스트들은 다양한 모습으로 활동하고 있다.

1525년 1월 21일, 펠릭스 만즈(Felix Manz)의 집에서 한 그룹이 침례를 받은 후 재세례파가 출발했다. 그들은 회심 후 신자의 침례라는 신약 개념을 강조했다. 발타자르 허브마이어(Balthasar Hubmaier, 1481-1528)는 재세례파 신학자이자 복음전도자였다. 1528년에 자신의 믿음 때문에 화형당했다. 그들의 후예가 아나뱁티스트(Anabaptists, 재세례파) 신도가 되고 스위스나 네덜란드, 독일 등에서 살았다. 그들은 가톨릭과 개신교부터도 엄청난 탄압과 살육을 당했다.

*이글은『아미쉬의 신앙과 문화』(도널드 크레이빌, 스티븐 놀트, 카런 존슨-바이너 정성국 역, CLC, 2018),『아미쉬 그레이스』(도널드 크레이빌, 스티븐 놀트, 데이빗 웨버 제커 지음, 김재일 역, 뉴스앤조이, 2009),『그들이 사는 마을』(스 콧 새비지, 강경이 역, 느린걸음, 2015)『단순하고 소박한 삶 아미쉬로부터 배운다』(임세근, 리수, 2009)를 참고하여 필 자가 직접 쓴 글입니다.

종교개혁은 르네상스와 함께 일어났던 인류사적인 사건이다. 종교개혁은 크게 세 갈래로 나뉘어지는데 루터를 중심으로 한 개혁세력과 칼빈과 멜랑히톤을 중심으로 한 개혁세력과 또 우리 들에게 잘 알려있지 않은 재세례파라 불리우는 개혁세력이 있 다. 3대 종교개혁 세력이 있지만 재세례파는 세 갈래의 종교개혁 중에서 종교의식에 있어서 어느정도 문제의식을 공유하긴 했다. 루터파, 칼빈파(장로교)와 재세례파가 다른 점은 루터, 칼빈은 정경 유착과 국가 권력을 동원했는데 루터는 작센지역 선제후였 던 프리드리히 3세의 후원을 받아 로마 가톨릭으로부터 보호를 받았다. 칼빈파는 시의회와 영주들과 함께 종교개혁을 추진했 다. 루터와 칼빈은 소위 관주도형, 정부주도형 종교개혁을 했다. 반면 재세례파는 국가 권력과 결탁하는 것을 거부했다.

주류 종교개혁자들과 재세례파가 다른 점은 재세례파는 '이신칭의' 등의 교리를 강조하는 것과 달리 복음에 핵심을 '평화'에 두고 있다. 왜냐하면 당시는 기독교를 중심으로 한 오스만 터키와의 전쟁, 30년 전쟁, 100년 전쟁 등 전 유럽은 끊임없는 전쟁의 소용돌이에 빠져 있었다. 이러한 상황에서 재세례파는 '평화'를 종교개혁의 기치로 걸었다. 그리고 전쟁의 소용돌이 가운데서 반전운동에 앞장섰다. 가톨릭을 비롯한 칼빈파와 루터파들은 그들과 정체성이 다른 재세례파가 확산되는 것이 신앙적으로나 정치적으로 위험하다고 판단하고 무자비한 박해와 탄압을 하였고 수많은 사상자와 순교자들이 나왔다. 종교개혁은 정치권력과 결탁하면서 정치세력간의 갈등으로 격화되었다. 예를 들면 100년 전쟁 같은 것이다.

재세례파는 성인이 되어 유아들이 받은 세례들을 인정하지 않고 자기 의지와 뜻을 가지고 판단할 수 있는 성인이 되어야 세례를 다시 줄 수 있었다. 그러한 의미에서 재세례파라는 이름이 붙여졌다. 1690년대 재세례파는 메노나이트에서 분리되어 나왔다. 메노나이트는 일종의 큰 집이라 할 수 있는데 메노나이트는 현대에 들어와 주류문화와 현대기술을 어느 정도 수용한데 반하여 그 아류인 아미쉬는 현대 문화와 기술 문명과 일체 타협을 거부하며 유럽의 각 곳과 미국으로 피난하여 정착하게 되었다.

여기서는 아미쉬(Amish)에서 일어난 용서를 주제로 한 내용을 중심으로 살펴보려고 한다.

펜실바니아의 니켈 마인스에 있는 아미쉬 마을에 우유 배달부였던 칼 로버츠(Charles Carl Roberts)가 난데없이 교실로 들어와 어린 여학생 5명을 죽이고 또 다른 학생 5명에게 중상을 입혔다. 칼 로버츠는 조용하고 평화롭게 살아가던 전원적 마을에 미국에 신화를 여지없이 깨버렸다.

이 사건은 니켈 마인스와 같이 순박하고 평화로운 동네에 악이 침투했다는 것도 중요하지만 아미쉬 사람들의 놀라운 반응 즉 용서가 미국뿐만 아니라 온 세계가 주목하는 주제가 되었다는 점이다. 그것은 다름 아닌 아미쉬 사람들은 살인자를 용서했으며 남아있는 살인자의 가족들에게까지 사랑을 베풀었다. 이 용서는 엄청난 사건이 일어난 바로 이어 즉시 이루어졌다. 루터파와 칼빈파가 교리 중심의 종교개혁을 일으켰다면 아미쉬는 유무상통의 공동생활을 할 뿐 아니라 비폭력 평화주의를 했고 교리보다는 예수 그리스도에 대한 철저한 복종, 즉 행동하는 삶을 살았다.

우리나라는 70-80%가 기독교 보수주의자들인데 말은 성경무오설을 주장하면서도 행동과 실천이 거의 없다는 점에서 크게 비교가 된다. 오늘날 한국 교회는 위기를 맞고 있으며 손봉호 교수가 말한 것처럼 『주변에 밀려난 기독교』가 되었다. 오늘날 한국 교회는 많은 사람들로부터 돌팔매질을 맞고 있다. 그럼에도 불구하고 기독교 보수주의자들은 아무 생각 없이 예수님이 가르쳐주신 기도를 드리고 있다. 일곱 번씩 일흔 번까지라도 용서하라는 주님의 말씀에는 아랑곳 하지않고 아무 생각 없이 주님이 가르쳐주신 기도를 주문처럼 외우고 있다. 30-40년 전만해도 주류 미국인들은 아미쉬를 이단 취급하거나 이상한 사람들이라고 생각했다. 그러나 현재는 현대 문명에 지치고 교회의 타락과 물질주의, 기복주의 신앙에 지친 사람들이 한 해만 해도 수백만 명이 아미쉬 공동체를 방문하고 있다. 아미쉬 마을 주변에는 방문자들 때문에 미국인들이 호텔과 식당을 경영하면서 많은 돈을 벌고 있다고 한다.

아미쉬 공동체는 이 용서 사건을 통해 오히려 많은 신도들이 비약적으로 늘었다고 한다. 아미쉬 마을의 길목에 있는 초라한 교차로가 7일 동안 세상의 이목을 끌었다. 이 살인사건은 학교에서 일어났다. 아미쉬들은 8학년까지 공부를 마치고 이어 다양한 직업을 갖기 위해 아미쉬 공동체 안에 있는 다양한 직업을 갖고 있는 사람들 그리고 극히 드물지만 밖에서 일하는 사람은 직업에 종사하고 있는 전문가들에게 도제교육을 받고 직업을 갖게 된다. 아미쉬 사람들은 이 사건이 있은 후에도 언론에 사진 찍히는 것을 거부하고, 여성들은 거울을 보지 않고 용모를 가꾸지 않으며 예수님께서 말씀하신 "사람을 외모로 취하지 말라"(신 10:17, 롬 2:11)는 교훈을 지킨다. 사진을 찍기 위해 자세를 취하는 경우 개인을 숭상하고 자랑하는 행위라고 말한다. 모든 아미쉬들은 폭력영화, 비디오게임, TV를 보지 않는다. 아미쉬는 정부의 보조도 일절 받지 않고 초대교회가 보여준 코이노니아를 실천하며 살고 있다.

이 조용하고 소박한 삶을 살아가는 공동체에 2006년 10월 2일 아침에 일어난 총기 사건은 순식간에 세계로 퍼져 나갔다. 어떤 사람들은 이 사건은 인터넷보다 빠르게 세상에 퍼져나갔다. 사건이 일어나고 처음으로 약 2시간 후 11시 20분에 폭스뉴스와 CNN이 이 참사 소식을 보도했다. 2006년 10월 2일, 32세인 찰스 로버츠가 우유를 나르는 트럭을 학교 주변에 주차했다. 당시 교사는 수업을 시작하기 전에 꼭 주기도문과 일정량의 성경 읽기를 영어로 했는데 그날은 성경읽기와 주기도문을 독일어로 했다. 이어 다음 성경구절을 함께 읽었다.

> 믿는 무리가 한마음과 한뜻이 되어 모든 물건을 서로 통용하고 자기 재물을 조금이라도 자기 것이라고 하는 이가 한사람도 없더라 사도들이 큰 권능으로 주 예수의 부활을 증언하니 무리가 큰 은혜를 받았다.(행 4:32-33)

학생들은 주기도문을 노래하고 세 곡의 노래를 더 불렀다. 그 날따라 독일어 노래 가운데 Bedeuke Mensh das Ende, 가끔 부르기는 하지만 보통은 장례식에서 부르는 노래를 불렀다.

> 사람아 마지막을 생각하라
> 내 죽음을 생각하라 죽음은 항상 빨리 오는 법
> 오늘 힘이 넘쳐 건강한 사람도
> 아마도 내일이나 더 빨리 사라질 수 있다네

노래를 부르고 이어서 수업을 시작했다. 잠시 후 로버츠 (Charles Roberts)는 교실로 들어서면서 교실 문 앞에 있는 종을 쳤다. 교실로 들어온 로버츠는 총을 들고 칠판이 있는 교실 앞쪽으로 가서 학생들을 교실 앞쪽 바닥에 엎드리도록 명령했다. 이때 교사였던 여선생과 몇몇 아이들은 간신히 빠져나왔다. 교사는 도움을 청하기 위해 온 힘을 다해 들판을 가로질러 거의 500미터쯤 달려와 전화로 "학교에 총을 든 남자가 들어왔어요"라고 외쳤다. 로버츠는 "하나님에게 복수하기 위해 너희들을 처벌한다"고 말했다. 9년 전 로버츠는 딸 엘리스가 태어난지 20분만에 죽은 것 때문에 하나님에게 분노하게 되었다고 한다. 이때 교실 안에 있는 13살짜리 맏언니는 동생들을 지켜야 한다는 자신의 의무감으로 "나를 먼저 쏘세요"라고 말했다. 날카로운 권총 소리가 터졌다. 로버츠는 마치 사형을 집행하듯 여자 아이들에게 마루바닥에 일렬로 누워있게 하고 총을 쏘아댔다. 5명이 죽고 5명이 부상을 당했다. 그리고 그는 자살했다. 너무나 참혹했다.

학교를 둘러싸고 있는 고요한 목장에 아미쉬 사람들이 속속 모여들었다. 헬기 10대와 비행기 몇 대가 하늘을 날고 있었다. 아이들은 신분증이 없기 때문에 인명파악이 어려웠다. 한 가정의 두 명의 어린아이가 죽기도 하였다. 어린 소녀들이 두려움 속에서도 그런 용기를 가진 것은 아미쉬 역사에 수없이 등장하는 순교자들의 삶에 대하여 계속 들어왔기 때문이었다. 총기 난사 사건이 일어난 후 몇 시간 뒤 주정부 응급 관리 본부에서는 심리 상담과 정신 상담이 이루어졌다. 어떤 이들은 몇 주간 동안 봉사하며 상담도 했다. 가장 바삐 움직이는 사람들은 소방대원과 자원봉사자였다. 그런 가운데서 세계 곳곳에서 온 카드 편지와 소포 수천통을 받았다. 총기 사건 이틀 후 아미쉬와 잉글리쉬(English, 아미쉬는 아미쉬가 아닌 사람들을 잉글리쉬라고 불렀다) 이러한 모든 것을 조절하기 위해서 아미쉬 7명과 잉글리쉬 2명이 니켈마인스 책임위원회가 조직되었다. 책임위원회는 언론매체와 사람들에게 소중한 가치들인 용서, 비폭력, 서로 돌봄, 단순함을 보도했다. 전 세계의 기부자들은 아미쉬에 400만불 상당을 기부됐다. 범인 로버츠의 장례식은 이틀 후에 치루었다. 2주 후 아미쉬 사람들은 다시 일상으로 돌아갔다.

그런데 잔혹한 살인자에 대한 용서로 세상을 충격으로 몰아넣었던 아미쉬는 한번 더 세상을 놀라게 했다. 그것은 아미쉬 사람들이 범인을 용서할 뿐만 아니라 범인의 가족까지 용서했기 때문이다. 그들은 부드럽고 섬세하고 조용하게 봉사하는 일을 시작했다. 총기 사건이 일어난 몇 시간 뒤 몇몇 아미쉬 사람들은 범인의 가족들과 접촉했고 가족들에게 "우리는 결코 당신들을 미워하지 않습니다"는 말을 했다. 이 말을 들은 로버츠의 친척들은 "아미쉬는 어떠한 원한도 없고 이 모든 것에 대해서 용서만 있었습니다. 그것은 믿기 힘든 말이었고 알아듣기 힘든 말이었습니다"고 회상했다. 기자들이 아미쉬 사람들에게 어떻게 이렇게 빨리 용서할 수 있느냐는 질문을 했고 이에 대해 아미쉬 들은 "우리는 날마다 주기도문으로 기도를 드리고 있습니다"라고 대답했다. 아미쉬 사람들이 보여준 용서와 은혜는 말과 행동을 넘어 밖으로 퍼져나갔다. 놀랍게도 범인의 장례식에 참여한 75명 중 절반 이상이 아미쉬 사람들이었다. "로버츠의 장례식이 끝난 후 로버츠의 가족들과 아미쉬 사이에 슬픔과 치유를 나누는 모습은 보통사람들로서는 상상할 수 없는 일이었다"고 말하면서 강력한 무엇인가를 느낄 수 있었다고 회고했다. 성령의 역사는 용서는 돈의 형태로 흘러들어갔다. 재정위원회의 한 사람은 "로버츠의 가족들을 누가 돕겠습니까? 만일 100만 불을 모금하고서 그들에게 5만 불을 배정한다면 그것은 옳지 않은 일입니다"고 말했다. 로버츠의 가족들을 위해 저축은행에 로버츠 이름으로 개설된 펀드(Fund)에 기부하고 개인적으로 로버츠의 가족들에게 기부했다. 이런 일이 아미쉬가 아닌 사람들에게 일어났더라면 손해배상 소송이라는 냉혹한 현실이 벌어졌을 것이다. 로버츠의 가족들은 한없이 감사를 드렸다. 많은 슬픔과 고통이 있었지만 이 모든 것을 용서한다는 말은 로버츠의 많은 식구들이 치유되고 새롭게 출발 할 수 있도록 위대한 자유를 제공했고 미래에 대한 희망을 주었고, 무서운 짐에서 해방되게 하였다.

함께 나누기

아미쉬 사람들이 자녀들을 처참하게 죽인 칼 로버츠와 그 가족들을 즉각적으로 용서한 것은 무엇에 근거한 것인지 생각해 보십시오.

각종 언론 기자들은 어떻게 그렇게 빨리 용서할 수 있었느냐, 아미쉬 지도자들이 그렇게 하라고 명령했는가, 자기들의 공동체가 좋은 평판을 얻기위해 그렇게 했는가 등에 질문을 던졌다. 뉴스에서는 아미쉬의 미덕을 보도했고 "만일 미국이 2001년 9월 11일 세계무역센터를 공격한 테러리스트들을 용서했다면 어떻게 되었을까"라는 주제로 논평과 논쟁이 일어났다. 아미쉬가 보여준 용서의 근거는 무엇인가? 아미쉬는 "용서를 거부하는 것은 선택이 아닙니다. 용서는 우리 삶의 일상입니다. 우리가 용서하는 것은 자연스럽게 나온 행동이며 용서는 우리들에게 새로운 것이 아닙니다." 그것은 단지 평범한 아미쉬들의 용서였다. 즉 그리스도인들이라면 모두 그렇게 해야 한다. 그들은 예수님이 비난하는 바리새인들과 같은 사람들이 되지 않도록 스스로 다짐했다. 일반 복음주의자들은 아미쉬 사람들에게 선교 열정이 부족하다고 비난한다. 아미쉬들은 말한다. "입술로 하는 전도는 공동체의 신실함보다 개인적 회심에 초점을 맞춘 것으로 설득하는 것에 불과하다고 말합니다. 용서를 비롯한 모든 예수님의 말씀을 말만 하는 것이 아니라 행동으로 하는 것이며 이것이 우리가 하는 용서입니다."

함께 나누기

소위 정통 교회에서는 아미쉬들에게 선교열정이 부족하다고 말하는데, 이에 대해 그들이 말하는 대답을 한국교회와 비교하여 보십시오.

용서한다는 것은 실제로 매우 어렵고 고통스러운 일이다. 이 사건이 있은 후 미국 곳곳에서 저녁 밥상과 음료수 자판기 앞에서까지 용서의 주제로 수많은 사람들이 토론의 중심이 되었다. 그동안 미국사람들의 생각 속에서 아미쉬 사람들은 과학기술을 두려워하고 마차를 타고 다니며 꾸밈없이 단순하게 옷을 입는 사람들로 여겨졌다. 그렇지만 이 사건을 통해 아미쉬에 대한 잘못된 이미지는 사라졌다. 이 사건을 본 사람들은 경탄하고 놀라지 않을 수 없었다.

한국 교회 안에 이런 아름다운 모습들이 다양하게 보여지고 세상을 놀라게 한다면 사람들에게 욕설과 지탄을 받지 않을 수 있을 것이다. 나는 한국 교회가 점점 사라져 갈 것이라고 생각한다. 나는 한국 교회가 진정한 성경적 교회인가 하는 깊은 의문을 갖고 있다. 어느 평론가는 우리가 아미쉬를 완벽한 공동체로 생각해서는 안 되며, 그럼에도 불고하고 우리는 이상하고 낯설고 별난 사람이 되어야 한다고 말하기도 한다. 석 달 뒤 인터넷신문 빌리프넷(Beliefnet)의 기고자는 "2006년 가장 인상깊은 감동을 준 사람들을 뽑는 과정에서 아미쉬 공동체를 뽑자"는 의견에 네티즌들은 압도적인 지지를 보냈고 일부 사람들은 비판하기도 하였다. 이에 대해 〈보스턴글로브〉(Bostonglove)지는 이렇게 말했다. "증오가 언제나 틀린 것은 아니고 용서가 언제나 가치 있는 것은 아니다"고 하였고, 또 법학자인 제프린 머피는 『용서하기 전에』에서 "용서는 관대하지는 않으며 용서를 극찬하는 사람들에게 불편함을 느낀다고 말했다. 나쁜 일을 저지른 사람들에게 나중에 용서받을 것이라는 확신을 심어준다면 어떻게 이 세상을 더 좋은 곳으로 만들 수 있겠는가?" 용서가 꼭 좋은 것만은 아니라는 반박도 있었다. 아미쉬 사람들에게 적절한 감정의 부족과 악에 대한 운명론적 접근이라고 비판하는 사람들도 있었다. 가정 폭력에 대해 뉘우치지 않는 가해자에게 용서해야 한다는 생각은 위험하다. 성경에 나오는 중요한 주제인 용서가 아미쉬 사람들에 의해 전 세계적 논제가 되었다는 것은 다행이다.

함께 나누기

아미쉬가 살인자를 용서한 것에 대해 여러가지 비판이 있습니다. 이러한 비판도 중요한 것이라고 생각합니다. 함께 나누어 보십시오.

이와 관련하여 더그죄더스트림은 미국 부시 대통령이 9.11 사건 뒤에 어떻게 반응해야 할 것인지를 깨닫게 해주는 청사진이었다고 말했다. 부시는 스스로 그리스도인이라 말하면서 악의 4대 축인 중국, 러시아, 이란, 북한을 보복하라 등과 같은 말을 하고 그대로 실천했다. 어떻게 전쟁광이 그리스도인일 수 있을까? 만약 "아미쉬 사람들이 테러와의 전쟁에서 책임을 맡았다면, 우리가 오사마 빈 라덴의 집을 찾아가 용서한다"고 말했다면 어떻게 되었을까? "아미쉬들에게 국토안전부를 이끌어달라고 부탁했다면 어땠을까"하는 제안을 하는 사람들도 있었다. 초대 기독교인들은 로마 제국에서 살았던 사람들이다. 『초대 교회 사람들은 어떻게 살았을까?』를 보면서 오늘날 세계의 기독교 그리고 한국 기독교는 나사가 풀린 이미 변질된 기독교라는 생각이 든다. 이렇게 편리한 기독교를 믿는다는 것 자체가 사이비요 이단이라는 생각이 든다. 그들은 성경말씀의 실천과 순교로 로마에 저항했다. 로마 제국에 살았던 초대 교회 교인들은 로마 제국 안에 도덕적이고 신앙적인 면에서 충격을 주었다는 점을 알 수 있다.

만약 로버츠가 살인했음에도 불구하고 살아있어 반항적이고 죄책감을 느끼지 않는다면 아미쉬 사람들은 용서했을까? 이 비극이 언론에서 다루어지지 않았다면 어떻게 되었을까? 그러나 아미쉬 사람들이 개인적으로 용서했던 일들은 말하기 어려울 정도로 많다. 아미쉬에게 용서는 일종의 문화가 되었다. 문화란 한 공동체의 생활양식이 될 때 쓰는 말이다. 즉 '한국의 문화'라고 말하면 한국인의 생활양식과 습관 등을 말하는 것이다. 한국 기독교인들이 만들어낸 문화가 있다면 무엇인가? 예배당 잘 다니고 목사에게 순종하고, 술, 담배 안 먹는 꽁생원 등이 아닐까. 숨 막히도록 답답하고 말이 통하지 않는 사람들이다. 랑카스타카운티에서 여학생 5명이 죽고 5명이 중상을 입었을 때 아미쉬 사람들은 용서의 래퍼토리를 연주했다. 이번에는 전 세계가 들을 수 있도록 크게.

이렇게하여 용서의 주제가 미국인들만 아니라 세계인들의 관심사가 되었다.

함께 나누기

아미쉬에게 용서는 문화가 되었다는 말이 어떤 의미인지 생각해 보십시오. 또 한국교회 안에 기독교가 어떤 문화를 만들 수 있는지에 대해서도 함께 나누어 보십시오.

아미쉬들은 10대 후반에서 20대 후반의 나이가 되면 인생에서 가장 중요한 선택을 해야 하는데 그것은 아미쉬 공동체에 계속 살지를 스스로 결정하는 일이다. 90% 이상이 아미쉬를 선택했고 10%가 아미쉬를 떠난다.

여기서 아미쉬가 사순절과 성찬식을 어떻게 보내는지 잠시 살펴보자. 사순절 기간이 끝나면 성찬주일에 성찬식이 절정에 이른다. 아미쉬는 보통 주일에도 3시간 이상 예배를 드리는데 성찬주일에는 8시간 동안 예배를 드린다. 교인들은 성찬식이 끝나고 나면 남자는 남자끼리 여자는 여자끼리 세족식을 한다. 그런데 사순절 기간에 목사는 교인들에게 잘못한 사람을 용서하고 원한이 있는 사람에게 원한을 버릴 것을 권고한다. 용서하지 않은 사람들은 성찬식에 참여할 수 없다. 성찬식 전에 교인들 간의 용서와 화해가 충분히 일어났다고 판단되지 않으면 교회의 지도부에서는 몇 주에서 몇 달간 성찬식을 연기한다. "우리 아미쉬들은 서로간에 용서하는데 오랜 시간이 걸리고 힘들어 하기도 하고 용서와 싸웁니다." 용서와 화해가 끝난 뒤 성찬식은 주일 오전 8시부터 휴식시간 없이 오후 4시까지 진행되고, 점심 때는 교대로 몇 사람씩 옆방에 차려놓은 식사를 한다.

많은 학자들이 제자도로 재세례파를 설명했다. 16세기 초부터 재세례파는 '예수를 따르는 것'을 기독교인들에게 가장 중요한 표지로 강조했다. 물론 다른 기독교 전통들도 예수의 삶과 본에 가치를 둔다. 그렇지만 그들은 기독교 신앙의 정수로 다른 그 무엇보다 제자도를 더 중요하게 여긴다. 예를 들면 로마 가톨릭은 성체성사에 우선권을 두고, 오순절 계통은 성령의 역사를 강조한다. 그렇지만 재세례파에서는 '예수를 따르고 닮아가는 것'이 가장 중요하다.

따라서 아미쉬 교회들이 복음서에 기록되어 있는 예수의 말씀과 행동에 초점을 맞추는 것은 놀라운 일이 아니다. 아미쉬 설교자들은 설교할 때 구약성경보다는 신약성경을 더 많이 인용하는 편이며, 설교에 구약성경을 인용하지만 예배에서 함께 읽는 모든 성경 구절들은 신약성경 구절들이다. 그리고 〈마태복음〉, 〈마

가복음〉, 〈요한복음〉, 〈누가복음〉, 이 네 복음서를 다른 신약성
경들보다 더 중요하게 여긴다. 랭커스터 아미쉬 성구 집에 있는
성구 예순 개 가운데 마흔 개가 4복음서에서 따온 구절이며, 그
중에서 19개는 마태복음에서 따온 구절이다. 아미쉬 성구집은
특히 각 역년(曆年)의 첫 12주 동안 모든 구성원들의 관심을 산
상수훈이 포함되어 있는 〈마태복음〉 1장부터 12장까지에 집중
시키는데, 이 구절들이 아미쉬 신학에서 가장 많은 관심을 받는
구절들이다.

　아미쉬가 복음에 초점을 맞추기 때문에 제자도를 강조하는 것
일까? 아니면 복음에 대한 관심이 그들을 제자도에 헌신하게 만
드는 것일까 "닭이 먼저냐? 달걀이 먼저냐?"하는 것과 같은 질
문은 대답하기 불가능할지 모른다. 그러나 분명히 모든 재세례
파들은 예수를 경배할 대상으로 뿐만이 아니라 모방할 대상으로
바라본다. 특히 아미쉬들은 더하다. 초기 재세례파 지도자 가운
데 한 명은 다음과 같이 말했다. "기독교인이라고 자부하는 사람
은 누구나 예수가 걸어가신 길을 똑같이 걸어가야만 한다." 아미
쉬 사람들 또한 이와 같은 영적인 길이 언제나 쉬운 것은 아니라
는 점을 인정한다. 그러나 그들은 예수를 따르는 것이야말로 영
원한 삶으로 인도하는 길이라고 본다. 아미쉬 찬송집인 '아우스
분트'(Ausbund)에는 16세기에 쓰인 글 수십 편이 실려 있다. 그
중 한 찬송의 가사를 보면 아미쉬 사람들을 이렇게 노래한다.

이 생에서 그리스도를 따르는 자는

세상의 모욕과 싸움을 무시해야만 하고

십자가를 매일 져야만 한다.

이것만이 주님의 보좌로 인도하기 때문에

그리스도만이 그 길이다.

함께 나누기

아미쉬의 제자도는 무엇을 특별히 강조하고 있습니까.

　아미쉬 사람들과 인터뷰한 기자들의 말에 따르면, 아미쉬들은 예수를 따른다는 점을 강조하면서 특히 마태복음에 있는 가르침에 집중한다고 한다. 어느 감리교 감독은 마태복음 5장에서 7장까지를 성경에서 가장 중요한 부분이라고 말하면서, "그 부분에 예수가 산에 올라 사람들을 가르쳤다는, 이른바 산상수훈이 담겨 있기 때문이다" 라고 설명했다. 자신이 운영하는 가구 매장에서 인터뷰한 어느 목사도 그 감독의 말에 공감했다. "용서가 마태복음 5장과 산상수훈 그리고 '원수를 사랑하라'하신 것의 전부나 마찬가지죠." 이들에게는 용서란, 설교와 독서와 기도를 고취하는 예수의 가르침에 뿌리를 두고 있다.

　용서를 '성서의 주제'로 삼아 더 일반적인 이야기를 하는 이미쉬 사람들조차 결국에는 산상수훈으로 이야기가 흘러갔다. 우리가 페인트 가게를 운영하는 젊은 목사 에이모스에게 질문 했을 때 그는 이렇게 대답했다."신약성경을 자세히 살펴보십시오. 그러면 신약성경 어디에나 용서가 있다는 것을 알게 될 것입니다. 당신이 신약성경을 펼쳤을 때, 가장 처음에 보이는 구절이 용서일 것입니다. 용서는 성경이 말하고자 하는 모든 것입니다. 성경은 우리에게 십자가를 지고 예수님을 따르라고 말씀하십니다. 무슨 일이 일어나든 우리는 그분을 따라야만 합니다." 에이모스는 계속 말을 하는 동안, 복음서에 초점을 맞추었다." 마태복음, 마가복음, 누가복음, 요한복음을 보십시오. 모두 용서에 대해서 말하고 있습니다. 신약성경을 다 살펴보지 않아도 어느 곳에서든 그것을 발견할 수 있습니다. 산상수훈 말씀을 보십시오. 용서로 가득하잖아요."

사실 마태복음을 보면 용서에 대한 예수의 가르침이 매우 많다는 것을 알 수 있다. 한 아미쉬 목수는 마태복음 18장 21절과 22절을 언급하며 그 구절을 밑바탕 삼아 용서를 이해하고 있다고 설명했다. 이 짧은 구절에서 베드로 사도는 가해자를 일곱 번 용서하는 것이면 충분한 것인지 스승인 예수에게 묻는다. 거기에 대해 예수는 일곱 번을 일흔 번이라고 대답한다. 그 목수가 말했다. "일곱 번을 일흔 번이면 비극을 490번이나 경험할 수 있지만 (총기사건과 같은 비극도 여러 번 겪게 될 수 있지만), 여전히 우리는 용서해야만 한다는 것을 의미합니다." 이들 말고도 수많은 아미쉬 사람들이 이 구절을 용서의 근거로 언급했다.

그러나 용서에 대한 모든 이론적 근거가 마태복음에서만 나오는 것은 아니다. 어떤 아미쉬 사람들은 순교자 스데반을 언급했다. 스데반은 기독교인 가운데서는 처음으로 순교한 사람이다. 그의 행적은 사도행전 7장 54절에서 60절까지에 기록되어 있다. "스데반은 죽어 가면서도 '주님, 이 죄를 저 사람들에게 돌리지 마십시오.'라고 큰소리로 외쳤습니다. 그런 것이 용서입니다." 한 아미쉬 남자가 깔끔하게 정리해 주었다.

어느 나이 많은 아미쉬 남자는 다른 이야기를 꺼냈는데 이번에는 요한복음이었다. "예수님은 간음하다 바리새인들에게 현장에서 잡혀 끌려온 창녀를 보시고, 누가 그 여자에게 먼저 돌을 던지겠냐고 물으셨잖아요. 그런데 아무도 그렇게 할 수 없었습니다."

많은 아미쉬 사람들이 언급하는 또 다른 모범도 있다. 그것은 예수가 십자가에 못박힌 채 하신 기도를 들어 말한다. "아버지, 저 사람들을 용서하여 주십시오, 저 사람들은 자기네가 무슨 일을 하는지를 알지 못합니다."(눅 23:34) 어쩌면 그들의 역사에서 적지 않았던 순교 때문에 극심한 고통과 죽음을 마주 대해야 하는 용서라는 이미지가 아미쉬 사람들의 마음 속에는 매우 중대하게 보이는 것 같다.

아미쉬 사람들 가운데 몇 명은 바울의 충고를 반복하여 말했다. 누가 누구에게 불평할 일이 있더라도, 서로 용납하여 주고, 서로 용서하여 주십시오, 주님께서 여러분을 용서하신 것과 같이, 여러분도 서로 용서하십시오.(골 3:13)

35세 재봉사인 베리가 말했다. 형들을 용서하는 요셉(창 50:15-21) 아내 고멜이 간통한 것을 용서한 호세아(호 1-3장)처럼, 구약에 나오는 사람들을 언급한 아미쉬 사람들도 있었다.

마태복음은 우리가 인터뷰한 아미쉬 사람들의 생각 속에 여전히 중심을 차지했다. 용서에 대한 아미쉬의 설명에서 가장 뚜렷하게 나타나는 이야기는, 예수가 〈용서하지 않는 종을 비유〉로 든 이야기로, 마태복음 18장 23절에서 35절 사이에 나온다. 아미쉬에게는 봄과 가을에 성찬 예배가 있는데 그 두 주 전 예배 때 아미쉬 목사들이 이 구절을 읽고 설교하기 때문에 아미쉬 사람들은 이 비유를 잘 알고 있다. 아미쉬에게 이 예배와 성찬예배 사이의 시간은 심오하고 영적인 사색을 하는 기간이다. 이처럼 자신을 성찰할 수 있는 시간은 의로운 삶을 위한 열쇠 구실을 하며, 자신과 하나님의 개인적인 관계만이 아니라 자신과 다른 사람들의 관계에 대해서도 많은 중점을 둔다.

이 비유는 죄를 지은 자를 몇번 용서해야 하느냐는 베드로의 질문에 이어 나온다. 예수는 "일곱 번을 일흔 번까지라도"라고 대답하고서, 왕과 그 왕에게 엄청난 빚을 진 종에 관한 이야기를 들려준다. 종이 왕에게 자신이 진 엄청난 빚을 덜어 줄 것을 애걸하자, 왕은 자비롭게도 동의한다. 그런데 그 종은 왕에게서 물러나오자마자 곧바로 자기에게 빚을 조금 지고 있는 동료 종의 멱살을 잡았다. 빚을 갚겠으니 시간을 좀 달라고 요청했지만, 그 빚진 동료 종은 감옥에 갇히게 되었다. 방금 용서받은 종이 왕에게 받은 자비를 자기에게 빚을 진 종에게 전하기를 거부한 것이다. 왕은 이 소식을 듣고 자기에게 빚을 진 종을 용서한다고 한 약속을 취소한다. 그러고는 종을 엄하게 꾸짖고 '형리'에게 넘겨주었다. 예수는 날카로운 신학적인 적용으로 비유를 마무리하였다. "너희가 각각 진심으로 그와 같이 하실 것이다."(마18:35) 이 이야기는 성찬식에 참여하려면 용서하는 마음이 꼭 필요하다는 것을 모든 아미쉬 사람들이 기억하게 만드는 데 공헌했다.

함께 나누기

아미쉬는 두 번, 봄과 가을에 성찬을 갖습니다. 그들이 성찬식을 가질 때 어떻게 준비하고 있습니까. 한국 교회가 본 받을 것이 있다면 무엇일까요.

어느 아미쉬 목사는 "우리가 언제나 용서할 수 있는 것은 아닙니다. 우리에게도 갈등이 있습니다." 니켈 마인스에서 아미쉬 사람들이 재빨리 보여 준 용서와 자비는 많은 사람들에게 용서가 쉬운 것처럼 보이게 한다. 아미쉬 사람들은 용서는 것이 결코 끝나지 않는 힘든 일이라고 말한다. 그들은 교회 바깥 사람보다 교회 안에 있는 사람에게 자비를 베푸는 것이 이따금 더 힘들다는 점을 인정했다. 기드 목사도 그랬다. "용서 가운데 나를 괴롭히는 부분은 같은 교회에 있는 사람에게 품고 있는 크고 작은 원한들입니다. 때로는 찰스 로버츠(Charles Roboerts)와 같은 사람을 용서하는 것보다 서로 용서하는 것이 더 어렵습니다. 우리는 우리 나름대로 작은 원한들을 품고 있습니다."

아미쉬들은 용서에 대해서 두 가지를 인정한다. 첫째, 아미쉬 사람들은 자신들에 대한 하나님의 용서가 다른 사람들을 용서하는 것과 연결되어 있다고 믿는다. 둘째, 아미쉬 사람들은 가해자에게 용서를 베푸는 것이 쉽지 않다는 점을 알고 있다. 이 두 가지 이유 때문에 아미쉬 사람들은 자녀들에게 용서를 훈련시키고 그것을 스스로 어떻게 실천해야 하는지를 배우는데 많은 힘을 쏟는다.

아미쉬 사회에서 놀랄만한 점 가운데 한 가지를 들자면, 공식적인 신앙교육이 상대적으로 적다는 점이다. 주일 학교를 세운 몇몇 아미쉬 공동체가 있기는 하지만 아미쉬 여름 교회 캠프, 방학 성경학교, 대학교 또는 신학교 같은 것들은 없다. 니켈 마인스에 있는 아미쉬 학교조차 정식으로 교리를 가르치지 않는다. 물론 학교 수업에는 성경읽기와 주기도문 암송이 포함되어 있고, 일기에는 아미쉬 가치를 가르치는 이야기들이 포함되어 있다. 그러나 아미쉬 신앙에는 아무런 명시적인 지침이 없다. 지도자들은 신앙교육을 해야 하는 의무를 일차적으로 학교나 교회가 아닌 가정에 둔다.

그렇다고 아미쉬 부모들이 따라야 할 공식적인 교육과정이 있는것도 아니다. 단지 성경과 기도책 그리고 여러 가지 아미쉬 책들만 있을 뿐이다. 아미쉬 사람들에게 다음과 같이 물었다. "아미쉬 사람들은 어떻게 용서를 실천하는 법을 가르칩니까?" 그 대답은 이렇다. "바로 우리가 보고 들은 대로 가르칩니다." 우리는 더 자세히 파고들어 갔지만 똑같이 대답하는 부모는 아무도 없었다. 대개 그들은 형제 사이에 일어난 싸움을 푸는 것을 예로 들었다. 어린 아이들의 엄마인 메리는"아이들은 싸우면서 용서를 배워요. 아이들이 싸우면, 나는 아이들에게 '미안해, '난 널 용서해'라고 가르칩니다. 그것이 바로 우리들의 관례에요."

다른 사람들에게 경의를 표하는 것의 중요성은 노래로 배운다. 성탄절 즈음에 웨스트 니켈 마인스 학교 학생들은 이따금 조이(Joy)라는 노래를 징글벨의 곡조를 따 불렀다. 그 가사는 다음과 같다. "기쁨, 당신을 위한 기쁨, 예수님 먼저, 당신 자신은 마지막, 그리고 남들은 그 중간에."(Joy, Joy for you. Jesus first, Yourself last, And other in Between.)

이와같이 아미쉬 어린이 대부분은 복종하는 법과 용서하는 법을 문화적 삼투압 작용으로 배우게 되는데, 이야기와 사례들이 공식적인 가르침보다 더 중요하다. 그것은 교육자들이 때로 '숨어있는 교육과정'이라고 부르는 것으로, 말이 아니라 일상의 삶 속에서 보고 배우는 가치들이다. 어떤 사람이 아미쉬 잡지에 어려서부터 배워온 숨어 있는 교육 과정을 회상하는 글을 썼다. "내가 자랄 때 우리 부모님은 자기 자신보다 남을 먼저 생각하는 법을 몸으로 보여 주시며 가르치셨다. 특히 우리 아버지와 어머니는 언제나 다른 사람들에게 가장 좋고 맛있는 것을 주었는지 확인하셨다. 하나님께서 도와주셔서 우리가 이런 자세를 다음 세대에도 전할 수 있기를 바란다.

함께 나누기

아미쉬들은 자녀들을 어떤 방법으로 가르치고 있는지 함께 생각해 보십시오.

용서는 어떤 방식으로 하는가

김호 / 정재승 『쿨하게 사과하라』

어크로스 출판사, 2011 • 7-23쪽

이 책의 저자 김호는 전 세계 20여 명만 보유한 〈설득의 심리학〉 공인 트레이너 자격(CMCT)을 갖춘 한국 유일의 코치이다. 세계 최대 PR컨설팅사인 에델만에서 인턴으로 시작, 사장까지 역임했으며, 사장 재임 중 매년 최대 매출 기록을 갱신했다. 소셜 미디어 등장으로 투명성이 중요해지면서 새로운 리더십 패러다임을 '쿨 커뮤니케이션'으로 정의하고 2007년 The Lab h를 설립, '배드 뉴스'의 대응에 대해 리더십과 조직 커뮤니케이션 관점에서 코칭을 해오고 있다.

정재승은 카이스트에서 복잡계 물리학과 대뇌 모델링으로 박사학위를 받은 후, 미국 예일 의대 소아정신과와 콜롬비아 의대 정신과에서 정신질환의 신경물리학을 연구했다. 현재 카이스트 바이오및뇌공학과 부교수로 있으면서, 대뇌 의사결정과 뇌-로봇 인터페이스, 정신질활 모델링 등을 연구하고 있으며, 다보스 포럼 '2009 차세대 글로벌 리더'로도 선정된 바 있다.

*성경적으로는 사과는 '미안하다'는 말과 '용서하다'의 중간 정도에 해당하는 말이다. 그러나 무엇보다 이 저자가 말하려는 취지를 이해하기 바란다. (필자 주)

미국 일리노이 주립대학 병원 종양외과장인 다스 굽타(Das Gupta) 박사는 40년의 경력을 자랑하는 의사다. 그런데 2006년 최대 위기를 맞이하게 된다. 환자의 아홉 번째 갈비뼈에서 떼어내야 할 조직을 여덟 번째 갈비뼈에서 떼어내는 어처구니없는 실수를 저지른 것이다. 당연히 환자가 알게 되면 가만히 있을 리 없었다. 이때 그는 병원 측 변호사가 들었다면 귀를 의심할 법한 대응을 한다. 환자와 남편에게 자신의 실수를 솔직히 인정하고 진심 어린 사과를 한 것이다. "저는 어떠한 변명도 할 수 없습니다. 환자분께 큰 해를 끼쳤습니다"라고 말이다.

이 사건의 전말은 2008년 5월 18일자 〈뉴욕 타임스〉에 실렸다. 기사에 따르면, 피해 환자와 그녀의 남편은 사건 초기 변호사를 고용했지만, 결국 의사를 고소하지 않고 우리 돈 8천여만 원에 해당하는 배상금을 받는 것으로 병원 측과 합의했다. 의사의 과실로 명백한 의료사고가 생겼을 때 환자가 의사를 정식으로 고소하면, 8천만 원이 아니라, 아니 수십억 원의 배상금을 받을 수도 있었을 텐데 말이다.

대한민국에서 날마다 벌어지는 의료사고 소송을 떠올려보면,

이 사건이 얼마나 예외적인 사건인지 짐작이 갈 것이다. 교통사고만 나도 절대 "죄송합니다. 제가 잘못했습니다"라는 말을 하지 말라고 조언하는 나라에서, '환자 앞에서의 권위'를 무엇보다 중요하게 생각하는 의사가 환자에게 머리를 숙이고 의료사고의 과실을 인정했다는 얘기를 우리는 아직까지 들어본 적이 없다. 게다가 막대한 배상금을 물어줘야 할지도 모르는 사고라면 더욱 그렇다.

굽타 박사의 사건은 우리의 상식이나 짐작과는 정반대로 불행한 의료사고가 '사과'라는 방식으로 대처했을 때 얼마나 원만하게 해결될 수 있는지를 보여준다. 환자보다 권력적으로 더 우위에 있는 의사에게 사과는 당연히 쉽지 않은 결정이었을 것이다. 그러나 당신이 의료사고의 피해자라고 상상해 보라. 의사에게 무엇을 진심으로 원하겠는가? 사건 정황을 정확히 이해하고 의료 과실이라면 의사의 진심 어린 사과를 원하지 않겠는가? 의사 역시 잘못은 뉘우치되 적절한 배상금을 무는 것으로 사건을 매듭짓고 자신의 경력에 오점을 남기지 않기를 바랄 것이다. 굽타 박사의 진심어린 용서는 피해를 입은 환자와 실수를 한 의사에게 서로가 원하는 것을 얻게 해 주었다. 피해자 부부는 "굽타 박사가 솔직하고 투명하게 자신의 잘못에 대해 얘기해주었을 때 놀랍게도 분노가 한순간에 사라졌다"고 말했다.

이 훈훈한 이야기가 굽타 박사만의 예외적인 사례일가? 환자가 어떻게 나올지 모르니 일단 과실을 부인하고 보는 것이 더 합리적인 전략이 아닐까? 아마 변호사는 당신에게 "실수나 잘못을 인정하면 소송에서 지게 돼 피해를 입을 것"이라고 조언했지만, 통계는 '전혀 그렇지 않다'고 말한다. 일리노이주립대학 병원에서 수년간 조사한 결과, 병원 측이 의료사고에서 자신의 실수나 잘못을 환자에게 솔직하게 인정하고 사과한 사례가 37건이었는데, 그중 환자가 소송을 진행한 것은 딱 한 건이었다.

일리노이주립대학병원만이 의료사고에 대해 진심 어린 사과로 대처한 것은 아니다. 하버드, 스탠퍼드, 미시간, 버지니아 등 미국의 주요 대학 병원들은 의료사고가 났을 때 자신들의 실수나 잘못에 대해 투명하게 공개하고, 환자와 가족들에게 제대로 된 사과, 즉 유감의 뜻("미안합니다") 등을 전하는 것은 물론, 책임을 인정("제 실수였습니다")하고 보상책까지 제시("저희 병원과 보상책에 대해 논의하실 의향이 있으신지요?")하는 '진실 말하기' 프로그램을 도입해 운영하고 있다. 진실 말하기 프로그램을 실시하고 있는 미시간대학병원의 경우, 이 프로그램을 실시한 직후 2001년 8월-2002년 7월 기간에는 연간 환자들에 의한 의료사고 관련 소송 제기 건수가 무려 262건에 달했다. 하지만 그 후 의료 소송 건수는 꾸준히 줄어 2007년 8월에는 83건으로 대폭 감소하는 결과를 얻었다. 연간 소송 비용이 절반으로 줄어든 것은 물론, 소송까지 가더라도 피해자 측과 합의하는 데 걸리는 시간이 절반 이하로 줄어들었다. 효과적인 사과를 병원의 위기 관리에 도입해 병원의 투명성 확립과 고객과의 관계 개선, 비용 절감이라는 일석삼조의 효과를 얻게 된 것이다.

우리는 위험한 사과를 해왔다

유럽이나 미국의 선진기업들은 대형 사고가 발생했을 때 대처하는 위기관리의 첫 번째 원칙으로 "숨기면 작은 것도 커지고 밝히면 큰 것도 작아진다"를 꼽는다. 결국 밝혀질 일이라면 숨기지 말고 사건이 터지자마자 모든 잘못을 한꺼번에 고백해야 사건이 빨리 종결되고, 사람들도 너그럽게 받아들이게 된다. '비판은 내 입으로, 칭찬은 남의 입을 통해' 하는 것이 현명하다는 것을 그들은 잘 알고 있는 것이다.

언제 일어날지 모르는 대형 사고에 대비해, 선진 기업들은 신속한 '잘못 인정'을 할 수 있도록 평소 위기관리 매뉴얼을 준비하고 가상 대처 훈련을 한다. 사건 진상 분석과 공개를 통해 이성적 판단을 이끌어내고, 적극적인 대처 방법을 개발하려는 것이다.

위기관리의 선진적인 예는 미국의 제약회사 존슨앤존슨에서 찾아볼 수 있다. 1982년 독극물이 들어 있는 타이레놀을 먹고 사망자가 발생했을 때, 존슨앤존슨은 이를 감추거나 쉬쉬하지 않고 리콜 조치를 취했다. 결과적으로 존슨앤존슨의 정직한 위기

대처법은 전화위복의 계기가 되었다. 기업에 대한 신뢰도가 오히려 상승했으며 35퍼센트에서 8퍼센트로 떨어졌던 타이레놀의 시장 점유율은 1년이 채 걸리지 않아 평년 수준을 회복할 수 있었다.

우리나라에서 '잘못 인정 심리학'의 원리를 가장 절실히 배워야 할 사람은 정치인과 기업 총수들이다. 심심하면 터지는 국회위원의 뇌물 수수 사건을 보면, 그 시나리오가 불 보듯 뻔하다. 포토라인에 선 정치인들은 한결같이 "그런 적 없다"고 우기지만, 3일 후에는 "받기는 했지만 대가성은 아니었다"고 말한다. 그리고 몇 달 후 '100만 원 벌금형에 의원직 상실'이라는 뻔한 수순으로 파국을 맞는다. 이 같은 '최악의 위기 대응법'은 회생조차 불가능하게 만든다. 시간을 끌수록 사람들은 구체적인 비리 내용은 잘 기억하지 못하지만 '굉장히 나쁜 사람', '물의를 일으키고도 뻔뻔했던 사람'이라는 인상만 각인하게 되기 때문이다.

어리석은 사과가 명예를 떨어뜨리듯이, 현명한 사과는 때론 말 그대로 '유익하다.' 진심 어린 사과는 피해자의 분노를 어느 정도 가라앉힐 뿐 아니라 감동을 전하며 신뢰를 얻고 현실적인 유익을 주기도 한다.

함께 나누기

빠르고 진심 어린 사과는 어떤 결과를 낳을 수 있는지 생각해 보십시오.

오바마의 신뢰 리더쉽

2008년 5월 미국 미시간 주에서 당시 민주당 대통령 후보였던 버락 오바마는 크라이슬러 자동차 생산 공장을 방문 중이었다. 현장에 있던 여기자 페기 아가는 공장을 둘러보고 있는 오바마에게 질문을 던졌다.

"의원님, 미국의 자동차 산업 노동자들을 어떻게 도울 생각인가요?" 오바마는 여기자에게 "잠시 기다리세요. 스위티"라고 한 뒤 나중에 답변하겠다면서 즉답을 미뤘다. 결국 여기자는 그날 오바마에게서 아무런 답변도 듣지 못했다.

하지만 더 심각한 문제가 오바마를 기다리고 있었다. 바로 오바마가 여기자에게 했던 '스위티'라는 표현이 문제가 되었던 것이다. 스위티는 애인이나 가까운 친구에게 쓰는 말로, 공식적인 자리에서 여기자에게 쓸 표현은 아니었다. 이는 오바마의 말버릇이기도 한데, 한 달 전인 4월에도 펜실베이니아 주를 방문했을 때 여성 노동자에게 같은 표현을 썼다가 구설수에 올랐던 적이 있었다.

오바마의 발언은 정치적 신뢰를 떨어뜨릴 수 있을 뿐 아니라 성희롱으로 문제 삼을 수 있는 것이었다. 논란이 일자 민주당은 심각한 혼란에 빠졌다. 그러자 오바마는 자신의 실수와 잘못을 바로 인정한 후 즉각적인 액션을 취했다. 직접 여기자에게 전화를 걸었고, 그가 전화를 받지 않자 다음과 같은 메시지를 음성녹

음기에 남겼다.

"안녕하세요, 버락 오바마입니다. 두 가지 사과할 일이 있어 전화했어요. 하나는 당신의 질문에 답을 주지 못한 것인데, 무척 미안하게 생각합니다. 저는 지역 언론사 모두와 인터뷰를 잡은 것으로 알고 있었는데, 아마도 당신이 속한 언론사와 인터뷰는 했지만 다른 기자가 담당했던 것 같습니다. 약속을 지키지 못해 미안합니다. 다시 조치를 취하겠습니다. 두 번째는 당신에게 '스위티'라는 표현을 쓴 것에 대해 사과합니다. 이는 저의 나쁜 말버릇일 뿐 비하하려는 의도는 전혀 없었습니다. 따라서 이번 실수에 대해 매우 유감스럽게 생각합니다. 제게 전화 한번 주세요. 다음에 디트로이트를 방문할 때, 제 홍보팀을 통해 당신에게 보답할 기회를 만들겠습니다."

대선 후보인 거물급 정치인이 사과를 하기 위해 기자에게 음성 메시지를 남기는 것도 이례적이지만, 사과의 내용이 눈에 띈다. 그는 자신이 무엇을 잘못했는지, 그리고 추후 조치를 어떻게 취할 것인지에 대해 구체적으로 언급했다. 적절하지 못한 말 한마디가 여론에 막대한 영향을 미치고 지지율을 떨어뜨릴 수도 있는 상황에서 오바마의 신속한 사과는 일이 더 커지지 않도록 미연에 방지했다는 점에서 '좋은 사과의 사례'라고 할 수 있다.

누구나 실수를 할 순 있지만 빨리 잘못을 깨닫고 바로 사과를 하기란 쉽지 않다. 처음에는 부인했다가, 나중엔 그럴 의도는 없었다고 말했다가, 결국 대국민 사과로 이어지는 우리 정치인들에게 오바마의 사과는 좋은 귀감이라 하겠다.

이처럼 사과를 〈리더의 언어〉로 잘 구사하는 대표적인 인물이 2009년 노벨 평화상 수상자이기도 한 오바마 대통령이다. 그리고 사람인지라 후보자 시절부터 최근까지 여러 가지 구설수에 올랐지만, 그때마다 매우 빠르고 효과적으로, 무엇보다 진심을 담아 사과를 했고, 자신의 실수나 잘못을 감추거나 축소하지 않고 '투명하고 신뢰를 주는 리더십'을 실현해왔다. 사과하는 사람이 패자가 아니라, 사과를 제대로 못하는 사람이 패자라는 진실을 그는 직접 보여주고 있는 것이다.

자신의 실수로 환자에게 피해를 입힌 사실을 솔직하게 인정하고 사과한 다스 굽타 박사, 자신이 말실수를 한 기자에게 변명이 아닌 긴 사과를 남긴 오바마 대통령. 이들은 모두 사과를 통해 패자가 아닌 승자의 모습을 보여준 사람들이다.

함께 나누기

오바마 대통령은 실수했을 때 자신이 무엇을 잘못했는지 추후 조치를 어떻게 할 것인지를 말하면서 신속한 사과를 했습니다. 이와 관련하여 용서가 이런 식으로 이루어지는 것이 바람직한지 생각해 보십시오. 이와 함께 오바마 대통령과 우리나라 정치지도자들의 사과에는 어떤 차이가 있습니까?

이제, 쿨하게 사과하라

사과(용서)는 결코 패자의 언어가 아니라 승자의 언어이며, 존경과 신뢰를 받기 위해서 갖춰야 할 가장 중요한 덕목인 '리더의 언어'다. 사실 19세기만 해도 리더의 사과란 주목받기는커녕 실패자들이나 하는 변명으로 취급받았다. 오죽하면 영국의 총리였던 벤저민 디즈레일리는 "사과란 자신이 바꿀 수 없는 것에 대한 변명일 따름이다"라고 얘기했을까!

그러나 리더의 사과에 대한 논의 자체가 거의 없던 20세기라는 어두운 터널을 지나, 인터넷과 개인 미디어, 소셜 네트워크가 일상화된 21세기에 들어서면서 상황은 크게 바뀌었다. 한국과 미국만 살펴봐도, 언론에 등장한 사과 관련 기사가 급증하고 있음을 알 수 있다. 국내 한 중앙 일간지에 실린 사과 관련 기사는 1990년대에 1천여 건에 못 미쳤지만, 2000년대에 들어서면서 지난 10년간 3200여 건으로 무려 세 배 이상 늘어났다.

이 중 대부분은 우리가 익히 접해왔다시피 유명인들의 불미스러운 사건 뒤 나온 사과들이다. 그렇다면 권력을 가진 리더들의 사과는 과연 어떨까? 다음, 네이버와 구글에서 한국과 미국의 역대 대통령 이름과 '사과'라는 단어를 함께 검색해보았다. 이 통계에서 눈에 띄는 것은 이명박 대통령과 오바마 대통령이 임기를 마치지도 않은 상황인데, 이명박 전 대통령을 압도하는 분량의 오바마 사과 관련 기사가 검색된다는 사실이다. 이는 시민들이 대통령에게 공개사과를 요구하는 경우와 실제로 대통령이 사과한 경우, 대통령의 사과에 대한 논란 등이 그만큼 사회적으로 중요한 이슈가 되고 있음을 반영한다. 이처럼 양적인 측면에서도 힘 있는 리더들의 사과는 21세기에 들어서면서 각별히 중요해지고 있다.

단언컨대, 사과는 〈리더의 언어〉다. 이는 단순히 그럴듯한 명제가 아니다. 리더에게 사과는 도덕적 담론을 넘어 이 시대를 현명하게 살아가기 위해 반드시 필요한 실질적인 '도구'가 되었다는 뜻이다. 오바마 대통령은 이렇게 말한다. "책임의 시대에는 실수를 하지 않는 것이 미덕이 아니라, 실수를 깨끗하게 인정하고 다시는 같은 실수를 하지 않도록 주의하는 것이 미덕이며, 우리는 그렇게 할 것이다."

미국의 가장 위대한 리더쉽 코치로 손꼽히는 마셜 골드스미스는 단언한다. " 나는 사과가 인간이 만들어낼 수 있는 가장 신비한 마술이고, 치료법이며, 회복의 힘을 가진 행위라고 생각한다. 더 나아지기를 원하는 리더들과 일할 때, 사과는 그 중심에 있다." '경영의 구루'로 불리는 톰 피터스 역시 최근 저서에서 사과의 '전략적 중요성'을 강조한다. 적절한 시기에 이루어지는 진심 어린 사과가 조직을 이끄는 리더의 가장 중요한 전략이라는 것이다.

사과의 중요성을 언급할 대 로버트 치알디니를 언급하지 않을 수 없다. 현존하는 사회심리학자 중 가장 많이 인용되고 있는 그는 세계적인 베스트셀러『설득의 심리학』의 저자이기도 하다.

설득의 여섯 가지 원칙을 다루고 있는 이 책에서 치알디니는 다른 사람을 설득하기 위해서는 '권위'가 심리적으로 매우 중요하다고 역설하면서 권위를 세우기 위해서는 다음 두 가지가 꼭 필요하다고 주장한다. 하나는 전문적인 지식이고, 또 하나는 신뢰다. 신뢰를 잃게 되면 리더의 권위는 무너질 수밖에 없다. 그런데 신뢰가 현실 속에서 표현되는 중요한 순간은 바로 '리더가 자신의 약점을 어떻게 커뮤니케이션하는가'에 달려 있다는 것이다. 리더는 자신의 약점을 숨기기보다는, 남이 지적하기 전에 먼저 스스로 얘기해야 신뢰와 권위를 동시에 세울 수 있다고 말한다. 사과란 바로 자신의 실수나 잘못에 대해 상대방과 커뮤니케이션하는 '신뢰 리더십의 언어'인 것이다.

리더가 '사과의 힘'을 무시해도 괜찮은 경우는 두 가지다. 하나는 앞으로 살아가면서 실수나 잘못을 할 가능성이 거의 없거나, 또는 실수나 잘못을 저지르더라도 다른 사람들에게 노출될 가능성이 없는 경우다. 당신이 그런 완벽한 리더가 아니라면 적절하게 사과하는 법을 배우는 편이 훨씬 현명한 태도이다.

함께 나누기

사과를 하지 않아도 될 두 가지 경우가 있는데 용서와 관련하여 나누어 보십시오.

우리들이 연구한 결과를 바탕으로 사과에 대한 세 가지 전제를 정리하면 다음과 같다. 첫째, 사람은 살아가면서 실수나 잘못을 반복하며 살아간다. 둘째, 리더는 자신의 실수나 잘못은 물론 다른 사람의 실수나 잘못까지 책임져야 할 때가 많다. 셋째, 21세기는 실수와 잘못이 더욱 투명하게 노출되는 시대다.

개인에서 사회 각 분야의 리더들이 대중을 상대로 자신의 실수나 잘못을 감추기 위해 거짓말을 하는 것은 더더욱 힘들어졌다. 많은 사람들이 24시간 사진기를 가장 가까이, 심지어 잠자리에 들 때에도 휴대하고 있는 시대다. 과거에는 소수 엘리트 기자들의 취재망만 따돌리면, 리더들의 실수나 잘못이 세상에 알려지는 것을 막을 수 있었다. 지금은 세상이 달라졌다.

최고의 '위기관리 언어'는 바로 사과다. 더군다나 실수나 잘못이 투명하게 노출되는 21세기를 살아가는 우리에게 그 전략적 중요성은 더욱 커졌다. 사과의 과학이 밝혀내는 '사과의 기술'에 대해 우리가 주목하는 까닭도 여기에 있다. 자신의 실수와 잘못을 인정하고 쿨하게 사과할 줄 아는 성숙한 자아를 가진 리더만이 살아 남는 시대. 훗날 '사과의 역사'는 다음과 같이 기억될 것이다.

"사과, 19세기와 20세기 '루저'의 언어에서 21세기 '리더'의 언어로 부상하다."

함께 나누기

자신의 실수와 잘못을 감추거나 거짓말을 하는 것은 바람직하지 못한 일입니다. 실수와 잘못을 했을 때 쿨(cool)하게 사과하라는 말은 무슨 의미일까요.

'미안해'는 사과가 아니다

"김태호 12번, 신재민 14번, 조현오 27번, 죄송". 2010년 8월 이명박 정부의 개각에 따른 국회 인사 청문회에서 후보자들이 '죄송하다' 또는 '미안하다'라는 표현을 연발한 것을 두고 한 신문이 쓴 기사 제목이다. 당시 언론은 이 청문회를 '사과 청문회' 또는 '죄송 청문회'라고 불렀다.

언론의 이러한 표현은 우리 사회의 사과에 대한 잘못된 이해를 단적으로 보여준다. 만약 '미안하다'라는 말이 사과로 받아들여질 만한 것이었다면, 후보자들이 열 번, 스무 번 머리를 조아리며 이런 말을 했을 때, 이를 보는 국민들의 분노와 실망은 어느 정도 가라앉았어야 한다. 하지만 이들의 반복되는 말은 국민의 용서는커녕 오히려 짜증과 분노만 일으키는 역효과를 가져왔다. 진심이 담기지 않은 사과, 이 순간만 모면해 보려는 사과, 추후 대책은 없는 사과를 국민들이 대번에 간파했기 때문이다. 결국 김태호, 신재민 후보자를 포함한 세 명이 중간에 낙마했다.

함께 나누기

"미안하다" "죄송하다"는 말을 쓰면 쉽게 풀릴 것 같은데 자꾸 변명하려 든다면 이를 보는 사람들에게 짜증과 분노만 일으키는 역효과를 줄 수 있습니다. 정치인들과 목사들 사이에 더 심하게 나타나고 있습니다. 왜 이런 일들이 자주 일어날까요.

청문회에서 '미안하다'를 연발하는 장관 후보자들을 놓고 '사과한다'고 평가하는 언론도 문제지만, 겉만 번지르르한 사과를 연발하는 후보자들의 태도도 꼴사납다. 사과에 대한 가장 큰 오해는 바로 '미안하다'를 사과의 전부로 착각하는 것이다. '미안해'는 미안하다는 감정을 표현하는 수단일 뿐이다! 즉 유감의 표시이자, 사과의 '시작점'이다.

뉴욕 주에서 변호사로 활동하다가 뉴햄프셔 대학의 철학 교수로 변신해 사과에 대한 철학적 연구를 수행하고 있는 닉 스미스 교수는 우리가 일상적으로 사과를 주고받고 있다고 생각하지만, 실은 사과가 무엇인지도 잘 모르며 깊은 혼란에 빠져 있다고 지적한다. 현실적으로 '사과의 정석'을 배우려면 사과의 다양한 표현을 익히는 것이 가장 중요하다. 사과를 제대로 하거나 받으려면 사과의 연장통에는 어떤 '도구(사과의 표현)'들이 들어 있는지를 먼저 알아야 하기 때문이다.

사과가 갖추어야 할 6가지 충분조건

'사과'에 대한 노래 중 가장 널리 알려진 곡은 영국의 팝가수 엘튼 존의 '미안하다는 말은 가장 힘든 말인 것 같아'일 것이다. 1976년에 발표돼 30여 년이 지난 지금도 널리 사랑받고 있는 이 곡은 엘튼 존이 직접 가사를 쓰고, 그의 단짝인 작사가 버니 토핀

이 마무리를 해준 몇 안 되는 곡으로 알려져 있다.

'미안하다'는 말이 힘들다고 노래한 사람은 엘튼 존만이 아니다. 위대한 뮤지션인 피터 세트라와 데이비드 포스터가 함께 만들고, 록그룹 시카고가 1982년에 불러, 그해 9월 2주간 빌보드 차트 1위를 차지한 명곡 '미안하다고 말하긴 힘들어'역시 마찬가지다.

정말 '미안해'는 가장 힘든 말일까? 그렇지 않다. 사과의 다양한 표현 중에서 어쩌면 가장 하기 쉬운 표현인지도 모른다. 실제로 '인터내셔널 헤럴드 트리뷴'은 2006년 9월 한 주말 판에서 엘튼 존의 노래 제목을 비틀어 '미안하다는 말은 더 이상 가장 어려운 말이 아니다'라는 제목의 기사를 게재했다. 당시 정치인들이 곤란한 상황을 돌파하기 위해 잇따른 사과를 한 것을 두고 그렇게 표현했던 것이다. '미안해'보다 더 힘든 사과는 무엇일까? 우리는 얼마나 다양한 사과의 언어를 가지고 있을까?

함께 나누기

'미안하다고 말하는 것이 힘들다'고 노래한 영국의 팝 가수 엘튼 존의 노래 가사를 보면서 왜 우리가 용서라는 말은 사용하기 어려운지 생각해 보십시오.

심리학자와 언어학자들은 전 세계에서 쓰이는 사과 표현에 대해 연구해왔다. 사과의 내용과 방식에 대한 가장 흥미로운 연구는 '문화 간 화해실현프로젝트'다. 이 연구는 다양한 문화권에서 공통적으로 발견되는 사과의 표현 패턴을 찾는 대규모 프로젝트였는데, 연구자들은 미안한 마음을 진실하게 표현하고 용서를 구하기 위한 다섯 가지 사과 표현 군이 여러 문화권에서 공통적으로 발견된다는 사실을 알아냈다.

한편 심리학자인 게리 채프먼과 제니퍼 토머스 역시 2006년에 출간한 『사과의 다섯 가지 언어』에서 사과를 위한 다섯 가지 표현을 제시하고 있다. 흥미롭게도 두 연구에서 제시하는 사과 표현 다섯 가지 중 네 가지가 서로 일치하는데, 종합하면 다음과 같이 여섯 가지로 정리할 수 있다.

첫 번째, 앞에서 살펴본 바와 같이 흔히 사과할 때 '미안해' 혹은 '죄송합니다', '실례합니다'라는 말을 자주 하는데, 이는 정확히 이야기하면 유감의 표현이지 완전한 사과는 아니다. 게리 채프먼과 제니퍼 토머스는 '미안해'라는 말 뒤에 '하지만', '다만' 같은 말을 덧붙이지 말라고 충고한다. 예를 들어 '미안해, 하지만 네가 약속을 너무 촉박하게 잡았잖아"라는 표현은 사과라기보다는 비난에 가깝다는 것이다. 당연히 역효과를 부른다. 따라서 사과의 앞뒤로 변명은 붙이지 않는 것이 좋다.

두 번째, 미안하다고 이야기할 때는 '무엇이 미안하지'를 구체적으로 표현해야 한다. 예를 들어, 그냥 "미안해"라는 말보다는 "내가 약속을 까먹는 바람에 널 기다리게 해서 미안해"라는 말이 더 효과적이다. 구체적인 사과는 자신이 무엇을 잘못했는지 정확하게 인식하고 있다는 것을 보여주기 때문이다. 따라서 "이유는 모르겠지만, 내가 기분 나쁘게 했다면 미안해"라는 표현은 사실 '자신이 뭘 잘못했느냐'는 얘기이므로 진정한 사과가 아니다.

세 번째, 유감 표현을 넘어서서 자신의 책임을 인정한다는 뜻으로 "내가 잘못했어(또는 실수했어)"라고 명확히 표현해야 한다. 사과를 연구하는 학자들에 따르면, 사과가 제 기능을 하기 위해서는 두 가지 요소가 필요한데, 하나는 발생한 사건에 대한 유감 표명이고, 다른 하나는 책임 인정이다. 종종 잘못한 사람은 사과했다고 하는데, 상대방은 사과를 받지 못했다고 하는 경우가 있다. 이 같은 견해 차이는 주로 사과에 책임 인정이 포함되지 않았기 때문이다. 유감 표명에만 그치지 않고 자신의 실수를 명확하게 인정하는가의 문제는 사과의 진정성과 매우 밀접하게 연관돼 있다.

네 번째, 사과를 할 때 앞으로 같은 문제가 발생하지 않도록 하겠다는 개선의 의지나 보상 의사를 표현해야 한다. 예를 들어 "내가 어떻게 하면 조금이라도 화난 마음을 풀어줄 수 있을까?" 라고 말하거나, 회사 일로 가족들과 함께 시간을 보내지 못한 아버지가 가족들에게 "미안해, 앞으로 한 달에 두 번은 꼭 가족들과 함께 시간을 보내도록 할게"라고 실행 계획을 약속한다면 '미안해'라는 말에 그치는 것보다 훨씬 효과적이다.

다섯 번째, 사과를 할 때는 재발 방지를 약속해야 한다. 기업이 사과문을 내면서 "다시는 이런 일이 발생하지 않도록 최선을 다하겠습니다"라고 적는 것이 그 예다. 주의해야 할 점은 동일한 실수를 반복했을 때 이런 표현은 오히려 무책임한 말로 들릴 수 있다는 것이다.

마지막으로, 쉽지 않은 일이지만 용서를 청해야 한다. 말 그대로 "나를 용서해 주겠니?"라고 표현하는 것인데, 이는 가장 어려운 사과 표현이며, 특히 자존심 강한 사람에게는 더욱 그렇다. 게리 채프먼과 제니퍼 토머스는 사과를 할 때 용서를 청하는 것이 어려운 이유를 세 가지로 설명한다. 용서를 청함으로써 상황에 대한 통제권을 잃을 수 있다는 두려움, 상대방이 나를 용서하지 않을지도 모른다는 두려움, 그리고 자신이 '잘못을 저지른 실패한 인간'으로 낙인찍히는 듯한 두려움 때문에 사람들은 차마 용서를 구하지 못한다고 한다. 그러나 우리 모두가 잘 알 듯이, 용서를 구하는 사람만이 진정한 용서를 받을 수 있다.

함께 나누기

사과와 용서의 원칙 4가지에 대해 나누어 보십시오. 사과나 용서를 구할때 '하지만', '다만'을 붙이는 경우가 있는데 왜 이런 말을 하는 것이 바람직 하지 못한지 생각해 보십시오.

16

교회공동체에서의 용서

디트리히 본회퍼(Dietrich Bonhoeffer) 『신도의 공동생활』

문익환 역, 서울: 대한기독교서회, 1998 • 141-157쪽

본회퍼는 반 나치 운동에 가담하여 독재정치와 싸우다가, 히틀러 정권이 무너지기 불과 며칠 전에 게쉬타포에 체포되어 교수대의 이슬로 사라진 청년신학자이다. 브레슬라우의 한 명문에서 출생한 그는 튀빙겐, 베를린에서 신학을 전공했으며, 미국 유니온 신학요에서도 공부했다. 독일이 히틀러의 손에 들어가지만 않았어도 이 "천재 청년 신학도"는 현대 신학의 조류를 바꾸어 놓기에 충분했을 것이다. 그의 사상이 단편적이고 발전 과정에 있었지만 그의 "비종교적인 그리스도교 해석", "성숙한 세계" 등의 개념은 현대 신학에 지대한 영향을 주었다. 그러나 그의 사상 못지않게 그의 "행동"은 많은 지성인들의 반향을 낳고 있다.

"죄를고백하라."(약 5:16) 자기의 죄와 더불어 홀로 지내는 사람은 완전히 고독한 사람이다. 그리스도인들은 함께 예배하

고 함께 기도하고 함께 섬기는 삶을 살면서도 외톨이가 될 수 있다. 모든 장벽을 무너뜨리고 사귐에 이르지 못하고 마는 수가 있다. 그들은 신자로서 또한 경건한 사람으로 서로 사귀고는 있지만, 속인으로서 아니 죄인으로서 사귀고 있지 않다는 것이 그 까닭이다. 경건한 사귐은 아무도 죄인이 되는 것을 허락하지 않는다. 그래서 사람들은 저마다 자기 눈앞에서 뿐만 아니라, 사귐 앞에서 자신의 죄를 덮어두지 않을 수 없는 것이다. 우리는 감히 죄인이 될 수가 없다. 그러므로 경건한 사람들 가운데 정말 죄인이 갑자기 나타났을 때에 많은 그리스도인은 그야말로 깜작 놀라게 된다. 그것은 정말 생각할 수조차 없는 일이다. 그래서 우리는 우리의 죄와 더불어 홀로 살아가는 것이다. 그런데 이것은 거짓이요 위선이다. 왜냐하면, 우리는 다 죄인일 수밖에 없기 때문이다.

그런데 여기 복음의 은총이 있다. 겉으로만 경건한 사람들은 이것을 잘 터득하지 못한다. 그러나 그것은 우리를 참과의 대결로 몰아넣으면서 일러 준다. "너는 죄인이다. 구원받을 길 없는 무서운 죄인이다. 이제 너는 이 같은 죄인으로서, 죄인일 수밖에 없는 사람으로서 네 하나님께 나오라. 그는 너를 사랑하신다. 그는 너 그대로를 원하신다. 그는 너에게서 제사나 공적 같은 것을 바라지 않으시고 너만을 원하신다." "내 아들아, 네 마음을 내게 주려마!"(잠 23:26) 하나님은 죄인을 구하시러 그대에게 오신 것이다. "기뻐하라!" 이 소식이 진리에서 오는 해방인 것이다. 하나님 앞에서 그대는 아무것도 숨길 수 없다. 그대가 사람 앞에서 쓰는 탈은 하나님 앞에서는 쓸데없는 것이 되어 버린다. 그는 그대를 적나라한 모습대로 보시려고 하고, 그대에게 은총을 베푸려고 하신다.

그대는 죄가 없거나 한 것처럼 자신에게도 형제에게도 꾸밀 필요가 없다. 그대는 죄인이기를 두려워할 필요가 없다. 그리고 그것을 생각하고 하나님께 감사하라. 그는 죄는 미워하지 죄인은 사랑하시기 때문이다.

그리스도는 몸을 입고 우리의 형제가 되셨다. 그래서 우리는 그를 믿는다. 그리스도에게서 하나님의 사랑이 죄인들에게 이른 것이다. 그의 앞에서 사람들은 죄인이 되는 것을 두려워할 필요가 없게 되고, 그렇게 되어야만 사람들에게 도움이 미친다. 그리스도 앞에서는 모든 가식이 끝난다. 죄인의 비극과 하나님의 사랑 이것이 예수 그리스도에게서 나타난 복음의 진리였다. 이 진리 안에서 성도의 모임은 살아야 한다. 그래서 그리스도는 자기의 사람들에게, 죄의 고백을 듣고 자기의 이름으로 죄를 용서해 주는 전권을 주셨다. "그대들이 누구의 죄든 용서하면 그 죄는 사함을 받으려니와, 그대들이 누구의 죄든 풀어 주지 않으면 매인 대로 있으리라."(요 20:23)

그같이 하면 그리스도는 우리를 위해서 성도의 모임을 이룩해

주시고 그 모임 속에서 형제로 나에게 축복이 되게 해주신다. 이제 그는 그리스도의 대리가 된다. 그러므로 그의 앞에서 우리는 이미 거짓을 꾸밀 필요가 없다. 이 넓은 세상에서도 그의 앞에서만 나는 적나라하게 죄인이 될 수 있는 것이다. 그리스도는 우리를 돕기 위해 우리의 형제가 되셨다. 이제 우리의 형제는 그를 통해서 우리를 위한 그리스도가 된다. 그리고 그에게서 위탁받은 일을 전권을 가지고 대행하게 되는 것이다. 우리의 형제는 하나님의 진리와 은총의 표시로서 우리 앞에 서 있다. 그는 우리를 도우러 보냄을 받아 오신 것이다. 그는 그리스도를 대신해서 우리의 죄의 고백을 듣고 그리스도를 대신해서 우리의 죄를 용서해주는 것이다. 그는 하나님처럼 우리의 고백의 비밀을 지킨다. 형제에게 죄를 고백하러 가는 것은 곧 하나님께 가는 것이다.

이리하여 그리스도인의 사귐에서 울려 나오는 부르심은 형제끼리 서로 죄를 고백하고 서로 용서하려는 것이다. 그리고 이 부르심은 교회 안에서 하나님의 크신 은총을 향해 나아가라는 것이다.

사람은 누구나 하나님 앞에, 사람 앞에 모두 죄인입니다. 형제에게 죄를 고백하러 가는 것은 곧 하나님께 용서 받으러 가는 것입니다. 우리가 교회 공동체 안에서 서로 죄를 고백하고 서로 용서하는 것은 당연할

장벽을 뚫고 사귐에

죄를 고백하는 것으로 사귐에 이르는 길이 뚫린다. 죄는 홀로 있는 사람과만 같이 머물려고 한다. 죄는 사람을 사귐에서 떠나게 한다. 외로우면 외로울수록 죄의 세력은 사람에게 더욱 더 파괴력을 발휘한다. 이에 깊이 말려 들어가면 들어갈수록, 그 고독은 그만큼 더 해롭다. 죄는 드러나기를 원치 않는다. 그래서 죄는 빛을 피한다. 그리고 죄를 털어놓지 않고 어두움 속에 웅크리고 있으면, 죄는 인간의 전 존재에 독소를 퍼뜨린다. 그런데 이런 일이 경건한 사귐 바로 그 속에서 일어나는 것이다. 죄를 고백하는 것으로 복음의 빛이 어두운 닫힌 마음속으로 비쳐 들어온다. 죄는 빛 앞에 폭로되어야 한다. 가슴에 간직해 두었던 것을 털어놓고 고백하게 될 것이다. 감추어져 숨어 있던 모든 것이 이제 하늘 아래서 드러나는 것이다. 죄를 드러내어 고백하기까지 우리는 무서운 싸움을 겪어야 한다. 그러나 하나님은 놋 문을 부수고 쇠빗장을 꺾으신다.(시107:16)

이같이 그리스도인 형제 앞에서 죄를 고백함으로써 자기를 옳다고 주장하는 마지막 아성을 포기하는 것이다. 죄인은 항복한다. 그는 자기의 모든 악을 내버린다. 그는 마음을 하나님께 바친다. 그리고 예수 그리스도와 형제들의 사귐에서 그의 모든 죄 용서 받은 것을 발견한다. 털어놓아 고백한 죄는 이미 그 힘을 잃어버리는 것이다. 그것은 이미 죄로 드러나서 심판을 받은 것이다. 이미 사귐을 깨뜨릴 힘을 잃은 것이다. 그것은 이미 죄로 드러나서 심판을 받은 것이다. 이제는 그리스도인의 사귐이 형제의 죄를 지는 것이다. 그는 자기의 죄악과 함께 혼자 있는 것이 아니다. 그는 죄의 고백과 함께 자기의 죄악을 '벗어서' 하나님께 맡기는 것이다. 그래서 죄악은 그에게서 떠난 것이다. 이제 그는 예수 그리스도의 십자가에서 나타난 하나님의 은총으로 사는 죄인들의 사귐 속에서 서 있는 것이다. 이제 그는 죄인이기를 두려워하지 않으면서 하나님의 은총을 즐거워하게 된다. 그는 감히 자기의 죄를 고백할 수 있고, 또한 그렇게 함으로써 비로소 사귐을 찾게 된다. 감추인 죄는 그를 사귐에서 유리시키고 눈에 보이는 사귐을 모두 거짓으로 만든다. 하지만 고백한 죄는 예수 그리스도 안에서 형제들과 참으로 사귀는 자리에 이르도록 그를 도와준다.

이제까지 우리는 두 그리스도인 사이에서 주고받는 죄의 고백만을 말했다. 성도의 모임 전체와의 사귐을 다시 찾기 위해서 그 모임에 속한 모든 사람들에게 죄를 고백할 필요는 없다. 내 죄의 고백을 듣고 용서해 주는 한 형제를 통해서 성도의 모임 전체가 이미 나를 만나 주는 것이다. 한 형제와의 만남에서 얻는 사귐에서 우리는 성도의 모임 전체의 사귐을 선물로 받은 것이다. 여기서는 아무도 자신의 명령과 자신의 권위로 행동하지 않고, 예수 그리스도의 위임을 받아가지고 행동하는 것이다. 이 위임은 성도의 모임 전체에게 주신 것이요, 개인은 다만 그것을 완수하도록 부름을 받았을 따름이다. 한 그리스도인이 죄를 용서해주는 죄의 고백을 들어 주는 형제의 사귐 속에 서 있다면, 그는 결코 홀로 있는 것이 아니다.

하나님 앞에서 우리는 아무것도 숨길 수 없습니다. 하나님께서는 우리의 적나라한 모습을 보시기 원하십니다. 우리가 죄를 고백함으로써 공동체 안에서 사귐에 이를 수 있습니다. 오늘의 교회가 과연 그렇게 하고 있을까요? 왜 교회 공동체 안에 이런 코이노니아의 모습을 볼 수 없을까요.

장벽을 뚫고 십자가에

죄를 고백하는 것으로 십자가에 이르는 길이 뚫린다. 모든 죄의 뿌리는 교만이다. 나는 나 스스로를 위해 있으려고 한다. 나는 나 자신에 대해서, 그리고 내가 미워하고 소원하는 것뿐 아니라, 내가 살고 죽는 일에 이르기까지도 다 마음대로 하려고 하는 것이다. 사람의 몸과 마음은 교만으로 불타고 있다. 사람은 죄악을 지닐 때에야말로 하나님과 같이 되려고 하는 것이다. 형제 앞에서 죄를 고백하는 때만큼 자신을 깊이 낮출 때는 없지 않은가? 죄의 고백은 교만을 찔러 위축시키고 형편없이 땅에 떨어뜨리는 것이다. 형제 앞에 죄인으로 선다는 것은 거의 견디기 어려운 치욕이다. 하지만 구체적인 죄를 고백하는 것으로 옛 사람은 형제의 눈앞에서 죽는 것이다. 처절하게도 한없이 부끄러운 죽음을 죽는 것이다. 이 같은 겸비는 너무나 감당하기 어려운 것이어서, 우리는 형제들 앞에서 죄를 고백하는 것을 회피할 수 있는 길을 거듭거듭 강구하는 것이다. 우리의 눈은 너무 흐려서 이같이 낮아지는 데서 오는 약속과 영광을 보지 못하게 되었다.

죄인의 부끄러운 죽음을 우리 대신 만인이 쳐다보는 가운데 당하신 이가 예수 그리스도 자신이 아니고 누구란 말인가? 그는 악을 행한 자로서 우리 대신 십자가에서 죽는 것을 부끄러워하지 않았다. 예수 그리스도와의 사귐 이외의 무엇이 죄를 고백하는 한없이 부끄러운 죽음으로 우리를 이끌어 들일 수 있겠는가? 그러나 그렇게 죽는 것은 참으로 십자가를 그리스도와 함께 지는 것이다. 예수 그리스도의 십자가는 모든 교만을 부수는 것이다. 우리가 만일 그를 만날 수 있는 곳, 죄인이 여러 자리 중에서 죽는 곳에 가기를 꺼려한다면, 우리는 예수 그리스도의 십자가를 발견하지 못한다. 죄를 고백하는 것으로 우리는 십자가를 지겠다고 나서는 것이다. 우리가 형제 앞에서, 다시 말하면 하나님 앞에서 이같이 자신을 낮춘다는 것은 마음과 몸에 깊은 아픔을 받는 것이다. 그러나 이 같은 깊은 아픔에서 우리는 예수의 십자가를 우리의 구원이요 우리의 영원한 축복을 체험한다. 옛 사람은 죽는다. 그러나 그를 쳐부순 것은 하나님이시다. 이제 우리는 그리스도의 부활에 동참하고 영생을 받게 된다.

함께 나누기

죄의 고백을 통해 다른 사람에게 용서를 구하는 것은 우리의 자존심을 상하게 하는 것입니다. 우리는 용서를 구하는 것을 수치로 생각합니다. 그러나 죄를 고백하고 용서하는 것은 십자가를 지겠다는 것입니다. 왜 우리가 주님을 믿는 형제끼리 용서를 구하지 못하는지 함께 나누어 보십시오.

장벽을 뚫고 새 생명에

죄를 고백하는 것으로 새 생명에 이르는 길이 뚫린다. 죄가 미워서 고백하고 용서를 받을 때에 과거와의 완전한 절연이 이루어진다. "옛 것은 지나갔느니라." 이리하여 죄와 관계를 끊을 때에 회심이 일어난다. 죄의 고백이 곧 회심이다. "보라, 이제 모든 것이 새롭게 되었도다."(고후 5:17) 그리스도가 우리에게서 새 일을 시작하신 것이다.

예수의 첫 제자들이 그의 부르심을 듣고 모든 것을 버리고 그를 따라 나섰던 것처럼, 그리스도인은 죄를 고백하면서 모든 것을 버리고 주를 따라 나서는 것이다. 죄를 고백하는 것은 곧 제자로서 따라 나서는 것이다. 예수 그리스도와 그의 무리와 함께 사는 생활이 시작된 것이다. "자기의 잘못을 승인하지 않는 사람은 앞이 막히나, 그것을 고백하고 버리는 사람은 자비를 받으리라."(잠28:13) 죄를 고백하는 것으로 그리스도인은 자신의 죄를 떨쳐 버리기 시작하는 것이다. 죄의 통치권은 이미 부서졌다. 이제부터 그리스도인은 승승장구다. 세례를 받을 때에 우리에게 일어났던 일이 죄의 고백에서 새로 주어진다. 우리는 어둠에서 건짐을 받아 예수 그리스도의 나라에 들어가는 것이다. 이것이 바로 즐거운 소식이다. 죄의 고백은 세례의 기쁨을 새롭게 한다. "밤새 울음이 깃들어도, 아침에는 기쁨이 찾아오리라."(시30:5)

함께 나누기

죄를 고백하고 용서할 때, 우리는 과거와 완전히 단절되는 것입니다. 잠언의 말씀(잠 28:13)을 보면서 생각하는 바를 함께 나누어 보십시오.

장벽을 뚫고 확신에

죄를 고백하는 것으로 확신에 이르는 길이 뚫리는 것이다. 하나님 앞에 죄를 고백하는 것이 흔히 형제 앞에 죄를 고백하는 것보다 쉬운 까닭이 어디 있는가? 하나님은 거룩하시고 죄가 없으시어 죄악을 바로 심판하시는 이요, 모든 불복종을 미워하시는 분이시다. 그러나 형제는 우리와 같은 죄인이다. 그는 죄가 숨어 깃들이는 밤을 경험으로 알고 있다. 그러므로 하나님께 나아가는 길보다는 형제를 찾아가는 길이 쉽다는 것은 너무나 당연한 것이 아닌가? 만일 그렇다면, 우리는 하나님 앞에 죄를 고백한다고 하면서 스스로를 속이지 않았는가? 자기 자신에게 물어 볼 수밖에 없다. 우리가 수없이 같은 잘못을 되풀이하는 자리에 떨어지고 그리스도인으로서 하는 복종이 아무 힘이 없다면, 그 까닭은 바로 우리가 스스로 자기를 용서함으로 사는 것이, 우리의 죄를 참으로 용서 받음으로 사는 것이 아니기 때문이 아니겠는가? 자기에게서 죄를 용서 받는 것으로써 결코 죄와 인연을 끊을 수 없다. 그것은 심판하시면서 용서하시는 하나님의 말씀이 아니고서는 이루어질 수 없다.

그러면 우리가 죄를 고백하고 용서 받을 때에 자기 자신이 아니라 살아 계시는 하나님 앞에 죄를 고백하고 용서 받는다는 확신을 누가 우리에게 줄 것인가? 이 확신은 하나님이 우리의 형제를 통해서 우리에게 주시는 것이다. 우리의 형제는 자기기만의 사슬을 끊어 준다. 형제 앞에서 자기 죄를 고백하는 사람은 이미 홀로 있는 사람이 아니라는 것을 알고, 다른 사람의 실재 앞에서 하나님의 임재를 체험하는 것이다. 내가 혼자서 내 죄를 고백하는 한, 모든 것은 어두움에 뒤덮여 있을 것이다. 그러나 나의 형제 앞에서는 죄가 밝히 드러나지 않을 수 없다. 언젠가는 죄가 드러나게 마련이다. 그럴 바에는 오늘 나와 내 형제와의 사이에서 드러나는 것이 마지막 날 최후의 심판의 빛 아래서 드러나는 것보다 낫지 않겠는가? 그러므로 우리가 우리의 죄를 형제들에게 고백할 수 있다는 것은 은총이다. 그것으로써 우리는 마지막 심판의 두려움에서 벗어날 수 있다.

나에게 형제를 주시는 것은 나로 하여금 이미 여기서 심판하시고 은총을 베푸시는 하나님의 실재를 그를 통해서 확신하게 하려는 것이다. 내 죄를 형제 앞에서 고백함으로써 나는 자기기만에 빠지지 않게 된다. 그처럼 용서의 약속도 내 형제가 하나님의 위촉을 받아서 하나님의 이름으로 할 때에 비로소 나에게 아주 확실한 것이 된다. 하나님의 용서를 확실하게 하기 위해서 하나님은 나에게 형제를 보내시어 서로 죄를 고백하게 하시는 것이다.

바로 이러한 확신을 얻기 위해서 중요한 것은 '구체적인' 죄를 고백하는 것이다. 그냥 막연하게 죄의 고백을 하는 것으로는 우리는 언제나 스스로 자기를 정당화하는 데 머물게 마련이다. 인간성의 완전한 상실과 타락의 경험은 내 구체적인 죄에서 체험할 따름이다. 그러므로 바른 고백을 하기 위한 준비는 십계명을 따라 자신을 반성하는 일일 것이다. 그렇지 않으면, 형제들에게 죄를 고백하면서도 위선자가 될 수 있을 것이다. 따라서 위로와 격려는 나에게서 멀어져갈 뿐이다. 예수는 죄가 감출 수 없이 드러난 사람들, 다시 말하면 세리나 창녀들을 상대하셨다. 그들은 왜 용서가 필요한지를 알았기 때문에 용서를 받되 그것을 구체적인 죄의 용서로서 받았던 것이다. 소경 바디메오에게 예수는 물으셨다. "내가 무엇을 해 주었으면 좋겠는가?" 죄를 고백하기 전에 우리는 이 물음에 분명한 답을 할 수 있어야 한다. 고백하는 것으로 우리는 드러나는 구체적인 죄를 용서받는 것이다. 그리고 이렇게 함으로써만 우리의 모든 아는 죄와 모르는 죄를 용서받는 것이다.

이 모든 것은 무엇을 말하는 것인가? 형제끼리 죄를 고백하라는 것은 하나님의 율법이란 말인가? 죄의 고백은 율법일 수 없다. 그것은 죄인에게 내뻗으시는 하나님의 도움의 손길인 것이다. 형제에게 죄를 고백하지 않고도 확실성에, 새로운 삶에, 십자가와 성도의 사귐에 하나님의 은총으로 뚫고 들어가는 사람도 있을 수 있다. 그렇다. 용서와 죄의 고백에 대해서 한 번도 의혹을 품어 본 일이 없는 사람도 있을 수 있다. 그리고 홀로 하나님 앞에 죄를 고백하는 것으로 모든 것을 받을 수 있을 것이다. 그러나 우리는 여기서 그런 소신을 피력할 수 없는 사람들을 위해서 말한 것이다. 루터도 형제에게 죄를 고백하지 않고는 그리스도인으로 살 수 없다고 생각하는 사람 가운데 하나였다. 그는 대교리 문답서에서 이렇게 말한다. "그러므로 죄를 고백하라고 내가 권면한다면, 그것은 그리스도인이 되라고 권면하는 것이다." 아무리 애쓰고 수고해도 사귐에서 오는 큰 즐거움, 십자가와 새 삶과 확실성에서 오는 큰 즐거움을 맛보지 못하는 사람들이 있다. 그런 사람들에게 우리가 형제에게 죄를 고백할 때에 하나님께 오는 선물을 보여 줄 필요가 있다. 죄의 고백은 그리스도인의 자유에 속하는 것이다. 그러나 하나님께서 필요하다고 생각해서 주시는 도움을 물리치는 손해를 안 볼 사람이 어디 있겠는가?

함께 나누기

하나님께 용서받는 것은 우리가 형제에게 용서하는 것으로 증명됩니다. 본회퍼는 우리가 형제들에게 죄를 고백하는 것은 은총이라고 말합니다. 자기 잘못을 인정하는 것은 그리스도인이 되라고 권면하는 것입니다. 죄의 고백은 그리스도인에게 자유를 주기 위함입니다. 이에 대해 어떻게 생각하십니까.

누구에게 고백할 것인가?

그러면 우리는 누구에게 우리의 죄를 털어놓을 수 있는가? 예수의 약속대로 그리스도인은 누구나 다른 형제의 고백을 들어 줄 수 있다. 그런데 우리는 이런 생각이 든다. 그가 참으로 우리를 알아줄까? 그의 그리스도인으로서의 삶이 우리보다 아주 높아서 우리 자신의 죄를 알아주지 못하고 얼굴을 돌려 버리지나 않을까?

예수의 십자가 아래서 사는 사람, 예수의 십자가에서 모든 사람의 아주 깊은 죄악과 자기 마음의 아주 깊은 죄악을 깨달은 사람은 그렇지 않다. 그에게는 어떤 죄도 남의 것이 아니다. 예수를 십자가에 못 박은 자신의 죄를 보고 두려워 떨어 본 일이 있는 사람은 형제의 어떤 무서운 죄에도 놀라지 않는다. 그는 예수의 십자가에서 사람의 마음을 보고 이해하는 것이다. 그는 사람의 마음이 죄와 약함으로 아주 길을 잃어 죄에서 방황하고 있다는 것을 안다. 그러면서도 그 같은 사람의 마음이 은총과 자비로 용납되었다는 것도 안다. 다시 말하지만, 십자가 아래 있는 형제만이 나의 고백을 들어 줄 수 있다.

인생의 경험이 아니라, 십자가의 경험이 우리로 형제의 고백을 들어 줄 수 있는 사람으로 만든다. 인간을 이해하는데 아주 많은 경험을 쌓는 사람이라고 해도 예수의 십자가 아래서 아주 소박한 그리스도인만큼 사람의 마음을 알 수는 도저히 없다. 아주 예리하게 사람의 마음을 통찰할 수 있는 능력과 소질과 경험을 갖춘 사람도 죄가 무엇이냐 하는 한 가지 사실은 알 수 가 없다. 인간의 어려움과 약함과 무력함은 알 수 있지만, 하나님 없이 살 수 없는 인간이다. 심리 분석가 앞에서 나는 병자일 따름이지만, 그리스도인 형제 앞에서 나는 죄인이기를 두려워하지 않는 것이다. 심리 분석가는 우선 나의 마음을 알 수가 없다. 따라서 사람은 죄 때문에만 멸망하게 된다는 것, 그리고 용서받지 않고서는 나을 수 없다는 것도 알 수 없다. 여기 나 같은 한 죄인, 하나님 없는 한 사람, 죄를 고백하고 하나님의 용서를 갈구하는 나 같은 한 사람이 있다는 것을! 심리 분석가는 하나님이 존재하지 않는 것처럼 나를 보지만, 나의 형제는 예수 그리스도의 십자가에서 심판하시면서 자비를 베푸시는 하나님 앞에 서 있는 나를 보는 것이다. 우리가 형제끼리 죄를 고백하는 일에 아주 인색하고 서투르다고 하면, 그것은 우리가 사람의 마음을 알지 못하기 때문이 아니라, 십자가에 달려 죽으신 예수 그리스도를 사랑하지 않기 때문이다.

날마다 진지하게 그리스도의 십자가와 함께 살아간다면, 남을 가차없이 심판하는 마음이나, 무엇에나 눈을 감아 주는 인간의 약한 마음이 그리스도인에게서 떠나갈 것이다. 그런 사람은 하나님의 준엄하심과 사랑을 얻지 못할 것이다. 하나님 앞에서 죄인으로서는 죽고 은총으로 죽음에서 살아나는 일이 날마다 현실이 된다. 그래서 그는 하나님의 자비로운 사랑으로 형제들을 사랑하게 된다. 그 사랑으로써 우리는 죄인으로는 죽고 하나님의 자녀로서 사는 데 이른다. 누가 우리의 고백을 들을 수 있는가? 십자가 아래서 사는 사람이 아니고 누구이겠는가? 십자가에서 죽으신 이에 대한 말씀이 살아 있는 곳에 형제끼리 고백하는 일이 있을 수 있다.

두 위험

서로 죄를 고백하는 일을 실천하는 그리스도인의 사귐에서 경계해야 할 두 가지 위험이 있다. 첫째 위험은 고백을 듣는 사람에 관한 것이다. 어떤 한 사람이 다른 모든 사람의 고백을 도맡아 듣는 것은 좋은 일이 아니다. 한 사람에게 너무 지나친 부담이 되기 쉽다. 그래서 고백을 듣는다는 것에 그에게는 그저 건성이 되어 버린다. 따라서 죄의 고백을 듣는 특권을 남용해서 정신적으로 다른 사람을 억압하고 지배하는 불행한 결과를 초래할 것이다. 죄의 고백을 들으면서 이 같은 숨은 위험에 빠지지 않으려면, 자기 죄를 고백하지 않는 사람은 누구든 남의 고백을 듣지 않도록 해야 한다. 겸손을 몸에 익힌 사람만이 남에게 손해를 입히지 않으면서 그의 고백을 들을 수 있다.

둘째 위험은 고백하는 사람에 관한 것이다. 그는 자신의 구원을 위해서 언제나 고백한다는 것을 하나의 경건한 일로 삼지 않도록 경계해야 한다. 그렇게 하는 것은 곧 마음의 마지막 음란이다. 가장 가증스럽고 도저히 건질 길이 없고 가장 고약한 마음의 음란인 것이다. 그리고 아주 음탕한 지껄임이 되는 것이다. 경건한 행위로써 죄를 고백하는 것은 악마의 꾐이다. 하나님에게서 오는 은총과 도움과 용서만을 믿지 않고서는 죄를 고백하는 인생의 밑바닥에 내려갈 수 없다. 우리는 용서의 약속 때문에 고백할 수 있을 따름이다. 경건한 행위로서의 고백은 영의 죽음이요, 약속만을 믿고 하는 고백은 생명에 이르는 것이다. 죄가 사함을 받는다는 것-그것만이 죄를 고백할 수 있게 해 주는 것이며 그것만이 죄를 고백하는 목적인 것이다.

함께 나누기

본회퍼는 형제에게 죄를 고백하는 일에는 두 가지 위험이 있다고 말합니다. 위의 내용을 살펴보고 자신과 관련하여 생각해 보십시오.

즐거운 성찬

죄의 고백은 그것만으로 의미가 있어서, 그리스도의 이름으로 행하는 것으로서 그리스도인의 사귐에서 요청이 생길 때마다 아주 흔히 실천되는 것이 사실이다. 그렇기는 하지만, 죄의 고백은 특히 거룩한 '만찬'에 함께 임하기 위한 준비로서 그리스도인의 사귐에 이바지하기도 하는 것이다. 하나님과 그리고 사람들과 화해한 그리스도인은 예수 그리스도의 살과 피를 받기를 원한다. 아무도 형제와 화해하지 않고도 제단에 나아갈 수 없다는 것이 예수의 명령이다. 이 명령은 예배를 드릴 때마다, 아니 기도를 드릴 때마다 언제나 해당되는 것이 아니겠는가? 그렇다면 이 명령은 성찬을 받으러 나아갈 때에야말로 더욱 해당되는 것이다.

함께 성찬을 받기 전 날에 한 사귐을 통하여 형제들이 한 자리에 모여서 지난 날의 잘못을 서로 고백해야 한다. 이같이 형제들끼리 마음을 여는 일을 꺼리고서는 주의 식탁에 나아갈 준비를 갖출 수 없다. 형제들끼리 성만찬에 참여함으로써 하나님의 은총을 받고 싶을진대 모든 노여움, 모든 분쟁, 모든 질투, 모든 악담, 할 수 없는 일을 형제들에게 한 일을 낱낱이 해결하지 않으면 안 된다. 그러나 형제에게 용서를 구하는 것을 죄의 고백이라고 할 수는 없다. 예수가 분명히 명령하신 것은 다만 고백하라는 것이다.

그러나 성찬을 준비하노라면, 구체적인 죄, 자기를 불안하게 하고 괴롭히는 죄, 하나님만이 아시는 죄를 용서받았다는 아주 튼튼한 확신을 갖고 싶은 소원이 사람들의 마음에 일어난다. 이같은 소원을 이루기 위해서 형제끼리 죄를 고백하고 서로 용서하라는 명령이 선포된 것이다. 자기의 죄가 몹시 불안하고 괴롭게 될 때, 사죄를 확신하고 싶어질 때에, 예수의 이름으로 형제에게 죄를 고백하는 것이다. 예수가 하나님을 모독했다는 비난을 받은 일이 있는데, 그것은 곧 그가 죄인을 용서해 주었다는 것 때문이다. 그런데 바로 그런 일이 이제 예수 그리스도의 임재를 힘입어 그리스도인 형제들 사이에 일어나는 것이다. 서로 남의 죄를 하나도 남김없이 삼위일체 가운데 예수 이름으로 용서하는 것이다. 그때에 하늘에서는 천사들이 돌아온 죄인을 위해 기뻐한다. 이리하여 성찬을 받을 준비를 하는 시간은 형제들끼리의 충고와 격려와 기도와 두려움과 기쁨으로 넘치게 된다.

성찬을 받는 날은 그리스도인의 사귐에서 즐거움의 날이다. 마음으로 하나님과 그리고 형제와 화해함으로써 성도의 모임은 예수 그리스도의 살과 피를 선물로 받는다. 그와 동시에 용서의 새 생명과 구원을 받는다. 하나님과 사람과의 새 사귐을 선물로 받는다. 거룩한 성찬의 사귐은 그리스도인의 사귐을 다 이루는 것이다. 성도의 모임에 속한 사람들은 주의 식탁에서 몸과 피로 하나가 되듯, 영원히 나누이지 않고 함께 있는 것이다. 이로써 사귐은 목적지에 다다르게 된다. 이로써 그리스도와 그의 교회에서 누리는 기쁨은 절정에 다다르게 된다. 말씀 아래서 함께 사는 그리스도인의 삶은 성례전으로 완성된다.

성찬은 성찬식이 있기 몇 주전부터 준비해야 합니다. 성찬은 우울한 날도 아닙니다. 성찬을 받는 날은 그리스도인의 사귐에서 즐거운 날입니다. 그러기 위해서는 주님께서 우리를 용서해준 것처럼 우리도 서로 용서할 수 있어야 합니다. 성찬을 통해서 교회 공동체는 기쁨의 절정에 이르게 됩니다. 이런 맥락에서 성찬이란 무엇이며, 어떤 마음 가짐으로 성찬에 참여해야 할지에 대하여 함께 나누어 보십시오.

17

아들은 왜 부모를 죽였을까

이훈구『미안하다고 말하기가 그렇게 어려웠나요』

이야기 출판사, 2001 / 총 271쪽 책 전체를 필자가 요약했다.

서울대학교 심리학과 및 동 대학교 대학원을 졸업하고, 미국 하와이주립대학교 대학원 졸업(심리학 박사), 미국 뉴욕대학교, 독일 괴테대학교, 베를린대학교 교환교수, 전 연세대학교 심리학과 교수, 한국심리학회 회장, 법심리학회 회장, 연세대학교 심리학과 명예교수, 바른 사회 시민회의 복지사회운동 본부장을 역임했다.

저서로는『집단간 갈등의 해소』,『행복의 심리학』,『무기력 사회, 그 심리적 대처』,『사회문제와 심리학』,『심리학자의 교실 이야기(공저)』등이 있다.

부모님에게 무슨 일이 일어난 걸까?

2000년 5월 21일 일요일

방에 있던 망치를 들고 어머니가 자는 방으로 들어섰다. 머리라고 생각되는 부분을 한 번 쳤다. 그리고 그냥 확인도 않고 방문을 닫고 나와 자기 방으로 돌아왔다. 망치를 손에 든 채 약 네 시간 동안 멍하니 넋을 잃고 앉아 있었다. 그리고는 위스키를 두 모금 마시고, 아버지가 주무시는 방으로 가서 세 번 가격했다. 때는 아침 9시경, 그후 11시 30분경까지 마루에서 멍하니 앉아 있었는데 무섭다는 생각이 들었다. 어머니를 방에서 끌고 나와 화장실 바닥에 뉘었다. 시체를 절단하여 숨겨야겠다는 생각을 했고 이를 열 조각으로 분리했는데, 이때 시간이 거의 오후 2시경이었다.

그리고는 아버지를 화장실로 운반했다. 마찬가지로 아버지를 열 한 쪽으로 분리하였다. 그때가 거의 저녁 8시경. 사체들을 오븐에 넣어 태우려 했지만 부피가 줄어들지 않았다. 그때 시간이 거의 밤 10시가 다 되었고 사체들을 다시 화장실로 옮겼다. 아버지 방과 어머니 방에서 화장실까지 묻은 피를 수건으로 닦아냈다. 밤 12시가 다 되었고, 사체를 신문지로 싸기 시작했다.

5월 22일 월요일

시체 수습 작업은 새벽 3시까지 계속되었다. 거의 만 하루가 걸린 셈이다. 좀 자야겠다는 생각에 마루의 소파에 누웠지만, 잠은 오지 않았다. 누운 채로 있다가 새벽 4시쯤 일어났다. 그러나 몸이 굳어 잘 움직일 수 없어서 아침 9시까지 앉아 있었다. 그리고는 아버지, 어머니의 사체 중 일부를 비닐 봉지 두 개로 다시 싼 후, 까만 주머니에 넣어서 아침 10시경 과천 종합청사 옆 하천의 배수지에 버렸다. 집에 오니 11시 정도가 되었다. 빵과 물을 조금 먹고는 신문지로 싼 사체들을 다시 검은 비닐봉지로 싸기 시작했다. 오후 3시가 되었고 사체의 일부를 쇼핑백에 넣어서, 4호선 전철을 타고 동작 역에서 내렸다. 당고개 방향 플랫폼의 첫 부분 계단 앞 쓰레기통에 그 일부를 버렸고, 역에서 나와 동작대교 밑의 다리 기둥 부분에서 사체 일부를 쇼핑백에 담은 채로 강물에 던졌다. 집에 돌아와 나머지 사체를 비닐로 몇 겹 싼 후 과천 중앙공원 옆 쓰레기 통, 음식물 수거함에 넣었다.

그리고는 뉴코아백화점의 킴스클럽에서 락스를 두 통 샀다. 그 때가 저녁 8시경이었는데, 앉아서 저녁 9시까지 기다리다 아버지 사체의 나머지 부분을 중앙공원 길가에 있는 쓰레기통에 넣고 집에 왔다. 저녁 10시경 락스를 물에 풀어 대야에 담고, 수세미와 수건을 들고 아버지, 어머니 방의 피를 지우기 시작했다. 이튿날 새벽 3시가 다 되었고 마루의 소파에 누워 잤다.

5월 23일 화요일

아침 9시경 일어나서 어머니 사체를 커다란 비닐 쇼핑백 두 개에 나누어 담고 중앙공원 길가의 쓰레기통 세 군데에 나누어 버렸다. 10시가 넘어 집에 왔고, 11시까지 한 시간 삼십 분 정도 앉아서 쉬었다. 그리고 아버지 사체 부분을 커다란 비닐 쇼핑백에 담아 들고 4호선 전철을 타고 가다가 명동 역에서 내렸다. 퍼시픽호텔 부근에서 나와 큰 길을 따라가다 큰 빌딩 사이 골목에 보이는 쓰레기 창고에 버리고는 신세계백화점 앞에서 버스를 타고 집에 오니 오후 2시경이 되었다.

그리고는 다시 남은 사체를 쇼핑백에 담고, 2시 30분경 4호선 전철을 타고 경마장 역에서 내렸다. 그 일부는 경마장 역내 당고개 방면 플랫폼 처음 부분 쓰레기통에 버렸다. 역 밖으로 나와서 하천을 따라가다 주차장 있는 부근에서 하천 가의 풀이 우거진 곳에 경사를 따라 굴렸다. 계속 하천을 따라가다 97-2번 버스를 타고 과천에 왔고, 오후 7시경 상아 빌딩 미용실에서 머리를 깎았다. 6시경 집에 와서, 욕조에 담가두었던 옷가지들을 락스로 세척하고, 세탁기에 넣어 헹구고 탈수를 시켰다. 밤 11시경 세탁, 탈수를 마쳤고, 마지막으로 남은 사체를 다시 각각 흰 봉지에 싸서 중앙공원 길가의 쓰레기통에 버렸다. 그리고 집에 돌아오니 밤 12시가 다 되었다.

사막처럼 황폐화된 정신

이상은 2000년 5월 25일 이은석이 경찰에서 자백한 부모 살해 경위이다. 그는 처음에는 범행을 부인했으나 곧 마음을 바꾸어 자백했다. 이렇게 하여 한국 역사상 최초의 부모 토막살해 사건이 전국에 알려지게 되었다. 은석은 서울의 명문사립인 고려대학교 2학년에 재학중이었고 그의 집은 비교적 중류에 속하는, 겉으로 보기에는 아무런 문제가 없는 단란한 가정이었다.

이른바 동방예의지국이라고 하는 대한민국에서 일어난 이 전대미문의 사건이 불러일으킨 파장은 매우 컸다. 그 어떤 변명으로도 은석은 패륜아의 너울을 벗을 수 없을 것이다. 그러나 '패륜아'라는 멍에를 씌워 평생을 감옥에서 살게 하면 이 사건은 없었던 일이 될 수 있을까? 한 인간을 키우는 것은 우주를 키우는 것과 같다고 했다.

은석의 내부에 왜 부모를 죽일 마음이 생겼을까?

그의 삶과 범행동기 등을 심리학적으로 조명하면서 외국의 유사한 사례와 비교해보자.

은석의 삶을 분석한 결과 그는 부모로부터 충분히 사랑을 받지 못했으며 학교와 군대에서 집단따돌림을 당했다. 애정결핍과 왕따, 그는 이로 인한 심한 무력감과 열등감, 대인기피증을 갖게 됐고 혼자만이 즐길 수 있는 세상, 즉 영화와 비디오의 세계에 빠져들었다. 은석이 고등학교를 졸업하고 대학 2학년까지 감상한 영화와 비디오의 숫자를 헤아려 보니 무려 456편, 한 달에 19편을 본 꼴이니 그의 학교생활, 대인관계가 어떠했는지 짐작할 수 있을 것이다.

어머니, 공포의 그 이름

은석은 어려서 어머니로부터 충분한 애정을 받지 못하고 자랐다. 왜 어머니는 은석에게 충분한 사랑을 베풀지 않았는가? 이에 답하기 위해서는 우선 이은석의 어머니인 황 여사의 성장과정을 살펴볼 필요가 있다.

황 여사는 창덕여고를 거쳐, 이화여자대학교 정치외교학과를 졸업했다. 사실은 서울대학교에 진학할 수 있을 정도로 공부를 잘했으나 고 3 마지막 무렵에 몸이 허약해져 서울대를 포기했다. 황 여사의 아버지는 중학교 때 돌아가셨지만 재산을 많이 남겼다. 따라서 생활은 유복했고 어머니는 외동딸에게 피아노를 사주고 미술과외를 시키는 등 할 수 있는 모든 뒷바라지를 했다.

황 여사는 한국 최초의 여자 대통령이 되고자 하는 야무진 꿈을 갖고 있었다. 그래서 진로도 정치외교학과를 택했다. 그러나 대학을 다니다보니 그것이 현실적으로 불가능함을 인식하게 되었다. 하지만 그러나 황 여사는 그 꿈을 포기하지 않았는데 대통령의 영부인이 됨으로써 이 꿈을 실현할 수 있다고 생각했다. 따라서 그녀는 신랑감으로 장차 나라의 큰 인물이 될 사람을 물색했는데 당시는 군인이 집권하던 시절이었으므로 군인 중에서 배우자감을 찾았다. 나름대로 가장 현실적이고 실현 가능한 방법을 찾은 셈이다. 그녀는 몇 차례의 맞선을 통해 이강○을 만났고 드디어 이상적인 배우자감을 찾았다고 생각했다. 그녀의 남편이 된 이강○은 해군사관학교 출신의 엘리트 장교로서 월남전에서 무공을 두 번이나 세운 용장이었다. 그녀와는 나이가 열 살이나 차이가 났지만 그녀는 이에 개의치 않고 결혼했다.

남편은 퇴역 후 대기업의 부장으로 재취업했지만, 그녀의 남편에 대한 기대는 이미 산산조각이 난 뒤였다. 평소에도 원만하지 않았던 부부 사이는 더욱 악화일로를 걸었다.

처음에는 은석이의 어머니에게만 문제가 있고 아버지는 그런대로 무난한 사람이라고 생각했다. 엄격한 어머니가 아들에게 가혹하게 대했기 때문에 이런 사건이 초래됐고 아버지는 군인인지라 성격은 다소 무뚝뚝하지만 자식과 별 문제가 없는 것으로 생각했다. 그러나 최근 은석이 형을 만나 이야기를 나누어본 결과 아버지 역시 문제가 많은 사람임을 알게 되었다.

우리나라 대부분의 아버지가 그렇듯이 이강○도 은석과 대화를 잘 하지 못했다. 어머니도 마찬가지여서 자식에게 일방적인 강요와 명령을 했을 뿐 아이들의 의견을 존중하거나 이해하려

하지 않았다. 은석이 부모는 그들 본인이 성격적으로 문제가 있는 사람들이었기에 자식에 대해 충분한 사랑을 베풀지 않은 것은 물론 진정한 의미의 대화를 하지 못한 것이다. 대화의 부재는 몰이해를 낳을 뿐이다.

남편을 사탄이라고까지 표현한 것을 보면 황 여사가 남편에 대해 가진 증오심이 어느 정도였는지 알 수 있다. 아울러 그녀는 자기가 일방적으로 남편으로부터 시달림을 받은 것으로 묘사했다.

그런데 그 뒤 황 여사에게 이와 똑같은 일이 발생했다. 어머니가 자신을 학대한 사실을 일기에 적어놓은 은석은 부모를 살해하기 10여 일 전 자신의 불만이 적혀 있는 일기를 들이대며 어머니에게 학대 사실을 상기시켰다. 어머니는 이에 대해 어떻게 반응했을까? 황 여사 역시 남편처럼 펄펄 뛰었고 은석을 더욱 궁지에 몰아넣었다. 남편이 자신의 잘못을 부정하듯 황 여사도 자신의 학대 사실을 전혀 인정하지 않은 것이다.

은석이가 보통 가정에서 태어났다면 그가 어렸을 때 경험한 일시적 불안, 열등감, 위축, 피해망상은 명문대학교 입학으로 쉽게 사라졌을 것이다. 그러나 그는 거의 20년 동안 부모로부터 위협을 받고 불안, 불신 속에서 살아왔기에 갑자기 교회에서 받는 안락은 오히려 거북한 것이었다. 오랫동안 진흙 바닥에서 살아왔던 사람이 갑자기 푹신한 침대에서 자면 불편함을 느끼게 되는 것과 같은 이치다. 이런 이유로 은석의 범죄는 그의 부모에게 상당량 책임이 있다고 주장하는 것이다. 그러나 이 주장이 아직 독자들로부터 공감을 얻어내기는 역부족임을 안다.

은석이는 키에 대해서 병적으로 열등감을 갖게 되었고 키가 커야겠다는 몸부림을 치게 되었다. 물론 우리 사회에서 그리고 청소년들 사이에서 큰 키에 대한 과도한 선호가 원인일 수도 있겠지만 그가 키에 집착한 데는 두 가지 원인이 있다.

하나는 그의 작은 키에 대해서 부모가 가끔 농담 삼아 놀렸다는 것이다. 은석이의 부모님은 자식을 보고 너는 성격도 나쁘고 키도 작으니까 일반 회사원이 되기보다는 공부를 열심히 해서 판검사가 되는 길밖에 없다고 겁 아닌 겁을 주었다. 부모의 농담 섞인 이 말 한마디가 그에게 키에 대한 병적 집착과 열등감을 갖게 만든 것이다. 1년 후에도 결과는 마찬가지이다. 은석의 키는 163cm이다.

그의 일기에는 창녀 이야기가 많이 나온다. 그는 제대 이후 8번이나 사창가에 드나들며 성적 욕구를 충족했다. 그리고 이들과의 관계를 일기에 많이 기술했다. 그 내용을 보면 은석이가 상당히 순진한 면이 있음을 알 수 있다.

그가 1999년 이후 특히, 제대한 뒤 창녀를 자주 찾아간 원인은 성욕구도 있었지만 앞날에 대한 두려움, 어머니의 심한 히스테리로 인한 스트레스 때문이었다. 여하튼 이 시기에 그는 창녀에 집착하는데 그 비용을 충당할 길이 없어서 그가 애지중지하던 CD, 비디오 테이프, 책 등을 닥치는 대로 처분하는 광기를 발휘한다.

이훈구 교수는 이은석이 창녀에게 많은 팁을 들여가며 소위 특별 서비스를 부탁했는지 알고 싶었다. 저자의 한 친구는 그 특별 서비스의 내용이 아마도 가학적 사디즘 행위일 것이라고 추리했다. 왜냐하면 그의 내면에는 부모를 살해할 만큼 강한 공격성이 잠재해 있었기 때문이다.

그럼 왜 유독 은석이만 부모를 살해할 정도로 비뚫어졌는가? 부모가 자녀를 사랑해주지 않았다고 해서 자녀가 부모를 살해할 수 있는 것은 아니다. 당연히 자녀의 애정결핍이 부모를 살해하는 것에 대한 면죄부가 될 수는 없다. 많은 독자들이 이렇게 생각할 것이고 저자도 이에 동의한다. 그렇다면 은석의 경우는 어떻게 설명할 수 있는가? 문제는 은석이의 부모가 아이들에게 사랑을 베풀어주지 않았음은 물론 학대했다는 사실이다.

2000년 5월 24일 그의 엽기적인 범죄가 텔레비전을 통해 방영되었다. 그는 과천경찰서로 연행, 구속되었고 아울러 그의 형도 소환되었다. 기자들이 은석이의 형인 ○석에게 동생의 범행에 대한 소감을 물었을 때 그는 "동생을 이해한다"라고 간결하게 응답했다. 그의 이런 답변을 듣고 깜짝 놀라지 않을 수 없었다. 누구라도 놀라지 않았을까? 부모를 토막살해한 동생을 이해한다니 ….

1997년 7월 14일 화요일

나는 어떤가? 애초에 민감하고 음침하며 소심한 존재로 태어나서는 무뚝뚝한, 집에는 거의 없었던 아버지와 히스테릭한 어머니 밑에서 그야말로 한순간도 눈치보지 않는 적이 없다. 그 어린 유치원 나이에도 문방구에서 장난감을 고를 때 무작정 싼 것 고르느라고 정작 사고 싶은 건 입 밖에도 못 냈다. 초등학교 시절엔 어머니의 히스테리 밑에서 수없이 혼나고 두들겨 맞기도 하며 지냈다. 중학교 땐 절정에 이르러, 거의 쓰레기 같은 자식 취급을 받았다.

어머니 황여사는 확실히 아들 은석이를 학대한 것이다. 신체적 체벌은 물론이고 정신적인 학대도 심했다. 어떤 사람은 이것이 부모가 아동을 훈육하기 위해 할 수 있는 행동이지 아동학대가 아니라고 주장할 수 있으나 그렇지 않다. 아동에 대한 훈육이

나 처벌은 말로 이루어져야지 매를 가해서는 안 된다. 그런데 은석이 어머니는 자식에게 손찌검을 다반사로 했고 더더구나 주인공을 인격적으로 모욕하는 언사를 서슴지 않았다.

사실 지금까지 은석이가 자폐증적 생활, 무기력, 불안, 대인기피증을 보인 까닭은 부모의 학대로 생긴 분노의 감정을 표출시키지 않고 마음 속 깊이 간직했기 때문이다. 정신분석으로 설명한다면 부모에 대한 증오를 무의식 속에 억압했기 때문이다.

비사교적이고 이기적인 아버지

아버지는 오랜 군 생활 때문에 집에는 가끔씩 들르는 출가외인이나 진배없었다. 게다가 아버지는 자식의 양육은 엄마가 할 일이라고 판단해 평소 자식에 대해 관심을 가지지 않았다. 성격은 원칙주의자라고 소문났지만 사실은 비사교적이고 이기적이었다. 이 때문에 해군사관학교를 졸업하고 월남전에 참전하여 무공훈장도 받았으나 진급이 안 되어 중령으로 제대했다.

왕따

계속된 집단 따돌림, 은석이 2000년 5월 25일 과천경찰서에 구속되고 범행을 자백한 후 경찰이 그의 심경을 물었더니 그는 자기를 왕따시킨 손석찬을 찔러 죽이고 싶다고 울부짖었다. 은석이는 손석찬의 냉대에 대한 분노가 이 사건의 도화선이 되었다고 생각한 모양이다. 저자는 검찰조서를 통해 이러한 은석의 진술을 읽고 그가 언제 어떻게 누구로부터 왕따를 당했는지 일기를 통해 알아보기로 했다. 그는 학교에서만 왕따를 당한 것이 아니고 군대에서도 마찬가지로 따돌림을 받았다. 따라서 저자는 이 왕따 문제를 각각 학교, 군대 두 부분으로 나누어 살필 것이다.

은석이는 중학교 때부터 왕따를 당해왔지만 중학 시절이나 고교 시절의 일기에는 이를 기록하지 않았다. 사실 친구로부터 왕따를 당하는 것처럼 수치스럽고 창피한 일은 없다. 따라서 대개 왕따를 당하는 학생들은 그 사실을 부모나 선생에게 숨긴다. 은석이의 경우도 마찬가지였다. 선생님이나 부모, 그 누구도 은석이가 따돌림으로 심한 괴롭힘을 당한다는 사실을 몰랐다. 그가 군대에 입대하여 쓴 일기에 비로소 왕따 사건이 등장한다. 그러나 더 자세한 내용은 그가 감옥에서 저자에게 보낸 편지에 잘 나타나 있다. "더욱 괴로운 것은 전혀 관련 없는 낯선 아이들조차도 저를 무작정 '원숭아'라고 부르며 실실 비웃고 무시하게 되었다는 점입니다. 원숭이라는 별명은 서로 친하게 지내다 생기는 자연스런 별명이 아니라, 일방적으로 놀리기 위해 지어 붙인 것이었으므로, 저는 그 칭호가 너무 창피하고 수치스러웠습니다."

은석은 영화와 비디오에 몰두했다. 그가 고등학교를 졸업하고 군대가기 전까지 2년 동안 시청한 영화가 무려 456편에 이르렀을 정도다. 물론 은석이가 이렇게 광적으로 영화에 몰두한 것은 영화 평론가가 되기 위한 목적 때문이기도 했지만 한 편으로는 현재 겪고 있는 현실 세계가 너무 고통스러워 영화라는 가상의 세계로 도피했다고도 볼 수 있다. 친구 하나 없는 외톨이인 그로서 유일한 소일거리는 영화감상밖에 없었을 것이다. 그가 얼마만큼 영화에 몰두했는가를 그의 일기를 통해 잠시 살펴보고 영화가 청소년에게 어떤 영향을 주는가도 이야기해보기로 하자. 특히 그가 감명받았던 영화를 살펴봄으로써 이런 영화들이 그의 범행에 어떤 영향을 주었을 것인가도 알아봐야 할 것이다.

1995년 9월 7일 목요일

추석 연휴 때문에 휴강이다. 학교 안 가도 된다. 그런데 난 아침 일찍 바쁘다고 밥도 안 먹고 8시에 집을 나왔다. 학교 간다고, 당연히 학교 갈리는 없다.

그는 종로에 있는 '씨티비디오방'에 가서 〈성스러운 피〉를 보고, '종각비디오방'에 가서 〈바론의 대모험〉을 보고 또 자리를 옮

겨 '개코비디오방'에 가서 〈공포의 계단〉을 보았다. 그리고 길 건
너 '공간비디오방'으로 가서 〈원초적 본능〉을 보았다. 하루에 네
편의 비디오를 시청한 것이다.

1997년 4월 21일 월요일

은석이는 1997년에 본 영화 숫자를 다음과 같이 정리했다. "비
디오 82편, 극장영화 13편, 프로젝터 10편 총 105편, 4월 목표는
40편 이상 보는 것, 2년 5개월 동안 나는 영화를 거의 500여 편
보았다." 미국에서는 그 동안 청소년들이 텔레비전에서 잔인한
범죄수법을 시청하고 모방 범죄를 저지른 사건이 여러 건 발생
했다. 그리고 이러한 모방범죄를 저지른 청소년의 부모가 텔레
비전 회사를 고소하여 승소한 적이 있다. 청소년들이 어릴 때 보
았던 텔레비전 폭력의 양이 수년 심지어는 수십 년 후까지 그 사
람들의 공격 수준에 영향을 줌을 밝혔다.

우리는 여기서 은석이가 저지른 범행이 우발적이고 충동적이
아님을 알 수 있다. 부모가 자신에게 행한 학대를 그대로 덮어두
어서는 안 된다는 여러 가지 신념이 그의 뇌리에 차곡차곡 쌓이
기 시작함을 감지한다. 어떤 자극적인 단서만 있으면 이 신념이
행동으로 폭발할 것이다. 분명 무언가 일어날 것 같은 예감이 드
는 것이다. 2000년 5월 13일 은석의 마지막 일기에는 그의 부모

를 살해하겠다는 암시가 전혀 없었다. 물론 부모와의 불편한 관계가 지속됐고 이것을 큰 부담으로 여기고 있었으나 그는 이를 망각하려는 적극적인 태도를 표명했다.

그는 범행 후 경찰과 검찰로부터 8회에 걸쳐 심문을 받았다. 그 심문 내용을 간단하게 요약하면 다음과 같다. 은석은 심문을 받을 때 사실 그대로 자백했다. 그는 이미 반증할 수 없는 여러 가지 증거 앞에서 범행을 부인할 수도 없고 또 부모를 살해했다는 죄책감 때문에 그의 범행동기와 과정을 일사천리로 솔직하게 고백했다. 물론 그가 진술한 범행동기와 그 과정은 범죄심리학적 견지에서 다르게 해석할 수 있기 때문에 그의 진술을 그대로 받아들일 수는 없다. 그러나 해석의 문제는 뒤로 미루고 은석이가 고백한 범행동기와 그 과정을 살펴보기로 하자. 8회에 걸친 심문에서 은석이가 비교적 소상하게 고백한 것은 2000년 5월 27일 진술한 내용이다. 이제 그때의 경찰 심문과 은석의 답변 중 범행동기와 과정으로 볼 수 있는 내용을 발췌해보자.

문: 부모님에게 반항한 적이 있나요?
답: 제가 처음으로 항의를 한 것이 2000년 5월 11일, 석가탄신일인데 그때 형이 과천 주공아파트로 이사를 하였고 원래 집에 있는 물건을 가지러와 짐을 같이 날라주고 정리를 하고 집으로

왔는데 저에게 형 집이 잘 꾸며졌냐며 유독 관심을 보여(전기 등 구체적으로 물어봄) 제가 대충 대답을 하니 똑바로 얘기를 하라고 해서 저는 짜증이 나서, "한테는 관심을 안 보이고 다 큰 형한테 관심을 보이느냐, 집도 사주었으면 됐지"라고 말을 한 뒤 제가 키가 안 큰 것과 예전에 혼난 것에 대해서 알고 있느냐고 항의를 했는데(키 얘기, 도시락 안 싸준 것, 군대시절 면회를 안 온 것, 어릴 때 혼났던 것 등등) 어머니는 금시초문이라면서 왜 그때 얘기를 안하고 지금 말을 하는 것이 무슨 의도냐, 왜 이제 그러느냐, 엉뚱한 소리로 부모를 놀래키는 게 자식의 도리냐, 그때 것을 가지고 앙금을 품고 있느냐며 막 따져서 저도 제 키가 몇인지 아느냐, 엄마가 나에 대해서 아는게 뭐냐는 등 약 3-4시간 정도 말다툼을 했는데 아버지가 들어와서 그날은 끝났습니다. 한 시간 정도 꾸지람을 받았는데, 저는 당시 제 아버지, 어머니가 아니구나라고 생각을 했습니다. "미안하다는 말 한마디가 그렇게 힘이 드는지."(이 말은 이 책의 제목이기도 하다) 저는 당시 심한 좌절감을 느끼고 모든 것이 끝장이구나 하는 생각이 들어 실망감에, 모든 것을 다 끝내고 삶을 끝장내고 싶은 생각이 들었고 그후에는 방에만 틀어박혀 있으면서 부모님을 피하고 부모님이 밖에 나가는 소리가 들리면 방밖으로 나가서 먹을 것을 먹고 다시 방으로 들어가 처박혀 있었습니다.

문: 피의자는 2000년 5월 11일 어머니께 꾸중을 듣고 재차 같은 달 15일경 부모님께 야단을 맞은 후부터 피의자의 일상을 말하시오.

답: 저는 5월 15일 꾸중을 듣고 너무 화가 나서 그날부터 저의 마음을 닫고 구체적인 계획은 없더라도 그때 죽일 마음을 갖게 되었으며 아침에도 밥을 안 먹고 늦잠 자는 것같이 방에 있다가 오후 1시 정도에 아버지가 외출하고 어머니가 시장을 간 것 같으면 방에서 나와서 뭐 좀 먹고 다시 방에 들어가 컴퓨터하고 음악을 틀어놓고 있으면서 방에만 있었습니다. 배가 고프면 최대한 부모님을 피하면서 콘프레이크나 우유, 빵 등을 냉장고에서 몰래 방으로 들고 와 혼자서 조용히 먹었습니다.

문: 2000년 5월 20일(사건 전 날)경의 행적은?

답: 똑같이 새벽 3,4시경에 자고 낮 12시나 1시 정도에 일어나고 음악만 듣고 컴퓨터는 켜놓고 있었으며 15일 방안에 들어가면서부터 구체적인 범죄계획을 세운 것은 없었는데 막연하게 이제 끝이구나, 아무 것도 못하겠다고 생각하고 부모님을 죽이고 도망가서 부산이나 제주도(제주도는 아버지가 군인이었을 때 근무했던 장소이고 부산은 아버지가 회사 다닐 때 근무했던 장소로 제주도는 초등학교 3학년 때, 부산은 중학교 1학년 방학 때 가족이 놀러갔습니다)에서 청소부나 공원지기로 살고 싶었습니다.

문: 피의자가 살해를 결심한 것이 언제인가요?

답: 5월 15일경 아버지에게 혼이 나다가 어머니도 합세를 해서 두 분이서 저를 몰아치니 당시 방에 들어가 울컥 이제 같이 살지 못하겠구나 하고 범죄를 결심했습니다.

문: 구체적인 계획을 세운 것이 있는가요?

답: 구체적인 계획은 없었고 2000년 5월 21일 새벽 3시 정도에 술을 마시고 나서 망치를 만지작거리다가 그동안 쌓였던 게 폭발했습니다. 기분이 멍해지면서 갑자기 그랬습니다.

문: 살해 직전에 결심을 하였나요?

답: 화장실을 갔다 오는데 술병을 보고 갑자기 술이 마시고 싶어서 술을 가지고 와 방안 의자에 앉아서 먹다가 컴퓨터 책상 밑에 있는 망치를 잡고 결심을 했습니다.

문: 살해 직전에 어떤 생각을 했나요?

답: 망치로 때려 죽이면 끝나는 게 아닌가라고 생각을 하고 구석방으로 먼저 갔는데 당시 5분 정도면 끝날 것으로 생각을 했고 어머니를 살해한 후 저는 바로 아버지 방으로 가려고 했는데 무섭고 어쩔 줄을 몰라 망치를 들고 제방에서 왔다갔다 서성이다가 날이 밝아와서 아버지가 깰까봐(아버지가 깨서 어머니를 죽

인 것을 알게 될까봐, 폭행이 두려워서) 아버지 방으로 가서 범행을 했습니다.

문: 피의자에게 유리한 진술이나 더 할 말이 있나요?

답: 11일 날 어머니가 조금이라도 저에게 따뜻하게 대해 주었더라면 제가 이런 짓을 안 했을 겁니다. 부모님이 원망스럽습니다. … 현재는 고1 때 친구들 중 저를 왕따시킨 주범인 손석찬을 찔러 죽이고 싶은 생각이 들었습니다.

극히 정상인 정신 상태

이 사건은 발생 당시 워낙 충격적이었기 때문에 다른 사건에 비해 많은 전문가가 동원되어 그의 정신상태, 범행동기, 그리고 성격 등을 분석했다. 이은석의 성격은 내향적이고 정서적으로 불안정하며 더 구체적으로는 우울증과 회피적 성격장애 문제를 갖고 있다. 이은석은 원심에서 사형을 선고받았지만 2001년 항소심에서는 무기징역을 선고받았고 대법원에서 2001년 7월 10일 최종으로 무기징역을 선고받았다. 부모 그것도 아버지와 어머니를 모두 토막 살해한 은석을 상고심에서 무기징역으로 선고한 것은 파격적인 형량이라 생각할 수 있다.

'미안하다는 말' 하기가 그렇게 어려웠나요

나는 심리학 교수로서 은석이와 같은 무기력한 대학생이 너무나 많다는 것을 잘 알고 있다. 이 책을 읽는 독자들이 은석이는 예외이고 우리 집 자식은 그렇지 않다고 생각하면 그것은 분명 착각임을 말해둔다.

함께 나누기

자식이 부모를 죽였다니 천인공노할, 상상할 수 없는 사건입니다. 은석이 왜 부모를 죽였을까요. 왜 부모들은 자녀에게 사과나 용서를 빌지 못하고 어려워 할까요? 이 글을 읽으면서 여러가지 느낌이 있을 것입니다. 생각나는 소감을 함께 나누어 보십시오.

18

대통령의 용서

『김대중 자서전』, 『이희호 평전』

이 글은 김대중 전 대통령의 자서전(1200여 쪽)과 이희호 여사 자서전 (731쪽)에서 많은 양을 생략하고 짧게 요약 정리한 것입니다.

김대중 전 대통령은 1924년 전라남도 신안에서 태어났다. 1950년 〈목포일보〉 사장이 되었고 1960년 민의원에 당선된 후 1971년까지 6·7·8대 국회의원을 지냈다. 1971년 신민당 대통령 후보로 민주공화당의 박정희와 겨루었으나 패배하였다. 그후 미국·일본 등지에서 박정희 정권에 맞서 민주화운동을 주도하다가 1973년 중앙정보부(지금의 국가정보원) 요원에 의하여 국내로 납치되어 세계의 이목을 집중시켰다.

1997년 10월 자유민주연합(자민련; 김종필 총재)과의 야권 후보단일화를 이끌어낸 뒤 같은해 12월 15대 대통령선거에서 당선되어 한국 정치사상 최초의 평화적 여야 정권교체를 이룩하였다. 1997년 11월부터 시작된 IMF(국제통화기금) 관리체제의 외환위기를 재정·금융 긴축과 대외개방, 금융 및 기업의 구조조정 등을 통해 위기를 극복하였다.

1999년 5월 '아시아에서 가장 영향력 있는 지도자 50인' 중 공동 1위에 선정되었다. 2000년 6월 김정일 국방위원장의 초대로 평양을 방문하여 6·15

예수님이 나타났다

1973년 8월 8일, 일본 도쿄의 아침은 덥고 습했다. 나는 아카사카에서 자민당의 기무라 토시오 의원을 만나기로 되어 있어 오후 1시 15분께 호텔 방을 나섰다. 그때 어디선가 건장한 사내 대여섯 명이 뛰쳐나왔고 그들 중 두 명이 갑자기 내 멱살을 잡았다.

나는 깜짝 놀라 호통을 쳤다. "무슨 짓이냐? 너희들은 누구냐?" 내가 반항하자 무릎과 배를 발로 차고 턱을 쳤다. 사람 때리는 기술자 같았다. 어떻게 손을 써 보지도 못하고 제압당했다. 그들은 나를 침대 위에 팽개치더니 손수건을 코에 대고 눌렀다. 순간 마취제일 것이라는 생각이 뇌리를 스쳤다. 한순간 정신을 잃었다가 다시 깨었다. 의식이 몽롱했다.

"조용히 해. 말 안 들으면 죽여 버리겠어."

한국인이었다. 나는 순간 '큰 일이 벌어지고 있구나. 이러다 죽을 수도 있겠구나'하고 생각했다. 머릿속에서 빨간불이 획 지나갔다. 정신은 가물가물했지만 의식을 잃은 것처럼 일부러 축 늘어져 꼼짝하지 않았다. 얼마나 지났을까. 사내들은 방문을 열고 복도를 살피더니 나를 양쪽에서 끼고 엘리베이터 안으로 끌고 갔다. 힘이 대단했다.

젊은 남자 두 명이 들어왔다. 나는 이때다 싶어 일본말로 고함을 질렀다.

"살인자다. 구해 달라! 살인자다. 구해 달라!"

두 남자는 두려웠는지 7층에서 황급히 내렸다.

지하로 내려가자 승용차가 대기하고 있었다. 그들은 그 차에 나를 밀어 넣더니 내 양옆으로 한 명씩 타고 앞좌석에는 두 명이 탔다. 나 외에 4명이 탄 듯했다. 사내들은 나를 뒷좌석 바닥에 앉히더니 다리로 머리를 눌렀다. 차는 지하 주차장을 빠져나왔다. 나는 이렇게 허망하게 납치를 당했다.

사내들은 내 얼굴을 옷으로 가렸다. 헝겊 조각이 여전히 내 입을 틀어막고 있었다. 내가 조금이라도 움직이면 발로 걷어찼다.

나는 소리를 질러야 했지만 어떻게 할 수가 없었다. 한 시간은 족히 달리더니 속도를 줄였다. 고속도로를 벗어나 시내로 들어선 것 같았다. 그러나 어딘지 도저히 가늠할 수 없었다. 사내 중 하나가 "집으로 가자"고 말했다. 그런데 운전기사는 모르겠다며 더듬거렸다. 그러자 일본말로 "야스카와"라고 말했다.

빌딩 안으로 들어가 다시 엘리베이터를 탔다. 엘리베이터에서 내려 끌려간 곳은 다다미가 있는 방이었다. 사내들은 나를 묶고 있던 끈을 풀고 옷을 벗겼다. 입에 물린 헝겊도 빼냈다. 시계와 양복 주머니를 뒤져 현금과 신분증명서, 명함 같은 것을 뺏어 갔다. 허름한 옷으로 갈아 입히고 신발도 운동화로 바꿔 신겼다. 다시 끈으로 몸을 묶었다. 그리고 화물 포장용 강력 테이프로 얼굴만 남기고 몸 전체를 둘둘 감았다. 그런 몰골로 나는 방에 처박혀 있었다. 두 시간쯤 되었을까, 밖은 어두워지고 있었다.

사내들은 다시 나를 밖으로 끌고 나갔다. 두 손과 두 다리를 모두 묶인 채 차에 실렸다. 30분 정도 달렸을 것이다. 파도 소리가 들렸다. 해안이 분명했다. 선착장에서 이번에는 모터보트에 태워졌다.

보트 위에서 사내들은 내 머리에 보자기 같은 것을 씌웠다. 갑자기 깜깜해졌다. 죽음이 다가온 것 같았다. 죽음을 각오했다.

"이 새끼가."

바다 위를 한 시간쯤 달린 것 같았다. 이번에는 커다란 배로 옮겨졌다. 보트에서 배로 옮겨 타기 전에 누군가 시간을 묻자 "12시 50분"이라고 대답하는 것을 들었다. 그들은 고도로 훈련된 요원들이라는 느낌을 받았다. 배 위에서 다시 나를 때렸다. 내가 말했다.

"그만하시오. 때릴 필요 없소. 나는 이미 죽음을 각오한 사람이오. 죽을 각오를 하고 있는 사람을 때릴 필요가 없지 않소."

매질이 그쳤다. 도쿄에서 나를 끌고 온 범인들이 다른 무리들에게 나를 인계하는 것 같았다. 서로 인사를 주고받는 소리가 들렸다.

갑판 밑 선실로 끌려갔다. 거기에 누워 있으라 했다. 누워 있다가 잠이 들었다. 잠이 깼다 싶으니 사내들이 왔다. 먼저 얼굴에 붙였던 강력 테이프를 떼 내고 몸에 감은 끈을 풀었다. 이번에는 더 꼼꼼하게 묶기 시작했다. 두 손을 가슴에 모으게 하고 묶었다. 두 발도 묶었다. 칠성판 같은 판자 위에 눕히더니 몸을 위, 아래, 가운데로 나눠 송장처럼 세 군데를 묶었다. 입에는 나무 조각을 물게 하고 붕대를 둘렀다. 흡사 시체에 염을 하는 듯했다. 두 손목에는 30~40킬로그램 무게의 돌인지 쇳덩인지를 달았다. 그리고 나를 밧줄로 촘촘히 묶었다.

"이만하면 바다에 던지더라도 풀리지 않겠지?"

"이불로 싸서 던지면 떠오르지 않는다는구먼. 솜이 물을 먹어."

하지만 범인들은 이불을 씌워 묶지는 않았다. 그들의 대화 속에는 '상어'라는 말도 튀어나왔다. 바다에 던져질 게 분명해 보였다. '상어 밥이 될 수도 있겠구나.' 나는 마지막 순간이 왔다고 생각했다. 나는 기독교인이다. 매일 기도를 올렸고, 납치되어 이동 중에도 하나님을 찾았다. 그런데 이 마지막 순간에는 기도할 생각이 나지 않았다. 기도할 생각보다는 바닷속에서 맞이할 최후의 모습이 어른거렸다.

'물속에서 쇳덩이를 벗길 수 있을까. 아마 힘들 것이다. 바닷속이니 몇 분이면 모든 것이 끝날 거야. 고통도 사라지겠지. 그러면 내 고단한 삶도 끝이 날 거야. 이 정도 살았으면 된 것 아닌가.'

그러자 다른 생각이 떠올랐다.

'아니다. 살고 싶다. 살아야 한다. 아직 할 일이 너무 많다. 상어에게 하반신을 뜯어 먹혀도 상반신만으로라도 살고 싶다.'

그런 생각을 하며 팔목에 힘을 주었다. 하지만 양 손목을 묶고 있는 밧줄은 꼼짝도 하지 않았다. 모든 것이 소용없었다.

그때 바로 예수님이 나타나셨다. 나는 기도드릴 엄두도 못 내고 죽음 앞에 떨고 있는데 예수님이 바로 앞에 서 계셨다. 아, 예수님! 이 전에 교회당에서 봤던 모습 그대로, 표정도 그대로였다. 옷도 똑같았다. 나는 예수님의 긴 옷소매를 붙들었다.

"살려 주십시오. 아직 제게는 할 일이 남아 있습니다. 우리 국민들을 위해 해야 할 일들이 있습니다. 저를 구해 주십시오."

갑자기 엔진 소리가 폭음처럼 요란하더니 배가 미친 듯이 요동치며 내달렸다. 선실에 있던 사내들이 "비행기다"라고 외치며 갑판으로 뛰쳐나갔다. 폭음 같은 것이 들리고 배는 전속력으로 달렸다. 무슨 일이 긴박하게 벌어지고 있었다. 그렇게 30분이나 40분쯤 달리다 배가 다시 속도를 줄였다. 아무 일도 없었다는 듯 주위가 조용해졌다.

"김대중 선생님 아니십니꺼?"

갑자기 경상도 사투리가 내 귀에 꽂혔다. 선실 바닥에 처박혀 있던 나는 소리 나는 쪽으로 몸을 일으켜 겨우 고개를 끄덕였다.

"나는 지난 대통령 선거 때 부산에서 선생님을 찍었습니다."

그 말을 듣자 뭔가 살 길이 열리는 것 같았다. 눈앞이 훤해졌다. 사내는 내 귀에 대고 속삭였다.

"선생님은 이제 살았습니다."

입에 감긴 붕대를 풀더니 담배에 불을 붙여 물려주었다. 그리고 손발을 풀어 주었다.

'아, 내가 살아서 담배를 피우고 있구나.'

내가 물었다.

"대체 지금 여기가 어디요?"

시각은 동트는 새벽쯤일 터인데 정확히는 알 수 없었다. 그러나 나를 태운 배는 일본 항구에 닿지 않았다. 배는 9일과 10일 이틀 동안 바다에 떠 있었다. 음식이나 물을 줄 때 사내들은 처음과 달리 친절히 대했다. 한 고비는 넘긴 듯했지만 여전히 내 앞길은 알 수가 없었다. 내 운명은 바다 위에 떠 있었다. 11일 새벽쯤이었을 것이다. 한국말이 들렸다. 배가 한국의 어느 항구에 정박한 것처럼 보였다. 의사가 선실로 찾아와 나를 진찰했다.

다시 종일 선실에 머물다가 밤이 제법 깊었을 때 배에서 끌려 내려왔다. 범인들은 나를 더 이상 묶지는 않았다. 하지만 입은 막고 눈은 가린 채였다. 항구에 차가 대기하고 있었다. 시키는 대로 했다. 몇 시간을 달리다 차가 멈췄다. 다시 오랫동안 달려 어딘가에 내렸다.

눈을 뜨니 8월 12일 아침이었다. 시간이 지나자 눈에 감겼던 붕대가 헐거워져 주변이 조금씩 보였다.

납치 엿새째인 8월 13일, 오후가 되자 사내 하나가 다가와 말을 걸었다.

"왜 선생은 해외에서 국가에 반대하는 투쟁을 벌이는 겁니까?"

"그런 게 아니오. 내가 박정희 정권을 반대하고 있는 것은 사실이지만 민주주의와 반공 체제를 부인하거나 반대한 일은 없소. 내가 반대하는 것은 독재 정권이지 국가가 아니오?"

나는 더 이상 말하지 않았다. 그가 돌연 화제를 바꿨다.

"김대중 선생, 협상 좀 합시다."

"말해 보시오."

"지금부터 선생을 차에 태워 자택 근처에다 풀어 드릴 작정입니다."

두 시간 동안 달리면서 그들과 간혹 얘기를 나눴다. 그들은 자신들이 '구국동맹행동대'라 말했다. 무엇하는 단체냐고 물었지만 말해 줄 수 없다고 했다. 그러더니 한참을 있다가 "자유민주의의를 수호하고 반공하는 단체"라고 설명했다.

이윽고 차가 멎었다. 그들은 나를 차에서 내리게 했다. 그리고 눈을 감고 있는 붕대를 풀었다. 한참 지나자 사물이 보였다. 주유소 간판이 낯익었다.

나는 동교동 우리 집 근처 골목에 서 있었다. 달빛이 밝았다. 하늘에는 보름달이 둥실 떠 있었다. 달빛을 받고 골목길은 조용했다. 나는 살아서 돌아왔다. 세 번째 죽음의 올가미에서 빠져나왔다. 1972년 10월 11일에 떠났으니 10개월 만에 내 나라 내 집으로 돌아왔다. 그 시간들은 미국과 일본을 오가며 격정을 토해 낸 격동의 시간들이었는데 아주 멀게만 느껴졌다. 기억 저편에서 아득하기만 했다. 밤은 깊었다. 대문 앞에 서서 문패를 올려다봤다. '김대중 이희호'. 문패가 물끄러미 나를 내려다보았다. 대한민국, 한여름 밤. 나는 초인종을 눌렀다. 막 퇴근한 가장처럼.

내가 극적으로 생환한 것은 미국의 개입이 있었기 때문이다. 당시 주한미국대사관은 내가 납치당한 8월 8일 오후 3시에 정보를 입수했다. 미국 CIA가 맨 먼저 하비브(Philip Habib) 대사에게 알렸다. 하비브 대사는 한국 내의 모든 정보 팀을 소집했다. 하비브 대사는 긴박하게 지시했다.

"김대중 씨가 납치되었다. 한국 중앙정보부가 개입한 것 같으니 빨리 정보를 수집하라. 그를 살려야 한다."

하비브는 취합한 정보를 분석하고 곧바로 한국 정부 고위층에 납치 사실을 알렸다. 아울러 미국의 우려를 강력하게 전달했다. 하비브 대사가 나를 죽음의 문턱에서 끌어내 주었다. 그가 나를 살렸다.

당시 절체절명의 순간에 나타난 비행기는 일본 국적기로 추정된다. 미국은 일본에게 납치 사실을 신속하게 통보하고 후속 조치를 요청했다.

이후락 중앙정보부장의 지휘 아래 이루어졌지만, 박 대통령이 지시한 것은 확실하다.

나는 납치 사건만큼은 자서전에서 관련자들의 이름과 그들의 소행을 일일이 기록하지 않으려 한다. 나는 그들을 이미 용서한다고 천명했다 그때는 마침 29번째 광복절이었다. 광복절 기념식이 열린 서울 장충동 국립극장에서 큰 일이 났다. 얼른 응접실로 나와서 텔레비전을 봤다. 육영수 여사가 객석의 괴한이 쏜 총을 맞고 병원으로 옮겨져 오후 7시쯤에 숨을 거뒀다. 이른바 '문세광 사건'이었다.

궁정동의 총성

중간에 많은 사건들이 있으나 여기서는 생략한다. 1979년 10월 16일 부산에서 대규모 대학생 시위가 일어났다. 17일에는 시민들이 대거 가세했다. 이에 박 대통령은 18일 비상계엄령을 선포하고 공수부대를 투입했다. 그러자 민주화의 불길은 이웃 도시 마산으로 번졌다. 노동자와 고등학생들까지 거리로 나섰다. 박 대통령은 다시 마산과 창원 일대에 위수령을 선포했다. 이른바 '부·마 항쟁'이었다.

남녘에서 올라오는 시위 소식을 들으며 나는 4·19를 떠올렸다. 누구라도 그랬을 것이다. 내가 공동의장을 맡고 있는 재야 민주 세력의 결사체인 '국민연합'은 부마사태와 관련한 성명을 발표했다. 정부는 깊이 반성하고 비상계엄을 해제할 것, 국군을 정권 안보에 동원시키지 말 것, 유신헌법을 개정할 것 등을 요구했다.

민주화 투쟁의 불길은 이미 전국으로 옮겨 붙고 있었다. 4·19처럼 국민 저항은 북상 중이었다. 유신의 독재는 청와대와 그들의 안가에서만 숨이 붙어 있었다. 민심이 떠난 박 정권은 헐떡거리고 있었다. 오늘은 초조하고 내일은 불안했다. 그럴수록 유신 독재 체제는 눈을 치켜뜨고, 소름 끼치는 비명을 질렀다. 그러던 어느 날, 서울 궁정동에서 한밤중에 총성이 울렸다.

미국 로스앤젤레스에서 걸려 온 전화였다. 지인의 목소리는 날카로웠다.

"간밤 박정희 대통령이 살해당했답니다."

바다를 건너온 소식은 새벽, 찬 공기처럼 서늘했다. 독재자 박정희는 1979년 10월 26일 밤 가장 믿었던 심복의 총을 맞고 생을 마감했다.

박 대통령은 자주 술을 마셨다. 화제는 자연 부마 항쟁으로 옮겨 갔고 김재규 정보부장은 사태가 심각하다고 보고했다. 그러자 경호실장 차지철은 "까불면 전차로 싹 깔아뭉개 버리자"고 거침없이 내뱉었다. 그러자 김 부장은 "각하, 버러지 같은 자식을 데리고 정치를 하니 제대로 되겠습니까"하며 권총을 뽑았다.

다시 총성이 울렸다. 김재규가 '야수의 마음'으로 쏜 총에 '유신의 심장'이 터졌다. 이로써 1961년 5·16 쿠데타 이후 계속된 박정희의 18년 장기 독재가 막을 내렸다.

권력은 비정했다. 독재 정권을 에워싸고 있던 박정희의 사도들은 홀연 연기처럼 흩어졌다. 유신 체제를 '구국의 영단'이라 치켜세웠던 많은 정치인, 학자, 고위 관리들은 어디로 갔는지 보이지 않았다.

박 대통령과 나는 20년 가까이 대립하고 있었다.

나는 생전에 박정희 대통령과 충분히 얘기 한 번 못해 본 것이 지금도 한스럽다.

박정희의 가장 큰 잘못은 지역 대립을 조장한 것이었다. 이는 이승만 대통령이 친일파를 비호하며 그들을 중용한 것에 견줄 만한 과오였다. 경상도를 노골적으로 품고 전라도는 철저하게 내쳤다.

박 대통령은 전라도에 대해서 세 가지 차별을 했다. 하나는 문화적 차별이요, 또 하나는 지역 개발 차별이며, 세 번째는 인재 등용의 차별이다. 이는 집요하고도 계획적으로 진행되었다. 이와 같은 세가지 차별은 그 후에 자유한국당이 집권하면서 다시 원상으로 돌아갔다 했다. 드라마나 영화, 노래 속의 도둑이나 사기꾼들은 거의가 전라도 사투리를 썼다. 반면 경상도 청년은 씩씩하고 남자답게 묘사되었다. 무엇보다 무서운 문화적 차별이었다. 그런 이미지는 국민 정서에 서서히 조금씩, 알게 모르게 스며들었다.

우리나라에서 지역감정이란 원래 존재하지 않았다. 그럼에도 박 정권은 선거 때마다 지역감정을 자극했다. 박 정권 때 처음으로 지역에 따라 몰표가 나오기 시작했다. 박정희가 출생하여 자란 대구와 경북은 이른바 'TK'로 불렸고, 정권의 실세들은 이곳에서 배출되었다. 단지 TK출신이라는 것만으로도 정권의 성골이 되었다.

전두환의 권력장악

최규하 국무총리가 헌법이 정한 대로 대통령 권한대행이 되었다. 정국은 긴박하게 돌아갔다. 나는 계속 연금 상태에 있었다.

군부의 동향은 하루하루 초미의 관심사였다.

정승화 총장은 나를 기피 인물로 꼽고 있었다. 비상계엄 하에서 계엄사령관은 절대적 존재였다. 그러나 이때 글라이스턴(William Gleysteen) 주한 미국 대사가 나서 주었다.

"김대중 씨에 대한 미 대사관의 견해는 계엄사령부와 전혀 다르다. 우리는 김대중 씨를 신뢰할 수 있는 민주주의자이며, 공산주의 반대론자라고 생각한다. 만약 군 당국이 그러한 견해를 공표한다면 우리도 미국의 견해를 공표할 것이다." 글라이스턴 미국 대사가 우리 집으로 찾아왔다.

전두환은 권력 장악에 나섰다. 5월 1일 전군 지휘관 회의를 거쳐 국방장관이 제출한 비상계엄 확대방안은 밤 9시 50분에 국무회의를 통과했다. 이는 박정희의 5·16 쿠데타를 이어받은 전두환의 5·17 쿠데타로의 여정이었다.

5월의 광주

토요일 밤 8시 응접실에 앉아 있었다. 김옥두 비서가 급히 들어왔다. 지금 "천지개벽이 되었으니 피하라는 제보가 들어왔습니다"고 보고했다. 올 것이 왔다.

10시가 넘어 초인종이 울렸다. 정승희 경호원이 조심스럽게 문을 열었다. 이어 검은 그림자들이 문을 밀치고 쏟아져 들어왔다. 다짜고짜 M16 소총 개머리판으로 경호원의 머리를 후려쳤다.

40여 명의 군인들이 응접실 쪽으로 몰려들었다. 몇몇은 권총을 들고 있었다. 장교 두 명과 군인 대여섯 명이 내 가슴에 총을 겨누었다. 장교 하나가 사납게 말했다.

"합수부에서 나왔습니다. 잠깐 가셔야겠습니다."

내가 되물었다.

"어디요?"

"계엄사란 말입니다."

나는 윗도리를 가져러 안방으로 들어갔다. 내가 나오자 군인들이 양팔을 잡아끌었다. 잡힌 팔을 뿌리쳤다.

아내가 소리를 질렀다.

"가자는 말 한마디면 따라나설 분인데 왜 총을 겨누느냐."

아내는 나에게도 말했다.

"하나님이 당신과 함께 계실 것입니다."

'김대중 체포'를 공식 발표했다.

나는 남산에 있는 중앙정보부 지하실에 갇혔다. 창졸간에 잡혀와 조사를 받으려니 참으로 기가 막혔다. 정권을 전복시키려는 모의를 했다며 캐물었다. 50년 전 자료까지 찾아와 들이대며 내란 음모와 관련 여부를 다졌다. 내가 신군부에 연행되었다는 사실이 결국 광주 항쟁의 도화선이 되었기 때문이다.

신군부는 나를 체포한 사실이 알려지면 반드시 광주 등을 비롯한 시민들이 일어날 것으로 예상했다. 이에 정예 공수 부대를 광주 외곽에 배치해 둔 것만 봐도 알 수 있다. 바로 특전사 7공수 여단 33대대와 35대대였다.

신군부는 학원 소요를 주장하고 북한의 위협을 과장하여 이를 정치 전면에 나서는 구실로 삼으려 했다. 마지막 장애물인 민중·민주화 진영을 무력화시키기 위해, 그래서 정권 장악을 용이하게 하기 위해 5·17쿠데타를 일으켰다.

5월 18일부터 27일까지 열흘 동안 광주에서 일어난 일들은 너무도 끔찍했다. 항쟁 4일째 되던 날, 합동수사본부는 '김대중 내란 음모 사건'에 관한 중간 수사 결과를 발표했다. 그 요지는 다음과 같다. (이때만 해도 구 자유한국당에서는 5.18 광주민주항쟁을 인정했다. – 필자 주)

10·26 사태의 발생을 정권 획득의 호기로 인식한 김대중은, 정상적인 정당 활동과 합법적인 계기를 통해서는 정권 획득이 생각대로 되지 않는다고 판단하고, 정부에 대한 국민의 불신 풍조를 심화시켜, 선동을 통해 변칙적인 혁명 사태를 일으켰다는 것이다.

시민들은 "김대중을 석방하라", "전두환은 물러가라"를 외쳤다. 얼마 후 실탄을 받은 공수 부대원들이 도청 앞에서 무차별 발포를 했다. 사상자가 속출했다. 공수 부대는 더 이상 '국민의 군대'가 아니었다. 시민들도 예비군 무기 창고에서 소총 등을 가져와 무장했다. 광주 도청 앞에서 '시민군'들과 특수 훈련을 받은 공수 부대원들 사이에 총격전이 벌어졌다. 시민군은 밀리지 않았다. 결국 계엄군은 기관총을 난사하며 퇴각했다. 시민들이 자력으로 광주시 전역에서 계엄군을 몰아냈다. 그러자 계엄군은 다시 탱크와 장갑차로 광주 시내 진입로를 모두 봉쇄했다.

광주는 신부, 목사, 변호사, 교수, 정치인 등 20여 명으로 '5·18 수습대책위원회'를 결성했다. 수습대책위원회는 "사태 수습 전에 군을 투입하지 말 것", "연행자 전원을 석방할 것", "군의 과잉 진압을 인정할 것" 등 정부에 여섯 가지를 요구했다. 그러나 답이 없었다. 얼마 후 계엄군은 무기를 반납하라고 최후통첩을 했다. 시민들은 "광주를 지키자", "최후까지 싸우자", "계엄군은 철수하라" 등을 외치며 행진했다.

27일 마지막 날, 계엄군은 광주시와 전남 일원의 모든 전화를 끊었다. 그리고 새벽 4시 특공대원들이 도청으로 난입, 무차별 총격을 가했다. "5시 22분, 도청 잠복 폭도 소개 완료." 계엄군은 이렇게 기록했다. 이렇게 열흘에 걸친 광주민주항쟁은 끝났다.

정부는 광주민주항쟁으로 민간인 148명, 군경 26명 등 모두

174명이 사망했다고 발표했다. 그러나 이 숫자는 신빙성이 전혀 없었다. 군용 트럭에 실려 간 그 많은 시민들이 어디로 끌려가 어떻게 죽었는지 알 수가 없다.

　광주 항쟁은 청사에 빛날 것이다. 열흘 동안 광주 시민들은 숭고한 일을 해냈다. 시민들은 무기를 손에 쥐고도 대화를 요구했다. 억울하게 죽어 간 시체를 눈앞에 두고서도 단 한사람에게도 보복을 하지 않았다. 질서를 지켰고 도둑질이나 약탈도 없었다. 도청 공무원이 넣어 둔 책상 서랍 속의 월급봉투가 그대로 있었다. 상점과 은행도 평상시처럼 문을 열었다.
　〈화려한 휴가〉는 광주 항쟁을 진압하라는 신군부의 작전명이었다. 하기야 내가 어찌 광주를 하루라도 잊을 수 있겠는가? 보는 눈들이 있어 울지 않으려 했지만, 나는 아내와 함께 손수건을 적셔야 했다.

작지만 큰 대학

　무기 징역으로 감형되고 나서 1981년 1월 31일 청주교도소로 이감되었다. 사형수가 아닌 기결수로 머리를 깎였다. 죽음이 무서웠다. 판결을 기다리는 몇 달 사이에 내 몸무게는 10킬로그램이나 축이 났다. 육군교도소에서 사형수로서 아내를 만났을 때는 서로 눈물을 참지 못했다. 살아 있음의 눈물이었다. 타협에 응하면 살려 준다고 할 때는 이를 거부하고, 다른 한편으로는 살고 싶어서 몸부림을 치고 있었던 것이다. 그러나 나는 이 모든 고난을 주님의 사랑의 표시로 감사하고, 주께서 겪으신 십자가의 고난과 치욕과 고독에 동참하게 해 주신 은혜에 감사를 드렸다.

그때 갑자기 하나님이 보내신 빛이 내려왔다. 두 줄기 붉은 빛이 내려오는데 그 저쪽은 구름에 가려서 안 보였다. 그 빛은 나를 싣고 있는 수레 위에 내려오더니 타원형으로 가는 구름같이 꾸불꾸불한 모양으로 내 주위를 감쌌다. 덕분에 전신이 후끈하고 따뜻했으며 수레를 이끄는 인부들도 따뜻하다고 좋아했다. 그리하여 수레가 무사히 시내로 들어와서 어떤 공회당 같은 한식 기와집 앞에 선 것으로 꿈은 끝났다. 물론 이것은 한낱 꿈에 불과한 것이지만 나로서는 참 기쁘고 영광스러운 꿈이었다.

어제가 오늘 같고, 오늘이 내일 같은 감옥에 무슨 즐거움이 있겠냐고 물을지 모르지만, 감옥에서도 분명 낙이 있었다.

무엇보다 가장 큰 즐거움은 단연 독서였다. 1977년 전주교도소에서 생활할 때도 그랬지만 청주교도소의 2년은 온통 독서에 빠져 지냈다. 철학, 신학, 정치, 경제, 역사, 문학 등 다방면의 책을 읽었다. 토인비의 『역사의 연구』를 다시 꼼꼼히 읽었다. 러셀의 『서양철학사』, 플라톤의 『국가론』, 아우구스티누스의 『신국론』, 테아르 드 샤르댕 신부의 저서들, 라인홀드 니버(Reinhold

Niebuhr)와 하비 콕스(Harvey Cox)의 신학 서적들과 그리스 이래의 문학 서적들을 탐독했다. 문학 서적 중에서는 특히 러시아 작품에서 많은 감명과 영감을 얻었다. 푸시킨, 레르몬도프, 도스토예프스키, 톨스토이, 투르게네프의 작품을 읽었다. 『논어』, 『맹자』, 『사기』 등 동양 고전과 원효와 율곡에 대한 저서, 그리고 조선 말기의 실학 관계 서적을 정독했다. 감옥 생활은 다시 없는 배움의 시간이었다. 감옥이야말로 나의 대학이었다.

또한 내가 이렇게나마 영어로 토론을 할 수 있었던 것은 역시 6년여의 옥중 생활에서 열심히 공부한 덕분이라 생각한다. 나는 영어를 독학했기에 회화는 그리 유창하지 않지만, 문법은 제대로 익혔다. 그래서 외국인들이 내 영어를 그리 가볍게 여기지 않는 것 같다. 내가 감옥에 있지 않았더라면 어찌 나이 50줄에 들어서 감히 영어를 공부했겠는가. 새삼 감옥에서 많은 것을 얻었다는 생각이 든다.

노벨상 후보

그런 가운데 며칠 뒤에는 뜻밖의 기쁜 소식을 들었다. 내가 그해 노벨평화상 후보에 오른 것이었다. 서울 주재 독일 통신 기자가 1월 30일 밤 전화를 해서 독일 사민당 의원 3명이 올해 노벨평화상 후보로 나를 추천했다는 소식을 전했다. '인권, 투쟁과 평화

통일을 위한 노력'을 추천 이유로 들었다. 참으로 감격스러웠다. 다음 날 조간신문 귀퉁이에 기사 몇 줄이 났는데 축하 전화가 쇄도했다. (모든 신문, 방송은 약속이나 한 듯 축소 보도했고, 보도하지 않는 신문 방송이 있었다. 지금도 김대중 전 대통령의 노벨상 수상을 모르는 사람이 대부분이다. - 필자 주)

이한열의 죽음

6·10 대회가 열리기 바로 전날 연세대생 이한열 군이 쓰러졌다. 6·10 대회 출정 궐기 대회가 열린 9일 오후 연세대에서는 교문을 사이에 두고 전경 및 백골단과 학생들 사이에 격렬한 공방이 있었다. 일진일퇴를 거듭하자 연세대 교문 앞은 최루탄 가루가 눈처럼 쌓였다. 이때 날아온 최루탄 하나가 이 군의 뒷머리를 강타했다. 쓰러지려는 이 군을 다른 학생이 일으켜 세웠지만, 몸을 가누지 못했다. 그럼에도 최루탄은 끝없이 날아와 터졌다. 이 군은 세브란스병원 응급실로 옮겨졌으나 이내 뇌사 상태에 빠졌다.

최루탄을 맞아 피를 흘리는 이한열 군을 동료 학생이 뒤에서 껴안고 있는 사진을 본 국민들은 경악했다. 그 사진은 6월항쟁의 상징이 되었다. 이 군이 뇌사 상태에 빠졌다는 소식은 국민들에게 정권의 종말을 예감하게 만들었다. 도심으로 시위대가 밀려

들어 왔다. '넥타이 부대'였다.

이날 시위에는 중산층이 가세했다는 데 큰 의미가 있었다. 넥타이 부대의 합류를 놓고 주요 세계 언론들은 일제히 그 원인을 분석했다. 특히 미국 언론은 비상한 관심을 보였다. 텔레비전은 한국의 시위 현장을 사실 그대로 생생하게 보여 주었다. 나는 연금 중이라 그 역사적인 현장에는 참석할 수 없었다. 외신들은 무엇보다 6·10 대회의 엄청난 열기와 중산층의 변화에 주목했다. 지금까지 폭력 시위에 비판적이던 시민들이 시위에 동조하거나 지원했다는 것은 놀라운 변화였다.

서울, 부산, 대구, 광주 등 전국에서 150만여 명이 시위에 참여했다. 6월 항쟁은 4·19혁명, 5·18민주 항쟁과 더불어 민주화 운동의 금자탑이다. 그 치열했던 한 달을 역사는 길이 기억할 것이다.

정계복귀

1995년 7월 13일, 나는 국회의원 51명의 결의로 정치 재개를 요청받았다. 의원들은 야당을 바로 세우고 김영삼 정권의 실정으로 위기에 처한 나라를 바로 세워야 한다고 주장했다. 나는 이를 수용하기로 했다. 일시적인 비난을 받더라도 국민의 고통을 외면해서는 안 된다고 판단했다. 누군가는 프랑수아 미테랑 (Francois Mitterrand) 프랑스 전 대통령 얘기도 했다. "세 번 떨어졌다가 네 번째 당선했다. 당신도 한 번 더 해보라." 솔직히 그 말에 세 번의 낙선은 모두 불공정한 승부의 결과였다. 용공 조작 등 매번 부정 선거에 당해서 마음 속에는 늘 억울하다는 생각이 숨어 있었다. 내가 정계 복귀를 결심한 근본적인 이유는 민주주의 국가 완성이요, 다른 하나는 민족 통일에 이바지하고자 함이었다. 내 평생의 소원인 두 가지 중에서 하나도 이루지 못하고 물러설 수는 없었다.

7월 18일에 나는 "국민 여러분에게 드리는 말씀"이란 성명을 발표했다. 나는 신당 창당을 선언하며 2년 7개월 만에 현실 정치인으로 돌아왔음을 알렸다.

함께 나누기

김대중 전 대통령 내외의 정치 일정을 보면서 우리가 생각할 수 있는 점에 대하여 생각나는데로 살펴 보십시오.

대통령이 되다

여러 가지 어려움과 방해에도 불구하고 나는 마침내 대통령에 당선 되었다.

나는 대통령 취임사에서 "1997년 12월 18일은 국민 전체가 대동단결할 수 있는 역사적 전환점으로 기억될 것입니다. 다시는 이 나라에 정치 보복이나 지역 차별 및 계층 차별이 있어서는 안 됩니다. 저는 모든 지역과 계층을 다 같이 존경하고 사랑합니다. 대통령으로서 모든 차별을 일소하고 모든 국가 구성원의 권익을 공정하게 보장함으로써 다시는 이 땅에 차별로 인한 대립이 발붙이지 못하도록 할 것입니다." 나는 불행이도 대통령이 되자마자 국가 부도 사태인 IMF의 시련에 빠졌다. 전 국민적으로 금모으기 사건이 일어났고 세계에서 가장 빠른 시간인 2년 몇 개월 후에게 빚을 다 갚을 수 있었다. 긴 시련의 시간이 나를 따라 다녔다. 그동안의 온갖 박해와 죽음의 위험 속에서도 나를 사로잡는 것이 있었으니 그것은 나와 아내의 용서였다.

나는 후보 수락 연설에서 "대통령에 당선되면 정치 보복을 하지 않고, 전두환·노태우 씨가 사죄하면 용서하고, 김영삼 대통령이 임기를 무사히 마치도록 도와주겠다"고 약속했다. (『김대중 자서전』, 615쪽)

"대통령께서는 독실한 신자로 알려 있는데, 전두환 전 대통령을 왜 용서하셨습니까? 그는 대통령께 사형을 선고한 사람 아닙니까?"

"나는 그의 죄를 용서하지는 않았으나 한 인간으로서 그를 용서했습니다."

"대통령께서는 박정희기념관 건립을 지원하겠다고 결정하셨는데, 그는 대통령을 세 번이나 죽이려 하지 않았습니까?"

"박 대통령 기념관은 그의 좋은 측면뿐만 아니라 잘못된 측면도 보여 줄 수 있는 증거물이 될 수 있다고 생각합니다." (『김대중 자서전』, 368쪽)

"사랑하고 존경하는 국민 여러분! 제 남편은 일생을 통하여 민주주의를 지키기 위해 피나는 고통을 겪었습니다. 많은 오해를 받으면서도 오로지 인권과 남북의 화해협력을 위해 노력해 왔습니다. 바라옵건대, 남편이 평생 추구해온 화해와 용서의 정신 그리고 평화를 사랑하고 이웃을 사랑하는, 행동하는 양심으로 살아가기를 간절히 원합니다. 이것이 남편의 유지입니다." (『이희호 평전』, 6쪽)

이희호의 용기는 용서로도 나타났다. 자신의 신앙이 가르치는 대로 이희호는 원수조차 용서해야 한다는 신념을 실천했다. (『이희호 평전』, 11쪽)

"우리를 괴롭히는 사람들도 사랑해주시고 축복해주시옵소

서." (『이희호 평전』, 12쪽)

"누구를 위해서든 정치적인 보복이 이 땅에서 다시는 행해지지 않도록 해주시기를 부탁드립니다. 이희호와 김대중이 공유한 용서는 신앙적 차원의 결단이고 신념이었다." (『이희호 평전』, 12쪽)

나는 이 두 사람이야말로 하나님의 성령에 충만한 사람이라고 생각한다. 김대중 대통령은 개국 이래 최고 대통령이었다고 말하고 싶다.

함께 나누기

우리는 앞의 여러 장들을 통하여 용서가 얼마나 어려운지를 살펴 보았습니다. 그러나 자기를 죽이려던 박정희, 전두환을 용서하고, 정치 보복을 그치고 오히려 그들을 위해 하나님께서 복 주기를 기도하는 김대중 전 대통령 내외의 모습을 보면서 신앙인으로서 무엇을 생각할 수 있습니까.

4부: 결론

19

용서가 주는 몸과 마음의 변화

『KBS 특별기획 다큐멘터리, 마음』

예담, 이영돈, 2006 • 370-391쪽

고려대학교 신문방송학과를 졸업하고 동 대학원 석사(방송)를 마치고, 현재 동 대학원 박사 학위(언론학)를 받았다.

1981년 KBS에 입사하여 1991년 SBS 개국에 참가한 후 〈그것이 알고 싶다〉, 〈주병진 쇼〉를 연출했다. 1995년 KBS로 다시 돌아와 「일요스페셜」, 거의 모든 교회들의 필수품이 된 「바이블 루트」, 웰빙의 시작을 선언한 5부작 「생로병사의 비밀」, 그리고 간접흡연을 고발함으로써 한국금연운동의 획기적 전환점을 가져온 6부작 「술·담배·스트레스에 관한 첨단보고서」를 제작하였다.

*이 장은 주로 심리학자들의 용서에 대한 구체적 내용을 정리 하에 다큐멘터리화 한 것이다.

용서와 기억

미국 테네시대학교 캐서린 로울러 교수에 따르면 용서는 배신이나 해를 입었을 때 반응하는 것으로써 두 가지 형태가 있다고 한다. 첫째는 마음 속으로는 나쁜 감정, 부정적인 생각, 복수를 하고 싶은 감정을 없애는 것이다. 둘째는 상대방에게 좀 더 다가가 상대방이 잘 되기를 바라거나 용서해 주는 것이다. 여기서 더 나아가면 완전히 화해하고 관계를 다시 시작할 수 있다.

"누군가를 용서한다"고 말할 때 그 말은 "나는 네가 내게 지고 있는 모든 빚으로부터 너를 탕감해주겠다"라고 내리는 결정이다.(KBS 기자가 용서가 빚탕감 즉 희년까지 알고 있다는 것은 놀라운 일이다 - 필자 주) "나는 우리의 관계를 이 모든 일들이 발생하기 전과 똑같은 발판 위로 되돌려놓기로 결정한다"는 의미다. 하지만 "너를 용서한다"는 말은 동시에 "나는 너에 대한 느낌이 달라졌다"는 뜻이기도 하다. "나는 더 이상 너에 대해 분노하고 원망하고 부정적으로 느끼거나 증오하거나 적대감을 갖지 않는다"는 뜻인 것이다. "보다 긍정적이 되었고, 너에 대해 동정하고 공감하며 이해하고 교감한다"는 말이다. 긍정적 감정들로 인해 내 안의 증오와 적대감 같은 부정적인 감정들이 밀려 났다는 것이다.

그러나 용서를 통해 원래 있던 곳으로 되돌아간다는 것은 불가능하다. 상처받기 전과 '똑같은' 지점으로 돌아가는 것으로 마무리된다기보다는, '다른 지점'으로 돌아가 마무리되는 것이다. 기억이 남기 때문이다. 그 기억조차 치유 받는다면 좋을 것이다.

대개 남을 용서하는 것은 쉬울지 모르나 자신을 용서하는 것은 더 어렵다고들 한다. 그래서 자기 용서가 중요하다고 캐서린 로울러 교수는 말한다. 남에게 상처를 주고 아무런 상관을 하지 않는 사람에 대한 것이 아닌, 죄책감과 모멸감을 느끼지만 결국 수용하는 것, 친구가 실수를 하면 용서를 하듯이 자기 자신을 용서하는 것이 자기 용서. 이외에도 자기 용서란 우리가 범했던 실수, 남에게 상처를 주었던 일, 하지 말았어야 했던 일 등을 생각하면서 자기 자신의 잘못을 인정하고, 죄책감과 부정적인 감정이 가시기 전까지 자신을 지나치게 비판하지 않는 것도 포함한다. 자기 용서는 다른 사람을 용서하는 것만큼 중요하다.

함께 나누기

다른 사람을 용서하는 것과 자신을 용서하는 것은 서로 다른 것입니다. 왜 두 가지 용서가 함께 중요할까요.

배신을 극복하는 진정한 길은 용서다

사람은 다른 사람과 유대관계를 형성하면서 산다. 그리고 그 관계 속에서 얼마든지 배신을 당할 수 있다. 중요한 것은 '배신을 당했을 때 어떻게 반응하는가'이다.

많은 사람들이 복수를 생각한다. 복수는 계속되는 갈등을 가져온다. 상처를 받았다면, 거기에서 오는 나쁜 감정들을 빨리 없애야 한다. 나쁜 감정을 계속 생각하는 것은 육체적으로나 정신적으로 바람직하지 않다. 그래서 용서가 필요하다. 용서는 잊기 위한 가장 확실한 방법이다.

시간이 지나면 자연적으로 잊게 되고 용서도 하게 된다는 말도 있다. 미국 테네시대학교 와렌 존스 교수는 대학생들을 대상으로 3개월 동안 시간이 지나면서 생기는 용서에 대한 연구한 결과, 시간이 지남에 따라 용서한다는 사실을 발견했다. 그러나 팔십대 여성이 예닐곱 살 때 경험한 배신을 간직하고 있다는 것은 오랫동안 분노를 지니고 있는 사람들도 있다는 것이고 이에 대한 연구가 필요하다고 말한다. 그렇다고 용서한다는 것이 상대방의 행위를 눈감아주는 것은 아니다. 용서는 잘못된 행위를 묵인하거나 사회의 도덕적이며 법적인 의무를 저버리게 하는 것이 아니다.

함께 나누기

망각하면 용서가 될 수 있을까요? 용서와 망각에 대해 생각을 나누어 보십시오.

와렌 존스 교수는 용서할 수 없는 것은 없다고 한다. 자신의 아이들이 살해당했거나, 잘못된 증언으로 형까지 살았는데 나중에 무죄가 입증된 경우처럼 세상에는 황당한 일이 많다. 하지만 피해자들은 대부분 가해자를 용서했다고 전한다. 미국 오클라호마에서 폭파사건이 있었을 때, 그 사건 피해자의 아버지도 가해자를 용서했다. 이런 맥락에서 9·11테러도 용서할 수 있다. 용서를 한다면 정신적인 부담을 덜 수 있기 때문이다.

함께 나누기

> 용서는 매우 어려운 것이다. 특히 두 사람이 함께 잘못한 경우가 대부분이다. 그래서 줄다리기를 하는 경우가 상당히 있다. 와렌 존스 교수 그리고 철학자이자 정치학자인 자끄데리다가 『용서』에서 "용서할 수 없는 것은 없다"고 하는데, 이 말에 대해 생각해 보십시오.

용서는 나의 것이고, 화해는 우리의 것이다.

용서는 스스로 내린 결정이나 감정적인 경험처럼 자기 내면에서 일어나는 것이다. 화해는 어떻게 우리가 하나가 되는지, 어떻게 우리의 관계를 회복시키는지에 관한 것이다. 그러나 용서는 나에 관한 것이고 화해는 우리에 관한 것이다. 화해는 두 사람이 연관되어 있기에 용서와 다르다. 누군가 나에게 해를 입히고 세상을 떠났다고 가정하자. 그가 죽어서 나는 그 사람과 절대로 화해할 수가 없다. 그러나 용서는 할 수 있다.

그렇다면 용서를 먼저 하고 화해를 나중에 해야 할까? 화해를 먼저 하고 나중에 용서할 수도 있다. 만약 직장에서 의견이 맞지 않는 사람이 있는데 그와 의견 차이를 좁히고 일을 같이 하고 서로 다시 믿을 수 있다면 둘은 화해를 한 것이다. 그러나 여전히 그 사람에게 화가 나고 괴로우면 용서를 하지 않은것이다. 1년 뒤나 나중에 용서할 수는 있을 것이다.

자신의 정신 건강과 신체 건강을 생각한다면 아마 화해보다 용서가 더 중요할 것이다. 그러나 사회를 위해서는 화해도 용서만큼 중요하다. 용서하면 화해할 가능성이 더 높고 다른 문제를 일으키거나 갈등을 일으킬 가능성이 적어진다. 북아일랜드의 갈등이 계속되는 것은 비록 화해는 했지만 용서가 부족한 결과가 아닐까?

"용서는 가슴 속에 있고 화해는 관계 속에 있다"고 말한 미국 스탠포드대학교 프레드 러스킨 교수는 부부 사이에서 발생하는 경우를 예로 들어 설명한다. 당신의 부인이 외도를 했다고 가정하자. 애초에 부인이 싫었다면 모르지만 다시 가정으로 부인이 돌아왔고 당신이 받아주었어도 부인에 대한 분노는 가득 차 있을 것이다. 이 경우는 용서하지 않고 화해한 상태다. 반면 용서는 했지만 워낙 감당할 수 없어 결혼 생활을 유지할 수 없다고 생각하고 부인의 행복을 빌어주며 친구로 지내고 싶다면 이는 화해하지 않고 용서한 경우다.

용서와 화해는 같은 것이 아니다. 때로 두 가지가 함께 할 수도 있고 그렇지 않을 수도 있다. 20여 년간 싸우면서도 부부 관계를 유지하는 경우는 용서하지 않고 화해한 경우다. 용서는 가슴 속에 있고 화해는 관계 속에 있는 것이다.

함께 나누기

완전한 용서는 화해까지 나아가야 합니다. 용서는 가슴 속에 있고 화해는 관계 속에 있습니다. 진정한 용서는 화해까지 나아갈 때 가장 바람직한 모습입니다 일반적으로 용서하는 것으로 끝나지만 그리스도인들은 화해까지 나아가야 합니다. 이 주제와 관련하여 나의 경험을 중심으로 함게 나누어 보십시오.

용서는 변화의 시작이다.

캐서린 로울러 교수에 따르면 용서를 했을 때는 육체적인 변화도 따라온다. 혈압과 심장 박동수가 줄어들며 용서를 잘하는 사람일수록 우울증과 스트레스가 적게 나타나고 긍정적이고 행복감을 더 느낀다. 근육 긴장도에서도 용서를 한 사람은 다르다. 특히 얼굴에서 용서한 사람이 용서하지 못한 사람에 비해 얼굴의 근육 긴장도가 낮게 나타났다. 숙면과 질병에서도 용서한 사람이 숙면을 취하고 두통, 요통, 감기와 같은 병치레가 적었다.

용서가 혈압과 심장에 미치는 영향도 있다. 화가 났던 일을 말하게 하고 그 일을 용서했는지 안 했는지 물었을 때 화났던 일을 회상하면 혈압이 상승하고 심장 박동이 빨라진다. 그러나 용서했던 것을 말하면 몸이 회복된다. 그래서 용서는 빠른 시간 안에 몸이 변화를 드러낸다. 용서할 수 있는 성격과 긍정적인 요소들과의 관계는 대학생, 중년, 노년층 모두에게 해당된다. 용서하는 사람들은 우울증과 스트레스가 적었고 삶의 목표가 원대했으며 사람들과의 관계도 원활했다. 전반적으로 용서하는 사람들은 행복했다.

용서 전문가로 20여 년간 용서를 연구하고 『용서는 선택이다』 *Frogiveness is a Choice*라는 책을 집필한 위스콘신대학교 로버트 엔라이트 교수의 연구에 의하면, 가장 극적이고 정서적인 변화는 우울증 진단을 받은 사람이 우울증에서 벗어난 것이었다. 용서함으로써 에너지가 생기게 되고 집중을 더 잘 할 수 있으며, 마음이 편해지고 인생을 잘 보낼 수 있게 된 것이다. 또 그는 생리학적 건강을 알아보기 위해 심장병 환자를 대상으로 용서하는 그룹과 그렇지 않은 그룹으로 나누어 실험을 했다. 실험이 끝난 후, 용서 그룹의 심장 상태가 다른 그룹에 비해 더 나아졌다는 것을 발견했다.

용서함으로써 얻게 되는 신체적 이익은 당장 나타난다기보다 더 나이 들어서 오십 살, 육십 살쯤 되어 나타난다. 용서하지 못하는 상황과 사람에 대해 자꾸 생각하면 스트레스 유발 호르몬인 코티졸이 면역체계에 영향을 주어 스트레스 관련 질병에 걸릴 확률이 높고, 혈관에 콜레스테롤이 쌓여 오륙십 살쯤 되면 심장병이 될 확률이 높아진다. 따라서 용서한다는 것은 질병에서 벗어날 수 있는 길이기도 하다. 용서의 결과는 다양한 측면에서 나타난다.

용서는 상대방을 위한 선물이다

로버트 엔라이트 교수는 용서가 자신을 위한 것이라는 말에 동의하지 않는다. 용서는 근본적으로 상대방을 위한 선물이고 용서의 한 부분은 연민, 공감, 사랑을 주는 것이다. 그 결과로 용서한 사람은 기쁨을 느끼고 근심과 우울함이 줄어든다. 정서적으로 좋은 일이 생기는 것이다. 또한 가해자에게도 영향을 줄 수 있다. 가해자가 변하지 않는 상황도 있겠지만 용서와 사랑으로 인해 가해자는 달라질 수 있는 것이다. 가해자가 자신이 잘못했다는 것을 깨닫게 되면 죄책감을 느끼고 용서를 구하게 된다. 이 말이 이상적이고 비현실적으로 느껴질 수도 있지만 엔라이트 교수 자신이야말로 용서한 사람의 인생에 변화를 줄 수 있다는 것을 보여주기 위해서 과학자가 되었다고 한다.

그는 암으로 죽어가는 노년층, 정신적 학대를 당한 여성, 이혼 위기에 처한 부부 등을 대상으로 실험을 했다. 처음에는 용서하기 힘들지만 학습과 치료 과정을 통해 그들이 용서를 하면 좋은 일이 일어났고 그는 계속해서 변화된 모습을 보았다고 한다. 결국 과학은 용서가 정서적 건강에 효과가 있다는 것을 말해 준다. 하지만 용서를 용서의 결과와 혼동해서는 안 된다. 용서는 상대방을 위한 것이고, 좋은 결과는 용서를 한 사람과 받은 사람의 것이라고 그는 말한다. 용서는 자신을 사랑하기 보다 가해자를 위한 선물이라고 말한다.

함께 나누기

용서는 우리의 신체적, 정서적 질병에도 여러가지 좋은 효과를 가지고 옵니다. 용서는 사람의 인생에 큰 변화를 줄 수 있고 용서가 주는 좋은 결과는 용서가 한 쪽만 아니라 주고받는 자의 것입니다. 다시 한번 용서가 주는 결과에 대하여 종합적으로 나누어 보십시오.

용서는 화해로 가는 길이다.

용서란 말을 가해자에게 해도, 하지 않아도 정서적으로 건강해진 사례가 있다. 그래서 가해자에게 용서한다는 말을 할 필요가 없다. 만약 상대방이 그 말에 화를 낸다면 그 말을 할 필요가 없다는 것이다. 하지만 화해가 목적이고 화해할 기회가 있다면 그 말을 하는 것이 도움이 될 수 있다. 화해의 가능성이 없거나, 오히려 불화가 더해질 수 있다고 생각한다면 그 말을 할 필요가 없다.

그러면 무엇이 용서일까? 그것은 분노를 없애고, 다른 사람을 동정하고 사랑하는 것이다. 그에게 용서한다는 말을 하지 않아도 그를 좋게 대하면 상대는 눈치를 채고 좋아할 것이다.

그렇다고 가짜로 용서하라는 것은 아니다. 가짜 용서는 우리를 속이는 것이기 때문에 세상을 좋아지게 하지 않는다. 거짓 용서를 하는 사람은 공손하게 보일 수 있지만, 진실성이 없다. 진실된 용서만이 진정한 화해를 가능하게 만든다. 따라서 용서는 화해로 가는 길이다. 화해는 마음을 변화시켜 분노를 경감시키고, 다른 사람을 한 인격체로 인정할 수 있게 하고, 그들과 동등하게 살아가고 싶어지게 만든다. 용서와 화해는 같은 것이 아니다. 때로 두 가지가 함께할 수도 있고 그렇지 않을 수도 있다. 용서는 가슴속에 있고 화해는 관계 속에 있는 것이다.

용서와 화해가 어떤 관계인지 생각해 보십시오.

아우성을 치며 성문제를 상담하러 전국을 누비는 구성애 씨에게는 아픈 상처가 있었다. 초등학교 시절 이웃집 오빠에게 성폭행을 당한 것이다. 그러나 사고가 있은지 하루 뒤 그 아픔은 그녀의 머릿속에서 정리됐다. 사고 직후 어머니가 어린 그녀에게 상처를 주지 않기 위해 평상시처럼 차분하게 그녀를 대했기 때문이다.

"네 잘못이 아니다. 옆집 오빠가 잘못한 것이야. 괜찮아. 씻고 들어가서 숙제하렴."

당시에는 큰 일 없이 지나갔지만, 상처받은 무의식은 그녀를 가만 두지 않았다. 4~5년 동안 생리불순을 겪었고, 스물아홉 살에 어렵게 아기를 낳은 후 자궁을 적출해야만 했다. 그녀는 자궁 적출의 여파로 성욕이 저하되고 간과 신장이 나빠지는 등 큰 어려움을 겪었다.

구성애 씨는 성폭행을 당한 후 이와 같은 신체의 변화를 '세포의 반란'이라고 불렀다. 어릴 때 상처받은 세포가 말썽을 피운 것이라고 한다.

그녀는 성폭행한 이웃집 오빠를 용서했다. 그녀가 말하는 성폭행 당한 사람들의 용서의 단계는 처음에는 죽음을 생각하고, 그 다음은 성폭행 사실을 거부하며, 다음에는 수용하고 인정한 다음 분노한다는 것이다. '내가 왜 성폭행을 당해야 하는가?' 그리고 마지막 단계가 용서다.

그녀는 이 단계를 치열하게 겪었다. 자궁을 떼고 나서는 그 오빠를 죽이려고 범행 계획을 짜기까지 했다. 그러던 어느 날 그 오빠의 아버지가 그녀를 연사로 초청했다. 지방 유지인 그의 아버지가 유명인사가 된 그녀를 청소년 모임의 연사로 초청한 것이다. 옛일을 모를 리 없는 그 아버지의 초청에 그녀는 응했고, 성폭행범의 아버지를 만났다. 거기서 그녀는 자식에게 조건 없는 사랑을 보내는 부정(父情)을 발견했다. 그리고 이성적으로 그 오빠를 용서하게 되었다. 마음의 용서는 사건이 일어난 지 37년 후에나 이루어졌다. 건국대학교 멀티테라피학과 장성철 교수의 초청으로 강연을 가서 기다리던 중 장 교수의 퓨전 뉴에이지 스타일의 흐느끼는 음악을 듣고 한 시간 넘게 눈물을 흘렸다. 강연도 하지 못한 채 집에 돌아온 그녀는 이후 일주일 내내 눈물만 흘렸다.

그녀의 표현에 의하면 그 당시 죽었던, 또는 부정적으로 억눌렀던 오감이 다시 되살아나는 느낌이었다고 한다. 오감이 다 터지고, 말썽을 피운 세포가 다 터져버리는 느낌이었다. 그 후 그녀를 본 사람들은 한결같이 표정이 밝고 활발해졌다고 말한다. 이전의 뭔가 억눌리고 그늘진 얼굴이 아니라는 것이다. 구성애 씨는 오늘도 아픈 성을 찾아 전국을 누비고 다닌다.

구성애 씨가 겪은 고통스런 37년 이후에야 이뤄 냈던 용서를 하게 된 과정을 보면서 무엇을 생각할 수 있을까요.

용서는 산 사람이 살아가는 방법

어느 날 집에 침입한 유영철에 의해 자신의 어머니, 부인, 3대 독자인 아들이 처참하게 살해되는 아픔을 겪은 고정원 씨는 그 후 살아도 산 것이 아닌 시간을 보냈다. 그런데 그는 지금 사형제 폐지 운동을 하고 있다. 무엇이 그를 변화시킨 것일까?

처음에는 도무지 현실을 받아들일 수 없어 그저 멍멍할 뿐이었고, 2년이 흐른 후에 신앙으로도 견디기가 버거울 만큼 힘든 생활을 하고 있었다. 그는 어머니와 부인을 여전히 가슴에 담고 있었다. 유영철이 잡히고 수사본부에서 연락이 왔을 때 그는 유영철이 범인이라는 것이 믿어지지 않았다. 그리고 유영철을 죽이고 자신도 죽어버리겠다고 생각했다.

그러나 조성애 수녀가 그의 마음을 붙잡았다. 가톨릭 신앙을 가진 그에게 신앙적 차원에서 용서하라고, 같이 기도를 하자고 잡았다. 이제 그는 연쇄살인범 유영철을 용서했다. 용서하기로 마음먹고 난 뒤 비로소 마음이 편해졌다.

그가 사형제도 폐지 운동에 관여하는 이유는 종교적인 차원에서 인간이 인위적으로 다른 사람을 죽이는 것을 원하지 않으며 인간의 목숨은 하나님만이 뺏어갈 수 있다고 믿기 때문이다. 그는 굉장히 어려운 결정을 한 것이다. 용서하지 못하고 사는 사람들에게 그는 이렇게 말한다.

"내 가족을 살해한 사람을 내 손으로 죽인다한들 마음이 풀리고 용서가 되겠습니까? 차라리 용서해 주고 나니 마음이 편합니다. 용서와 화해를 해줌으로써 오히려 내 건강이 회복되고 있어요. 나와 같은 분들에게 전합니다. 용서를 안 한다고 해서 풀리는 것은 아닙니다. 부디 좋은 마음으로 용서해 주십시오. 그것이 산 사람이 살아갈 수 있는 한 방법입니다."

함께 나누기

유영철에 의해 살해당한 가족들은 다른 사람을 중개로 용서할 수 있었습니다. 우리도 그러한 사람이 되도록 노력한 적이 있습니까.

풀리지 않는 용서

중년의 사내가 국립 민주항쟁 5·18 묘역 누군가의 묘지 앞에 무릎을 꿇고 있다. 묘지에 잠든 사람은 5·18 항쟁 당시 시민군이었던 채수길 씨이고 그의 묘 앞에 참회의 심정으로 무릎을 꿇은 사람은 당시 진압군이었던 공수부대 하사 김효겸 씨다. 고향 마을에서 같이 자란 두 사람은 친구면서 외사촌 간이었다.

1980년 5월 23일 오후 2시경, 당시 대학생이었던 시민군 채수길 씨 등 13명이 탄 미니버스가 광주를 벗어나 화순으로 가던 중 주남마을 입구에서 매복해 있던 11공수대에 총격을 받아 많은 희생자가 발생했다. 채수길 씨를 비롯한 생존자들은 현장에서 얼마 떨어지지 않은 곳으로 끌려갔다. 당시 11공수부대원이었던 김효겸 씨는 그곳에서 군수물자를 운반하는 일을 하고 있었다. 부대원들이 끌고 온 손수레에는 부상당해 온몸에 핏자국이 낭자하고 얼굴이 심하게 부은 시민군 두 사람이 실려 있었다.

김효겸 씨는 총격 장면을 목격하지 못했고 더군다나 부상당한 시민군 속에 채수길 씨가 있으리라곤 전혀 생각하지 못했다. 나중에 채수길 씨의 얼굴을 보았지만 김효겸 씨는 어떤 말도, 어떤 조치도 취할 수 없었다. 당시 부대의 분위기는 시민군은 곧 '폭도'이자 '적'이었다. "저 사람이 내 사촌이다"라고 말하면 자신의 신변까지 위협받을 공포가 엄습해 왔다. 김효겸 씨가 심리적 딜레마에 빠져 있을 때 채수길 씨는 지휘관의 명령에 따라 수레에 실려 인근으로 끌려가 사살 당했고 암매장되었다.

1985년 당시 5공 정부는 광주항쟁 희생자 숫자 줄이기에 급급했고 채수길 씨는 희생자 명단에 포함되지도 않았다. 채수길 씨 동생 수광씨의 노력으로 행방불명자로 인정되어 겨우 보상 대상에 포함됐다. 계속적인 진상규명을 통해 시신을 가족들에게 인도해 달라는 활동을 했고 암매장한 시신들이 발굴되면서 채수길 씨도 2002년 5·18 묘역에 안치될 수 있었다.

그후 고향을 떠나 살았던 김효겸 씨는 살면서 한 번도 그 일을 잊은 적이 없었다. 그 동안의 마음의 방황, 고통을 어찌 말로 표현할 수 있을까? 그 당시 김효겸 씨가 당시의 일을 채수길 씨 가족에게 말했더라면 좀 더 일찍 시신을 찾았을 테고 20년 가까운 시간을 허비하지 않았을 것이다.

그동안 김효겸 씨와 채수광 씨는 마치 약속이나 한 듯, 수길 씨에 대한 이야기는 묻지도 말하지도 않았다. 그렇게 오랜 시간 동안 쌓인 마음의 응어리를 비로소 푼 두 사람은 맞잡은 손을 오랫동안 풀지 않았다.

두 사람 모두 5·18의 피해자인 것이다. 그리고 광주의 피해자 희생자 가족들은 지금도 여전히 명확한 진상 조사와 책임자 처벌을 요구한다.

함께 나누기

용서를 구해야 할 사람들은 따로 있습니다. 그들은 과연 누구이며, 자신이 분명히 잘못했음을 알고 있음에도 불구하고 왜 그들은 용서를 빌지 않았는지, 왜 자신의 잘못에 대해서는 잘 알지 못하고 관대한지 생각해 보십시오.

용서는 자신을 치유하는 것이다.

레니 쿠싱의 아버지는 1988년 6월 1일 집 앞에서 살해당했다. 어머니가 보는 앞에서 아버지에게 앙심을 품고 있던 경찰관의 총격에 살해 당한 것이다. 3개월 후 범인은 잡혔다.

그는 그때의 심정에 대해 처음에는 두렵고 고통스러웠다고 말한다. 살인자가 다시 와서 그의 가족들을 죽일 수도 있다는 두려움에 떨었고, 시간이 지나 아버지가 살해당했다는 사실을 알았을 때는 분노로 가득 찬 마음이었다.

살인범과 그 가족들을 알게 된 레니 쿠싱은 마음의 변화 과정을 겪었다. 그때 그가 할 수 있는 것은 그의 삶에 가장 중요한 것을 빼앗아갔기 때문에 살인범이 너무 밉다는 것이었다. 옆에서 지켜본 친구는 살인범을 죽여 그와 그의 가족이 평화를 되찾을 수 있었으면 좋겠다고 말했다. 그러나 그는 친구의 말이 옳다고 생각하지 않았다. 평소 그는 사형제 반대론자였고 살인범이 죽는다고 해서 자신이 평화를 되찾을 수 있을 것이라고 생각하지 않았기 때문이다.

그렇다면 그는 용서를 한 것인가? 레니 쿠싱에게 용서란 아버지가 살해당했다는 사실을 받아들이는 것이었다. 그래서 그는 첫 번째로 아버지가 어떻게 죽었는지 알고 싶었다. 그것을 이해하게 된다면 아버지가 살인당한 그 고통의 순간에서 벗어날 수 있을 것 같았다. 그리고 그것에 대해 이성적으로 이야기하고 생각할 수 있을 때까지 몇 년이 걸렸다. 10년 정도가 지나자 마침내 그는 살인범을 용서하고 싶다고 말할 수 있게 되었다.

레니 쿠싱은 살인범을 용서했지만 가족 누군가가 살해당한 경험이 있는 사람들 중에는 살인범을 용서하지만 살인범이 죽길 원하는 사람도 있다. 사람을 죽이면 치유할 수 있다고 하지만 사실은 그렇지 않다. 용서는 돌아갈 수 없는 과거로부터 벗어나 앞으로 어떻게 살아갈 것인지, 살인범에 대한 증오심을 버릴 것인지 하는 미래에 대한 결정을 내리는 것이다. 살해당한 가족의 죽음만 생각하며 많은 시간을 보내는 것은 결국 무덤에 있는 사람과 뒤에 남겨진 사람 모두를 죽게 만든다. 다시 행복을 찾기 위해서는 증오심으로 살아가거나 증오심으로 행동하지 않는 것이다.

혹자는 용서란 가해자의 속죄가 있어야 한다고 말한다. 아직까지 살인범은 레니 쿠싱에게 어떤 속죄의 표현도 하지 않았다. 그러나 레니 쿠싱과 이름이 같았던 살인범의 아들은 그에게 미안하다고 말했다. 그때서야 레니 쿠싱은 두 사람 모두 아버지를 잃었다는 공통점을 발견했다. 아버지가 죽은 날, 자신의 아버지는 무덤에, 그의 아버지는 감옥에 있었던 것이다. 분노한다고 해도 아버지는 돌아오지 않을 것이기에 살인범의 아들에게도 고통을 주고 싶지 않았다. 레니 쿠싱은 살인범이 감옥에 있는 것만으로도 충분하다고 생각했다.

그는 현재 사형제 반대 운동을 하는 국제단체에서 일하며 피해자들의 고통을 들어주고 그들이 필요로 하는 일을 돕고 있다. 최근 그 단체는 뉴욕 주의 사형제를 비롯해 뉴햄프셔 주 등등의 청소년 사형제를 폐지시켰다.

대인 관계의 상처를 다루는 다른 방법은 정의가 행해지도록 하는 것이다. 상처를 준 사람이 경찰에 잡히거나 끔찍한 일을 당하는 것이다. 그러나 이것은 용서한 것이 아니다. 용서와 용서하지 못하는 것의 차이는 용서함으로써 나에게 상처를 입힌 사람을 향한 부정적인 용서 감정이 긍정적인 감정으로 바뀌는 것을 말한다. 그러으로 동정, 동감, 연민, 심지어 사랑까지 느낄 수 있다는 것이다.

레니 쿠싱은 아버지가 살해당했습니다. 그럼에도 불구하고 레니 쿠싱은 살인범을 용서했습니다. 왜 용서할 수 있었습니까? 지금 레니 쿠싱은 사형제 폐지에 앞장서서 일하고 있습니다. 용서의 결과는 무엇이었습니까? 함께 생각해 보십시오.

피해자의 권리와 살인범의 권리

용서와 관련하여 생기는 의문 중 하나는 용서해 주면 본인은 편해질지 모르지만 죄를 지은 상대방은 변하는 것이 없지 않는가라는 것이다. 연쇄살인범의 죄는 처벌하되 인간은 용서하라는 것, 죄와 인간을 구분하는 것, 그렇다면 연쇄살인범을 사형시켜야 할까? 이 문제는 종교와 철학과 윤리 그리고 법이 개입된 문제다.

여러 피해자 가족들 중 상당수가 살인범의 사형에는 반대하는 입장이다. 살인범을 나 자신을 위해 용서하는 것과 사회 정의를 위해 처벌하는 것은 다른 문제다. 예를 들어 남의 물건을 훔쳤다고 하자. 이때 용서받기 위해서는 훔친 물건을 되돌려주어야 한다. 그런데 이미 훔친 물건을 없애버렸다면 어떻게 해야 할까? 훔친 것만큼 시간이나 돈으로 대신 갚을 수 있게 하는 것이 현행법의 체계다.

조성애 수녀는 사형수들을 많이 만나는데 처음에는 정서불안 증세를 보이던 그들도 교육, 신앙, 교류를 통해 달라지는 경우를 적잖이 보게 되었다. 그러나 안타까운 것은 그들이 변화될 즈음 사형이 집행된다는 것이다. 조성애 수녀는 인간으로 어떻게 살아야 하는지를 배우게 된 그들에게 속죄를 위한 기회를 주길 원한다. 그들이 수형 생활을 하면서 지은 죄를 갚을 수 있기를 원한다.

아버지를 잃고 난 후 사형제 폐지 운동가가 된 레니 쿠싱은 인간의 권리를 믿는다. 살인범은 아버지의 살 권리를 빼앗아갔지만 그는 살인범의 살 권리를 뺏고 싶지 않다고 말한다. 고문을 통한 참회의 방식도 믿지 않기에 살인범이 고문당하기를 원하지도 않는다. 오직 다른 사람을 해칠 수 없는 곳인 감옥에서 자신이 한 일을 반성하면서 살고, 그 후에는 그 나름의 방식으로 남은 인생과 삶의 의미를 찾기를 바란다. 그가 사형제에 반대하는 것, 또 다른 살인에 반대하는 것, 그래서 범죄를 예방하는 일을 할 때 그것이 바로 자신이 아버지를 존중하는 일이라고 믿는다.

레니 쿠싱 자신도 피해자지만 다른 사람의 권리를 침해하고 싶지는 않다. 피해자의 권리를 지키고 대변하고 살인범에게 책임은 묻지만 피해자의 권리가 다른 사람을 죽이는 것을 의미하지는 않는다. 그것은 자신에게 상처를 입히는 것이고 또 다른 살인일 뿐이다. 그리고 슬퍼하는 사람들을 더 만드는 일이다.

레니 쿠싱은 큰 충격의 와중에도 오히려 사형폐지 운동에 나섰습니다. 피해자의 권리(용서할 수 있는 권리를 가진 자)가 다른 사람을 죽이는 것을 의미하지 않습니다. 그것은 오히려 나에게 또 한번의 상처를 입히는 것이고, 또 다른 살인입니다. 그리고 슬퍼하는 사람들을 더 슬퍼하게 만드는 일입니다. 우리에게 아름다운 고백을 한 쿠싱에 대하여 함께 생각해 보십시오.

들을 귀 있는 자는 들을 지어다

C. S. 루이스(Clive Staples Lewis) 『영광의 무게』

홍종락 역, 서울: 홍성사, 2018 • 183-188쪽

C.S. 루이스는 20세기 그리스도인들에게 가장 큰 영향력을 끼친 인물로 꼽히는 탁월한 기독교 변증가이자 시인, 작가, 비평가, 영문학자로 1989년 아일랜드 벨파스트에서 출생. 1925년부터 1954년까지 옥스퍼드 모들린 칼리지에서 개별지도교수 및 평의원으로 있었으며, 1954년 케임브리지대학 교수로 부임하여 중세 및 르네상스 문학을 가르쳤다. 철저한 무신론자로 살아오던 루이스는 1929년 회심한 후, 치밀하고도 논리적인 정신과 명료하고 생생한 문체로 뛰어난 기독교 저작들을 남겼다.

교회 안에서나 교회 밖에서 우리는 별다른 생각 없이 아주 많은 말을 한다. 예를 들면, 사도신경을 통해 "죄를 용서하여 주시는 것을 믿사옵나이다"라고 고백한다. 나는 이 문구를 몇 년 동안이나 되풀이하다가 이것이 왜 사도신경에 있는지 자문해 보게

되었다. 이 문구는 사도신경에 들어갈 가치가 없는 듯 보였다. 이런 생각 때문이었다. "그리스도인이라면, 죄를 용서하여 주는 것을 당연히 믿지. 말할 것도 없잖아." 그러나 사도신경을 작성했던 사람들은 이것이 우리가 교회에 갈 때마다 기억해야 하는 신앙의 일부라고 생각했던 것 같다. 그리고 적어도 제 경우에는 그들이 옳았음을 알게 되었다. 죄 용서를 믿는 일은 생각만큼 쉽지 않았다. 그리고 죄 용서에 대한 믿음은 계속해서 그나마 상기하지 않으면 아주 쉽게 잊고 만다.

우리는 하나님이 우리 죄를 용서하신다고 믿지만, 우리에게 죄지은 다른 사람들을 용서하지 않으면 하나님이 우리를 용서하지 않으신다고도 믿는다. 이 두 번째 부분에는 의심의 여지가 없다. 주기도문에 들어 있고, 우리 주님이 강조해서 말씀하셨기 때문이다. 용서하지 않으면 용서받지 못할 것이다. 주님의 가르침 중 이만큼 분명한 부분도 없다. 여기에는 어떠한 예외도 없다. 그분은 다른 사람들의 죄가 그리 끔찍하지 않거나, 정상 참작이 되는 경우에만 그들의 죄를 용서하신 게 아니다. 우리는 다른 사람들의 모든 죄를 용서해야 하고, 그것이 아무리 끔찍하고 비열하고 자주 되풀이되더라도 용서해야 한다. 용서하지 않으면, 우리 역시 용서받지 못한다.

우리는 우리 죄에 대한 하나님의 용서와 우리가 다른 사람들
에게 베풀어야 하는 용서를 놓고 자주 실수를 범한다. 먼저 하나
님의 용서에 대해 생각해 보자. 나는 하나님께 용서를 구할 때 아
주 주의하지 않는 한 실제로는 내가 그분께 전혀 다른 것을 구하
고 있음을 발견한다. "그렇다. 용서가 아니라 양해를 구하는 것
이다. 그러나 용서와 양해는 전혀 다르다. 용서는 네가 이런 일을
했다. 하지만 네 사과를 받아들인다. 나는 이 일에 대해 네게 앙
심을 품지 않을 것이고 우리 사이의 모든 것이 이전과 똑같을 것
이다." 그러나 양해는 이렇게 말한다. "네가 어쩔 수 없었다는 것
과 본심이 아니었다는 걸 알겠다. 정말 네 잘못이 아니었구나."
이런 의미에서 용서와 양해는 반대말에 가깝다. 물론, 하나님과
사람 사이건 사람과 사람 사이건, 수십 가지의 경우에, 용서와 양
해가 섞여 있을 수 있다. 처음에는 죄로 보였던 것의 일부가 실제
로는 누구의 잘못도 아님이 드러나 양해가 된다. 그리고 남은 부
분은 용서를 받는다. 완벽한 이유가 있는 경우라면 용서가 필요

없을 것이다. 행동 전체에 용서가 필요하다면 그 일에는 변명의 여지가 없다. 그러나 문제는 우리가 "하나님께 용서를 구한다"고 하는 일이 실제로는 하나님께서 우리의 해명을 받아 주시기를 구하는 일일 때가 아주 많다는 것이다. 우리가 이런 실수를 저지르는 대부분의 행동에는 어느 정도의 핑계, '정상 참작을 할 만한 상황'이 있기 때문이다. 이 사실을 하나님께 그리고 우리 자신에게 알리느라 바쁜 나머지 정말 중요한 것을 잊기 쉽다. 남은 부분 말이다. 어떤 행동에 있어 핑계할 수 없는 부분, 변명의 여지가 없지만 감사하게도 하나님께 용서받을 수 있는 부분 말이다. 만약 우리가 이것을 잊어버린다면, 실제로는 우리 자신의 핑계에 스스로 만족하면서 자신이 회개했고 용서받았다고 상상하며 살아가게 될 것이다. 우리는 아주 엉터리 핑계 앞에서도 자신에게 너무나 쉽사리 만족한다.

이 위험을 피하는 두 가지 방법이 있다. 하나는 하나님이 모든 변명을 우리보다 훨씬 더 잘 아신다는 걸 기억하는 것이다. 진정한 '정상 참작 사유'가 있다면 하나님이 그것을 놓치실 우려는 없다. 하나님은 우리가 상상도 못한 많은 사정들까지 다 아실 것이므로, 겸손한 영혼들 중에는 죽은 후에 자신이 생각보다 훨씬 죄를 덜 지었음을 발견하고 깜짝 놀라 기뻐하는 경우도 있을 것이다. 정말 양해할 만한 사항이 있다면 하나님은 다 양해하실 것이다. 우리가 하나님 앞에 가져가야 할 것은 핑계할 수 없는 부분, 죄이다. 하나님이 우리 생각에 양해하실 수 있는 부분들에 대해 말하는 것은 시간 낭비일 뿐이다. 우리가 의사에게 갈 때는 부러진 팔처럼 우리 몸에서 잘못된 부분을 보여 준다. 다리와 눈과 목은 다 괜찮다고 설명하는 것은 시간 낭비에 불과할 것이다. 물론 그것은 잘못 생각한 것일 수 있지만, 어쨌거나 그 부분들이 정말 괜찮다면 오히려 의사가 그 사실을 더 잘 알 것이다.

두 번째 방법은 정말로, 진심으로 죄 용서를 믿는 것이다. 하나님 앞에서 핑계를 늘어놓는 우리의 불안은 상당 부분 참으로 죄 용서를 믿지 않기 때문에 생겨난다. 우리들의 잘못들에 대해 하나님이 만족하실 만한 타당한 이유들을 제시하지 않으면 우리를 다시 받아 주지 않으실 거라는 생각 때문에 생겨난다. 그러나 그것은 용서가 아니다. 진정한 용서는 변명의 여지가 전혀 없는 죄, 정상 참작을 다 하고도 남은 죄를 찬찬히 들여다보고, 그 끔찍함과 더러움과 비열함과 악독함에도 불구하고 그 죄를 지은 사람과 온전히 용서하고 화해하는 것이다. 바로 그것이 진정한 용서이며, 우리가 구할 때마다 하나님이 우리에게 베푸시는 용서다.

함께 나누기

우리가 용서를 말할 때 이러 저러한 핑계를 말하면서 가해자가 용서해 줄 거라고 간주해 버리는 경우가 많습니다. 우리는 진심으로 상대방의 잘못을 용서하고 있습니까? 과연 나는 하나님께서 용서해주셨음을 믿습니까? 용서는 해도 좋고 안해도 좋은 것인가? 용서하지 못한다면 그리스도인이 아닌 것입니까? 성경의 가르침을 중심으로 생각을 나누어 보십시오.

우리가 다른 사람들을 용서하는 문제에는 하나님의 죄 용서와 같은 부분도 있고 다른 부분도 있다. 같은 부분은 용서가 양해를 뜻하지 않는다는 것이다. 많은 사람들이 용서와 양해를 같은 것으로 여기는 듯하다. 자신들을 속이거나 괴롭힌 누군가를 용서하라는 말을 들으면 그들은 속임수나 괴롭힘 자체가 없었다고 설득당한다고 생각한다. 그러나 정말 그렇다면 용서할 일이 없을 것이다. 그들은 계속해서 이렇게 대답한다. "하지만 분명히 말하는데, 그 사람은 가장 중요한 약속을 어겼다." 그렇다. 정확히 바로 그것을 용서해야 한다. 그렇다면 그의 다음 번 약속을 반드시 믿어야 하는 건 아니다. 하지만 여러분의 마음에 남아 있는 원한과 상대에게 모욕과 상처를 주거나 앙갚음하고 싶은 욕망을 모두 없애 버리기 위해 정말 분투해야 한다. 이 상황과 우리가 하나님께 용서를 구하는 상황과의 차이점은 이렇다. 우리 자신의 경우, 우리는 스스로의 구실을 너무나 쉽게 받아들인다. 그러나 다른 사람들의 구실은 좀처럼 받아들이지 않는다. 내 죄에 대해 늘어놓는 구실은 실제로 내 생각만큼 훌륭하지 않다고 봐도 무방할 것이다. 반면 다른 사람들의 구실들은 내 생각보다 더 낮다고 봐도 무방할 것이다. 그러므로 우리는 상대방의 잘못이 우리 생각만큼 크지 않음을 보여 주는 모든 것에 먼저 주의를 기울여야 한다. 그러나 누군가의 죄가 전적으로, 철저하게 그의 잘못이라 해도 우리는 여전히 그를 용서해야 한다. 그가 저지른 죄의 99퍼센트가 정말 타당한 구실들로 설명될 수 있다 해도, 용서는 남은 1퍼센트에서 시작된다. 정말로 양해할 만한 정당한 사유가 있는 일을 양해하는 것은 기독교적인 용서가 아니다. 그것은 공정함일 뿐이다. 그리스도인이 된다는 것은 용서할 수 없는 사람들을 용서한다는 뜻이다. 하나님이 우리의 용서할 수 없는 부분들을 용서하셨기 때문이다.

함께 나누기

우리 죄의 99퍼센트가 정말 타당한 구실들로 설명될 수 있다 해도, 용서는 남은 1퍼센트에서 시작된다"는 말에 대해 어떻게 생각하는지 나누어 보십시오.

이 일은 어렵다. 한 번의 큰 모욕을 용서하는 건 어쩌면 그리 어렵지 않을지도 모른다. 그러나 일상생활에서 우리를 끊임없이 자극하는 사람들을 용서하는 일은 다르다. 들볶아 대는 시어머니, 윽박지르는 남편, 바가지 긁는 아내, 이기적인 딸, 거짓말쟁이 아들을 계속해서 용서하라니, 어떻게 그럴 수가 있는가? 방법은 우리가 서 있는 자리를 기억하는 것밖에 없다. 매일 밤 "우리가 우리에게 죄 지은 자를 사하여 준 것같이 우리 죄를 사하여 주시옵고"라고 기도할 때마다 진심으로 구하는 수밖에 없다. 우리가 용서받을 수 있는 다른 조건은 없다. 다른 사람을 용서하지 않으려는 것은 하나님이 우리에게 베푸시는 용서를 거절하는 것과 같다. 예외가 있다는 암시는 전혀 없으며, 하나님은 결코 빈 말을 하지 않으신다.

마틴 루터는 그리스도인이라 하면서 용서하지 않는 사람은 진정한 그리스도인이 아니라고 말했습니다. 이웃의 잘못을 용서하지 않으려거나, 용서해 주지 않는 것은 하나님이 우리에게 베푸시는 용서를 거절하는 것과 같습니다. 여기에는 예외가 없다는 말에 대해 다시 한 번 나누어 보십시오.

우리가 우리에게 죄지은 자를 용서(빚 탕감)해준 것 같이 우리 죄(빚 탕감)를 용서하여 주옵시고(마6:12)

너희가 남의 잘못을 용서해 주면, 너희의 하늘 아버지께서도 너희를 용서해 주실 것이다. 그러나 너희가 남을 용서해 주지 않으면, 너희 아버지께서도 너희의 잘못을 용서해 주지 않으실 것이다.(마 6:14-15)

오, 주님,

주님은 용서와 평화를 주시려고 우리들의 분열을 치유하시려고 이 땅에 오셨습니다.

하나님 아버지께서 모든 사람의 아버지이심을, 후회나 복수심 없는 아버지이심을, 한 사람 한 사람을 무한한 사랑과 용서로 돌보시고 자녀가 집으로 돌아오기를 간절히 기다리시는 아버지이심을 보여 주셨습니다.

오, 주님!

하지만 오늘날 우리가 사는 세상은 하나님 아버지를 모르는 것 같습니다.

이 땅의 교회와 이 세상 나라들은 혼란과 증오, 폭력과 전쟁으로 갈가리 찢겨 있습니다. 복수의 핏발이 서려 있습니다.

사람들은 평화와 용서보다 복수와 전쟁을 좋아하고 있습니다.

오, 주님,

주의 백성을 구하러 오신 이 세상을 잊지 마소서.

평화롭게 살기 원하지만, 두려움과 분노, 정욕과 폭력, 탐욕과 의심, 질투와 권력욕에 끊임없이 사로잡혀 있는 주의 자녀들에게 등을 돌리지 마소서.

저희의 생각을 날마다 일깨우시고 사랑과 너그러움이 넘쳐 평화를 위해 말하고 행동하는 사람들이 되게 하소서

자기중심주의에 빠지지 않고 겸비하게 하소서

증오를 잊고 상처를 치유하고 용서를 통해서 회복할 수 있는 주의 사람들이 되게 하소서

오, 하나님!

우리를 도우소서
오, 주님 속히 우리를 도우소서

사랑하는 주님,
주의 성령으로 모든 미움을 극복하고,
모든 두려움을 물리칠 수 있는 힘을 주소서.
주께 감사함으로 응답하시고
만나는 사람에게 거침없이 주님을 전하고
하나님나라가 이 땅에 임할 수 있도록 용감하게 행동할 수 있
도록 성령으로 도우소서.

오감을 초월하는 실재를 보고 맛보고 만지며
냄새를 맡을 수 있는 새로운 감각을 통해
주님의 임재를 체험하게 하소서.

오, 주님!

사람을 외모로 판단하지 말게 하시고

분노할 때라도 우리는 죄를 짓지 않게 하소서.

우리가 다른 사람에게 즉시 잘못했음을 알게 하는 지혜를 주시고 변명하지 않는 기꺼이 용서할 줄 아는 주의 백성들이 되게 하소서.

주님 앞에서는 크나 적으나 똑같은 죄인들입니다.

분노하면 서로가 서로에게 상처를 주고, 고통을 주고, 부부관계를 비롯한 인간관계도 뒤틀려지고 망가지고 직장을 그만 둘 수도 있고, 국가 간에도 분쟁과 전쟁이 일어날 수 있습니다.

이런 것들은 모두 사탄이 원하는 것입니다.

사탄은 거짓의 영이요, 분리의 영입니다.

우리로 하여금 분노하고 원망을 만들어 불행에 빠뜨리려 틈만 나면 우는 사자처럼 울부짖고 있습니다.

그러므로 사탄에게 기회를 주지 않도록 지혜와 능력을 주시어 감당할 수 있게 하소서.

주의 자녀들에게 이 땅에서 살아갈 때 일곱 번씩 일흔 번까지라도 용서할 수 있는 능력을 주소서.

오, 주님!
마음에 가득한 분노가 일어날 때 해가 지기 전까지 용서 할 수 있도록 도우소서.
성령의 능력으로 가능한 한 빠른 시간 안에 분노를 멈추고
용서하고 화해할 수 있도록 능력을 주소서.
그렇게 하지 않으면 분노가 쌓이고 확대될 수 있음을 알고 늘 조심하게 하소서.
우리들의 삶의 온도가 미지근 하지 않고 뜨겁도록 하소서.
우리가 분노할 수 있지만 용서하고 화해할 때 우리의 마음이 홀가분하고 자유를 누리도록 하옵소서.

오! 사랑하는 주여,
다시 비오니

주의 성령님의 능력에 의지하여 우리들이 이 땅에서 서로 사랑하고 용서하고 평화를 만드는 자들이 되게 하소서.

주의 성령으로 주님의 말씀에 혁명적으로 복종하는 자들이 되게 하소서.

아멘.